민들레

법학의 탐색과 실마리

제6권

Dandelion

Ever widening horizon of law

Vol. 6

기획

명순구 | 고려대학교 법과대학 교수

Planning

SK MYOUNG | Professor of Korea University

러시아법입문

명 순 구 · 이 제 우

세창출판사

민들레

법학의 탐색과 실마리

제6권

기획

명순구 | 고려대학교 법과대학 교수

Dandelion

Ever widening horizon of law

Vol. 6

Planning

SK MYOUNG | Professor of Korea University

A Gentle Introduction to Russian Law

by

Soon-Koo MYOUNG / Je-Woo LEE

2009

Sechang Publishing Co.

Seoul, Korea

발간사

2004년 민들레시리즈를 시작한 이후 2006년까지 모두 다섯 권을 발간했습니다. 그로부터 오랜 기간 동안 후속물이 없다가 2009년이 끝을 향하는 때에야 비로소 『러시아법입문』의 이름으로 민들레 제6권을 세상에 내놓게 되었습니다.

제가 아주 어릴 적 그러니까 1970년대에 러시아는 마음속에 참 묘한 나라로 새겨졌던 것 같습니다. 문학·예술과 같이 가장 아름다운 것과 음모·전쟁과 같이 가장 잔인하고 음산한 것이 너무나 자연스럽게 공존하고 있는 땅이라는 느낌이라고 할까요. 지금 생각해 보면 이 세상 어디든 그렇지 않은 곳이 없을 것 같기도 한데 유독 러시아에 대하여 그런 생각이 강했던 것은 냉전시대에 이루어진 반공교육의 영향이었던 것 같습니다. 그 교육의 효과가 얼마나 대단했던지 이 나라에서 러시아 작가의 글을 읽는 것이 허용된다는 사실조차 신기하게 여겼던 기억도 있습니다.

러시아에 대하여 관심을 가지게 된 것은 1980년대 중반 대학원 시절이었습니다. 석사과정에 입학하여 당시 지도교수로 모시고 있던 崔達坤 선생님의 연구실에서 신기한 책을 보았습니다. 진노랑의 두툼한 커튼으로 덮혀 있던 책꽂이에는 소련, 북한, 중국 등 사회주의 국가의 법에 관한 책과 자료가 가득했습니다. 제가 북한에서 발간된 책을 처음 본 것이 그때였습니다. 물론 제 공부 방향이 사회주의법은 아니었기 때문에 그 책들은 대체로 단순한 구경거리에 불과했습니다. 그러나 崔 선생님께서는 사회주의법 연구의 필요성에 대하여 꽤 자주 말씀해 주셨습니다. “세계의 반쪽을 지배하는 법을 아는 것은 당연한 학문적 요구이다”라든가 “남한과 북한이 언제까지 대립각을 세우지는 않을 것이고 어느 시기가 되면 서로 상대방의 법을 이해할 필요가 있을 터인데 학문은 그때를 대비해야 한다"라는 말씀이었던 것 같습니다. 그 영향이겠지요, 저는 러시아법에 대하여 본격적으로 공부를 하지 못했지만 앞으로 누군가는 그것을 깊이 연구해야 한다는 생각을 심각하게 유지했습니다. 그러던 중 약 3년 전에 이제우 군을 소개받았습니다. 고려대학교 노어노문학과 석영중 교수님과 사학과 민경현 교수님으로부터였습니다. 두 분께 감사의 말씀을 올립니다.

이제우 군은 러시아에서 중·고등학교를 마치고 고려대학교 노어노문학과를 졸업한 후 대학원 법학과에 입학하여 저의 지도로 법학공부를 시작했습니다. 친애하는 제자와 함께 글을 쓰고 고민하는 것은 무엇보다도 즐거운 일입니다. 이 작업을 통하여 이제우 군이 학문의 참된 의미와 사회를 바라보는 바르고 따스한 시각을 배울 수 있었으면 좋겠습니다. 내년에 국비유학생으로 러시아에 들어가 박사과정을 수행할 이제우 군이 조국과 세계에 모두 충성할 수 있는 역량을 가진 법학자가 되기를 기대합니다.

3년이라는 오랜 침묵 끝에 민들레 제6권이 나오게 된 것을 스스로 다행스럽게 생각합니다. 이 책이 우리나라에서 러시아법 연구의 활성화를 위한 촉매가 될 수 있다면 그것으로 이 책의 발간목적은 충분히 달성된 것입니다.

2009년 11월 3일

고려대학교 법과대학 연구실에서

기획자 명순구 드림

머리말

냉전시대에 러시아는 우리에게 있어서 무시무시하고 먼 이웃나라에 불과했습니다. 그런데 약 20년 전 수교 이후 현재에 이르기까지 한국과 러시아 사이의 교류는 그 분야와 빈도에 있어서 엄청난 성장이 있었습니다. 이에 따라 러시아에 대한 교육·연구 인프라가 확충되고 전문인력이 증가했습니다. 이러한 경향에 발맞추어 법률실무 분야에 있어서는 국내 로펌에서 러시아 변호사를 만나는 일이 별로 낯설지 않습니다. 러시아법에 대한 수요가 그만큼 증가했다는 의미이겠지요. 그런데 러시아법을 학문적으로 연구하는 전문인력은 극소수에 불과한 것 같습니다.

러시아는 한반도에 있어서 과거·현재는 물론 미래에 있어서도 전략적으로 중요한 이웃국가입니다. 그런데 러시아는 한국과 일대일의 관계에서만 중요성을 가지는 데 그치지 않습니다. 인류 최초로 사회주의 혁명에 성공한 러시아는 주도적으로 주변국가에 이데올로기와 함께 그것을 담아낼 수 있는 법을 수출했다는 사실에 유의할 필요가 있습니다. 그 수입국 중에는 물론 중국과 북한도 포함됩니다. 중국과 북한의 초기 법체제 정비에 있어서 러시아의 공로가 현저합니다. 이는 중국과 북한의 법을 온전하게 이해하기 위해서는 러시아법에 대한 정확한 인식이 선행되어야 함을 의미합니다. 그뿐만이 아닙니다. 러시아법의 역사는 러시아뿐만 아니라 구소련을 구성하던 독립국가연합(CIS) 회원국들의 역사의 상당부분을 이루기도 합니다. 이와 같은 사정에도 불구하고 우리나라에서 러시아법에 대한 종래의 연구성과는 미미한 수준에 불과하여 수요를 따르지 못하고 있습니다. 어떤 면에서는 아직까지도 그 수요를 감지하지 못한 것 아닌가 하는 생각도 듭니다.

저자들은 현재의 러시아법에 대한 이해와 앞으로의 발전방향을 예측하는 데 있어 역사적 접근이 긴요하다고 판단했습니다. 그리하여 러시아민족의 건국시기부터 오늘날까지 1000년의 시간을 다루어 보고자 했습니다. 당초 예상과 달리 이와 같은 내용을 담은 연구물은 국내는 물론 러시아에서도 쉽게 찾아보기 어려웠습니다. 이 책은 러시아의 역사발전 단계에 따라 법 내지 법제도가 어떻게 형성・발전되었는가에 관하여 그 핵심을 담고자 했습니다. 키예프공국, 모스크바공국, 제정러시아, 소비에트연방을 거쳐 현재에 이르기까지 각 시대별로 국가・정치적 배경에 대한 서술을 토대로 법제도를 개관했습니다. 이 책은 러시아법의 근본특질을 "기독교의 수용"(①), "전제주의 정치문화"(②), "서유럽으로부터의 고립"(③)으로 요약할 수 있음을 보여줄 것입니다. ①로 인하여 러시아가 서유럽과 법의 뿌리를 공유하게 됩니다. 반면에 ②, ③은 러시아법이 서유럽의 법과 구별되는 요인이 됩니다. 한편, 러시아는 구소련의 붕괴 이후 시장경제체제로의 전환을 급진적으로 추진했는데 이것도 지금 러시아법의 현대화・체계화에 상당한 부담으로 작용하는 것 같습니다. 이러한 상황은 앞으로도 러시아법에 중요한 변화가 일어날 수 있다는 예상을 가능하게 합니다.

이 책을 준비하면서 순간순간 느낀 점이 적지 않습니다. 이혼제도의 변화를 보면서 이데올로기의 허무성 같은 것을 보았습니다. 1917년 혁명 직후 러시아는 친족법을 세속화하면서 까다로운 이혼절차가 모두 폐지되고 부부 일방의 의사만으로도 이혼이 허용되었습니다. 혁명이념에 기초한 이혼의 자유 및 여성해방이 그 근거였습니다. 그런데 1930년대 중반에 들어와서는 이혼절차를 복잡하게 하면서 심지어는 이혼사실을 신분증명서에 기재하고 신문에 공포하며 이혼 횟수에 따라 벌금을 내도록 하였습니다. 동일한 체제와 정권 아래에서 어떻게 이와 같은 극단적인 변화가 가능할까요? 당시 소련 당국자는 이혼제도의 변경이유를 사회주의적 가정 관념이 확립되었기 때문이라고 설명했지만, 자세히 보면 그것은 정치적 명분에 불과하고 진짜 이유는 인구감소를 막기 위한 것이었습니다.

『러시아법입문』은 공동작업의 결과입니다. 저로서는 러시아의 역사와 법제도를 개관할 수 있는 계기, 이제우 군으로서는 앞으로 자신이 걸어가야 할 학문생활의 큰 그림을 그려보는 계기가 될 것으로 생각하여 시작한 일입니다. 이 책을 공동집필함에 있어서 저는 체계구성과 국내의 연구물을 분석・정리하였고 이제우 군은 그에 대응하여 외국문헌(특히 러시아문헌)을 분석・정리하는 일을 담당했습니다. 그리고 사안에 따라 한국법과 러시아법에 대한 비교법적 평가를 하는 일은 제가 수행했습니다. 끝으로 교정과 색인 작업은 이제우 군이 담당했습니다.

이 책은 그 집필취지에 따라 러시아의 공법과 사법 전체를 아우르기 위해서 어느 특정 분야를 집중적으로 다루지 않았습니다. 그러므로 이 책을 서술하면서 활용한 문헌 가운데에는 개별법 영역에 관한 연구물도 많았지만 러시아의 국가 및 법의 역사 전반을 다룬 문헌들도 중요한 자료가 되었습니다. 특정 시기와 특정 분야에 대해서는 자료가 극소한 관계로 소수의 문헌에 의존하기도 했습니다. 또한 이 책에서 반드시 참고했어야 할 주요 문헌이 포함되지 않았을 가능성도 배제할 수 없습니다. 이 점은 공동저자들이 넘기 어려운 한계입니다.

이 책의 사용방법에 대해서 간단히 말씀드립니다. 첫째, 독자들의 편의를 위하여 각 문단의 맨 앞에 아라비아 숫자로 된 문단번호를 표시하였습니다. 특히 논리전개의 흐름을 최대한 방해하지 않으면서도 새로운 개념에 대한 이해를 돕기 위하여 문단번호를 통하여 이 책 전반에 걸쳐 있는 관련 내용을 상호참조주로 연결했습니다. 둘째, 러시아의 법률 및 기타 용어는 가능하면 우리말로 번역하였습니다. 그러나 번역이 오히려 이해를 방해하는 경우 원어를 그대로 사용하였습니다. 셋째, 러시아 용어를 번역한 경우라 하더라도 번역어 뒤에 괄호를 달아 원어(때에 따라서는 영어 병기)를 추가하였습니다. 넷째, 책의 말미에 부록으로 러시아 법제도와 정치・사회사의 연표를 실었습니나.

탈고를 하면서 이 책이 『러시아법입문』이라는 제목에 부합하는 내용을 충실하게 담았는지 두려운 마음을 감출 수 없습니다. 또한 러시아의 역사와

문화에 정통한 분들이 보시기에 부족한 부분이 허다할 것입니다. 책을 내면서도 즐거워할 수만은 없는 이유입니다. 그럼에도 불구하고 이 책을 발간하고자 용기를 낸 것은 이 책이 러시아의 법을 연구할 필요성을 일깨우는 역할은 할 수 있다고 보았기 때문입니다. 이 책이 한국 법학계에 그 정도의 기여만이라도 할 수 있다면 저희들에게 큰 영광이 될 것입니다.

2009년 11월 5일

고려대학교 법과대학 연구실에서

공동저자를 대표하여 명순구 드림

차례

제1장 | 서 론

제2장 | 키예프 공국 시대

제3장 | 속령러시아 시대

제4장 | 모스크바 공국 시대

제5장 | 제정(帝政)러시아

제6장 | 혁명기 러시아

제7장 | 소비에트연방

제8장 | 러시아연방

제 1 장

서 론

01

1 이 책은 러시아의 역사발전 단계에 맞추어 각 단계마다 법 내지 법제도가 어떻게 형성되고 변화했는가를 밝힘으로써 러시아법의 모습을 알아보기 위한 것이다. 이와 같은 목적을 달성하기 위해서는 최소한 러시아의 역사를 그 대강만이라도 인식하고 있어야 한다. 이러한 취지에서 우선 러시아의 역사를 간략하게 소개하고자 한다(제1관). 그 다음으로는, 러시아법의 형성사적 특성을 살펴본다(제2관). 러시아법이 과연 어떤 역사적 배경을 토대로 이루어졌는가 하는 것을 파악하는 것은 러시아법의 여러 특성에 대한 효율적 이해에 도움을 줄 것이다.

제1관 러시아 역사 개관[1)]

I. 키예프 공국

2 러시아인들의 역사는 동유럽의 카르파티아(Carpathians) 산맥[2)] 동북쪽 산림 지대에서 부족을 이루어 생활하던 슬라브(*Slav*, славяне)족으로부터 시작되었다. 3세기 무렵부터 이곳에서 정착하였던 슬라브족은 그 후 서(西)슬라브인, 남(南)슬라브인 그리고 동(東)슬라브인으로 갈라지면서 이동을 시작하였는데, 이 중 동슬라브인들의 후손이 바로 오늘날의 러시아인들이다. 7세기경에 드네프르(Dneiper)강,[3)] 돈(Don)강[4)] 연안에 정착한 이들은 국가를

1) 여기에서는 일반적인 시대구분 방식에 따라 러시아의 역사를 키예프공국(제2장), 몽골・타타르압제(제3장), 모스크바공국(제4장), 제정러시아(제5장), 소비에트연방(제6장), 러시아연방(제7장)으로 나누어 서술한다.

2) 유럽 동부, 슬로바키아 동부에서 활처럼 구부러져 루마니아 북부로 뻗은 산맥.

3) 유럽에서 세 번째로 긴 강으로서 벨로루시와 우크라이나를 흐르며 흑해로 들어간다.

4) 러시아의 남서부에 있는 강. 모스크바 남방의 중앙러시아 고지에서 시작하여 남쪽의 아조프(Azov) 해로 흘러 들어가며 볼가・돈 운하(Volga-Don Canal)를 통하여 볼가(Volga) 강으로 연결된다.

이루지 못한 채 부락을 이루어 생활하다가 9세기 중엽에 스칸디나비아인들의 조상인 노르만인(Norman)들이 남쪽으로 세력을 확장하면서 그 지배하에 놓이게 되었다.[5] 노르만인인 류릭(*Ryurik*, Рюрик)이 러시아 최초의 도시국가인 노브고로드(*Novgorod*, Новгород)의 통치자가 된 것이다(862년). 그리고 20년 뒤 또 다른 노르만인인 올레그(*Oleg*, Олег)가 스스로를 대공(大公)으로 칭하면서 드네프르 강 유역에 키예프(*Kiev*, Киев) 공국을 세웠다.

스칸디나비아와 비잔틴제국을 잇는 중요한 해상로를 장악함으로써 키예프 공국은 주변의 다른 동슬라브 부족들을 복속시키며 강력한 통일국가로 성장해 나갔다. 그리하여 키예프 공국은 10세기 말부터 전성기를 누리는데 이때의 통치자가 전설적인 블라디미르(*Vladimir*, Владимир, 978~1015) 대공이다. 그는 영토를 확장하여 국력을 크게 키우고 비잔틴으로부터 기독교를 수용(988년)하면서 종교뿐만 아니라 국가 전반적으로 비약적인 발전이 가능하도록 그 기반을 마련하였다. 그의 사후에 벌어진 아들들 사이의 권력싸움에서 승리한 현자(賢者) 야로슬라브(*Yaroslav* the Wise, Ярослав Мудрый, 1036~1054)는 키예프 공국을 한층 더 발전시켰는데, 특히 그의 치하에서 최초의 법전 '루스까야 쁘라브다'(*Russkaya Pravda*, Русская Правда)[6]가 편찬되었다.

11세기 후반부터 키예프 공국은 형제세습과 부자세습의 원칙[7]이 확립되지 못한 채 권력 싸움으로 인한 내분에 휩싸이고 폴로베츠족[8]의 침략으로 그 세력이 점차 기울어갔다. 12세기 초에 키예프 공국이 잠시 부흥하였지만 1169년에 북동부 지역에서 성장한 로스토프-수즈달(*Rostov-Suzdal*, Ростов-Суздаль) 공국의 안드레이 보골륩스키(*Andrei Bogolyubsky*, Андрей Боголюбский) 공에게 침략 당한 후 수도의 자리를 블라디미르 공국에 내주어야만 하였다. 그 후 끝내

---

5) 노르만족론(論)에 대한 비판 및 반대 견해에 대해서는 니꼴라이 V. 랴자노프스키 저 / 이길주 옮김, 『러시아의 역사 I (고대~1800)』, 까치, 1991, 33~40면 참조.

6) 이 책 (49) 참조.

7) 이 책 (33) 참조.

8) 새로운 유목민족으로 서양에서는 쿠만人(Cumans)으로 더 잘 알려져 있다.

회복하지 못한 키예프는 몽골인들의 침략을 받고 1240년에 완전히 붕괴되었다.

II. 몽골・타타르[9] 압제와 노브고로드

1. 속령 러시아 시대

(3) 평가하는 기준에 따라 몽골 압제의 기간이 다르지만 러시아는 최소한 1240년부터 1380년까지 몽골에 의한 실질적 지배를 받았다.[10] 몽골 군대가 카프카즈(코카서스, Caucasus, Кавказ) 산맥[11]에 이르러 러시아 남부지역을 급습한 것은 1223년이었다. 그 후 칭기즈칸의 후계자들이 '대한'(大汗)의 칭호를 갖는 우두머리를 중심으로 정복 지역을 확대해 나가며 지배하였고, 이 과정에서 1230년대 말 러시아 동부의 랴잔(*Ryazan*, Рязань) 공국과 동북부의 로스토프-수즈달 공국이 모두 함락되고 말았다. 이후 칭기즈칸의 손자인 바투(Batu)가 볼가(*Volga*, Волга)강 하류 지역에 자신의 본부를 설치하여 이를 킵차크 한국(汗國, Kipchak Khanate)[12]이라고 불렀는데 점차 세력이 강해지면서 몽골제국과는 별개의 독립된 국가를 형성하였다. 이로써 킵차크 한국의 통치자를 대군주로 인정하며 조공을 바친 러시아의 공들은 그 대가로서 그들 중 한 명이 러시아 대공의 직위를 수여받았다.

비록 몽골족은 러시아인들에게 종교의 자유를 인정해 주는 등 비교적 간섭을 덜 한 것으로 평가되지만, 러시아가 침략 과정에서 겪은 대규모 학살

---

9) '타타르'라는 명칭은 다양하게 쓰이는데 몽골족과 투르크계 민족을 포함하여 아시아의 스텝과 사막에 사는 유목 민족을 총칭하거나, 크림타타르・시베리아타타르・카잔타타르・카시모프타타르처럼 몽골 제국(13~14세기) 때의 여러 민족과 나라를 가리켰다.

10) 니꼴라이 V. 랴자노프스키 저 / 이길주 옮김, 앞의 책 『러시아의 역사 I (고대~1800)』, 92~93면 참조.

11) 흑해와 카스피 해 사이에 동서로 뻗은 산맥으로 아시아와 유럽의 경계가 된다.

12) 러시아에서는 킵차크 한국을 'Golden Horde, Золотая Орда'라고 부르며 이는 '황금의 약탈자'를 의미한다.

과 황폐화는 그 결과가 오랫동안 지속되었다. 특히 모스크바 공국에 의해서 몽골 압제가 종료될 때까지 몽골은 러시아인들로부터 무거운 세금을 징수하였으며, 이는 몽골의 지배가 끝난 후에도 러시아가 경제적으로 회복하는 데 상당한 시간과 노력을 필요하게 만들었다.

2. 노브고로드 공국

(4) 몽골족은 러시아 대부분의 지역을 지배하였으나 북쪽의 노브고로드와 프스코프(*Pskov*, Псков) 공국은 침략의 비운을 피해갈 수 있었다. 특히 노브고로드는 러시아 최초의 도시국가로서 러시아의 문화적·정신적 전통을 이어갈 수 있었다. 키예프 러시아 시대에 노브고로드는 키예프 대공의 아들들이 군주 승계체계에 따라 거쳐가는 자리였으며, 키예프의 세력이 기울고 볼가 강을 기반으로 동양과 서양을 잇는 무역로를 장악하면서 크게 성장할 수 있었다. 또한 노브고로드는 다른 어떤 러시아 공국보다도 더 민주적이었는데, 이는 농업이 기후적으로 쉽지 않은 환경에서 상업의 발달로 인한 유럽과의 활발한 교류의 결과로 이해되고 있다.[13] 노브고로드의 대공은 군주라기보다는 오히려 도시민들에 의해 고용된 관리에 가까웠으며, 이는 러시아 정치문화에도 민주적 요소가 존재하였음을 보여준다.[14]

노브고도르는 이 시기에 있어 외국의 의한 침략으로부터 방어역할을 하였는데 스웨덴과 튜턴(게르만) 기사단을 비롯하여 핀(Finn)족과 리투아니아 등의 부족들이 끊임없이 공격해왔다. 그 중 역사적으로 가장 의미 있는 전쟁은 1240년 스웨덴과 치른 네바(*Neva*, Нева)강 연안의 전쟁이다. 여기서 노브고로드의 알렉산드르 네프스키(*Alexander Nevsky*, Александр Невский) 대공이 스웨덴을 크게 무찌르며 몽골 압제로 인해 저하되었던 사기를 회복시켜주었다. 이후 노브고로드는 세력을 크게 확장한 모스크바 공국에 의해 15세기 말에 합병되었다.

---

13) В.И. Усанов, *История государства и права России*, Элит, 2007, p.11 참조.

14) 보다 자세한 내용에 대해서는 이 책 (58), (62) 참고.

III. 모스크바 공국

5 모스크바 공국은 1147년 수즈달 공국의 유리 돌고루키(*Yuri Dolgoruki*, Юрий Долгорукий) 공이 창건하였다. 모스크바 공국은 몽골지배의 속령러시아 시대에도 세력을 확장해갔는데, 이와 같은 결과는 킵차크 한국과의 관계를 돈독하게 유지하고 대공의 직위를 인정받은 것으로부터 비롯된 것이다.[15] 특히 14세기 중엽에 모스크바 공국의 대공을 지낸 이반 1세(Ivan I, Иван I)[16]는 킵차크 한국을 위해 러시아 군주들로부터 조세를 거두는 권한까지 위임받았으며, 이로써 늘어난 세입을 통해 많은 땅을 사들여 영토를 증가시킬 수 있었다. 이 밖에도 러시아 교회의 수장인 수좌 대주교가 키예프에서 모스크바로 자리를 옮기면서 모스크바 공국은 러시아의 영적 중심지 역할도 하게 되었다.[17] 계속해서 세력을 확장한 모스크바 공국은 마침내 드미트리 돈스코이(*Dmitrii Donskoi*, Дмитрий Донской) 대공에 의하여 1380년 꿀리꼬보(*Kulikovo*, Куликово)전투에서 몽골족을 패배시켰다. 물론 이로 인하여 몽골의 지배가 완전히 종료된 것은 아니었지만, 이를 계기로 모스크바는 몽골 압제로부터 전(全) 러시아의 옹호자로 떠올랐다.[18]

몽골지배 속령러시아 시대의 종말을 고한 것은 한 세기가 더 지난 1480년 이반 3세가 짜르[19](*Tsar*, царь)와 절대군주(*samoderzhets*, самодержец)라는

---

15) 니꼴라이 V. 랴자노프스키 저 / 이길주 옮김, 앞의 책 『러시아의 역사 I(고대~1800)』, 136~137면 참조.

16) 이런 이유로 이반 1세는 이반 칼리따(*Kalita*, Калита)라는 별명이 있는데 이는 돈주머니를 뜻한다.

17) 1589년에 모스크바 수좌 대주교는 총대주교로 승격되었으며 이로써 동방교회는 총 5명의 총대주교를 갖게 되었다.

18) 니꼴라이 V. 랴자노프스키 저 / 이길주 옮김, 앞의 책 『러시아의 역사 I(고대~1800)』, 140면 참조.

19) '짜르'의 어원이 된 단어는 로마의 Caesar(씨저)이다.

칭호를 사용하기 시작하면서부터였다. 그는 몽골족의 대한(大汗)에 대하여 충성을 거부함으로써 완전한 주권을 회복하게 된 것이다. 이때부터 모스크바 공국의 지배자는 자신의 공국을 넘어서 러시아의 전(全)인민의 군주로 등장하였다. 특히 그는 비잔틴의 마지막 황제인 콘스탄티누스 11세(Constantinus XI)의 조카와 혼인을 하여 그 위상을 더욱 격상시킬 수 있었다. 모스크바공국의 계속적 확장과 더불어 짜르의 권력은 점차 확대되어 이반 4세(Ivan the Terrible, Иван Грозный, 1533~1584)의 통치기에 와서는 전제권력이 확고히 자리잡게 되었다. 이반 뇌제(雷帝)라고 불릴 만큼 폭군이었던 그는 매우 어린 나이에 짜르의 자리에 오른 관계로 통치 초기에는 가족의 섭정과 귀족 지배가 이루어졌다. 이후 16세가 되는 해부터 이반 4세는 실질적인 권력을 쟁취하여 통치를 시작하였다. 그는 새로운 법전인 쑤데브니끄(*Sudebnik*, Судебник)[20]를 채택하고 지방통치와 군사 등 사회 전반에 걸친 개혁을 통해 중앙집권화 정책을 펼쳤다. 특히 절대권력 강화 차원에서 귀족을 억압하는 등 공포정치를 수행하였으며 영토를 계속 확장하여 시베리아 지역까지 그 세력이 미치게 되었다.

이반 4세의 치세 이후 그의 아들인 표도르(*Fyodor*, Фёдор, 1584~1592)가 통치를 이었다. 그러나 짜르로서의 능력과 통치에 대한 의지 부족으로 실세는 그의 조언자인 몽골 귀족 가문 출신의 보리스 고두노프(*Boris Godunov*, Борис Годунов)가 차지하였다. 이반 4세에게는 표도르 외에 늦둥이 아들이 한 명 더 있었는데 그가 드미트리(*Dmitrii*, Дмитрий) 공이었다. 그런데 그는 어린 나이에 의문사를 당했고 그 결과 아들이 없는 표도르의 대를 이을 류릭계[21] 후계자가 없게 되었다. 이로써 표도르의 사후에 소집된 전국회의[22]에서 1598년에 보리스 고두노프가 짜르로 선출되었다. 이 시기를 동란시대(The

---

20) 이 책 (74) 참조.

21) 이 책 (3)에서 설명한 바와 같이 류릭계는 노브고로드 공국을 세운 노르만인 류릭의 가문을 뜻한다.

22) 이 책 (19) 참조.

Time of Troubles, Смутные времена)라고 부르는데, 즉위 이후에도 보리스 고두노프의 정당성이 끊임없이 문제되었고 드미뜨리 공을 참칭하는 자가 2명이나 시기를 달리하여 나타나 러시아 사회를 혼란스럽게 만들었다. '가짜 드미뜨리'들은 각각 러시아와 적대관계에 있던 폴란드의 군대를 끌어들여 국가적 위기를 초래하기도 하였다. 그러나 결국 1613년에 폴란드 군대는 모스크바에서 쫓겨나고 그 후 다시 소집된 전국회의에서 로마노프(Romanov, Романовы) 가문의 미하일(Mikhail, Михайл)이 짜르로 선출되었다.

미하일(1613~1645)이 즉위하면서 그를 비롯하여 그의 후계자들인 알렉세이(Alexei, Алексей, 1645~1676)와 표도르(Fyodor, Фёдор, 1676~1682)가 동란시대의 혼란을 정리하고 사회를 안정시키고자 노력하였다. 재정적 붕괴를 해결하려는 많은 정책이 도입되었으나 사회는 잦은 반란을 통해 그 불만을 표출하였다. 이에 대해 정부는 1649년에 새로운 법전인 울로제니예(*Ulozhenie*, Уложение)[23]를 채택하는 등 행정·사법 분야에서 개혁조치를 취해나갔다. 표도르의 통치 기간 중에는 모스크바의 관직임용제도인 메스뜨니체스뜨보(*mestnichestvo*, местничество)가 폐지되었다. 이 제도는 귀족 가문 구성원들이 계급적 서열에 따라 관직을 차지하는 폐쇄적인 제도였다. 이러한 변화는 다음 군주인 표트르 대제(Peter the Great, Пётр Великий, 1682~1725)가 대규모의 개혁을 감행하는 데 기여한 것으로 평가된다.

IV. 제정러시아

1. 표트르 대제

6 17세기 말에 최고 권력의 자리에 오른 표트르 대제는 서유럽과 비교되는 러시아의 후진성을 인식하고 강도 높은 서구화 정책을 펼침으로써

23) 이 책 (87), (88) 참조.

러시아 역사에서 큰 전환점을 가져왔다. '유럽으로의 창(窓)' 역할을 위하여 표트르가 자신의 이름을 딴 쌍트 뻬쩨르부르그(Saint Petersburg, Санкт Петербург) 도시를 세워 수도를 이곳으로 이전한 것만 보아도 그의 의지가 얼마나 대단하였는지 알 수 있다. 그는 무엇보다도 서유럽의 선진 제도를 적극적으로 수입하는 데 앞장섰는데, 신분을 숨기고 두 차례에 걸쳐 유럽의 다양한 나라들을 여행하면서 현장에서 직접 모든 것을 체험하는 열정까지 보였다. 또한 그는 기득권 세력으로서 사회 개혁을 반대하는 궁정 집단들과 귀족회의[24]를 멀리하면서 신분과 전혀 무관하게 오로지 능력에 기초하여 자신의 협력자들을 등용하였다. 그리고 외국에서 각 분야의 전문가를 초빙하여 개혁을 진두지휘하였다.[25]

표트르 대제는 우선적으로 군사적 개혁을 단행하였는데, 이는 그의 통치기간 동안 터키 및 스웨덴을 비롯하여 많은 이웃 국가들과 끊임없이 전쟁을 한 사실과 무관하지 않다. 그는 일반징병제도를 도입하고 군대를 재편성하여 근대적 러시아 육군을 창설하였다. 무엇보다 그의 업적은 해군의 창설로 빛났다. 조선업을 들여와 영국의 모델에 따라 해군을 세우면서 러시아를 강력한 해상세력으로 키웠다. 행정 분야에서 표트르는 개혁을 통하여 기존의 제도를 청산하려고 하였으며, 그 일환으로 사법·행정권을 행사하는 최고의 기관인 원로원(Senate, Сенат)을 새롭게 설립하였다. 그리고 행정부처로서는 스웨덴의 모델에 따라 꼴레자(*collegia*, коллегия)[26]를 도입하여 기존에 중복되던 행정업무를 보다 효율적으로 정비하였다. 상당한 지위와 특권을 누리던 교회도 개혁의 바람을 피할 수는 없었다. 1700년에 보수적인 하드리안

---

24) 여기서 귀족회의란 '보야르 두마'를 뜻한다. 이 책 (34) 참조.

25) 자세한 내용은 니꼴라이 V. 랴자노프스키 저/이길주 옮김, 앞의 책 『러시아의 역사 I (고대~1800)』, 307면 참조. 특히 표트르는 귀족의 신분을 상징하는 수염을 솔선하여 먼저 자르고 이를 귀족들에게도 강제하는 등 생활양식과 복장에 있어서도 서유럽화를 강행하였다.

26) 이는 기존의 행정기관인 '쁘리까즈'를 대체한 것이다. 쁘리까즈에 대해서는 이 책 (66) 참조.

(*Hadrian*, Хадриан) 총주교의 사망으로 그 자리가 비게 되자 표트르는 후계자의 선출을 미루고 임시대리인으로서 온건한 개혁 지지자인 당시의 수좌 대주교로 하여금 교회를 통치하게 만들었고, 결국 총주교를 대체하여 10~12명의 성직자들로 이루어진 신성종무원(Holy Synod, Святейщий Синод)을 설립하였다. 이로써 신성종무원을 통한 교회의 조직과 재산에 대한 황제의 통제력이 확보되었으며 국가와 교회의 이러한 관계는 19세기 말까지 계속되었다.[27)]

이 밖에도 많은 개혁들이 단행되었는데 모두가 성공적이었던 것은 아니며 개혁의 결과 많은 부작용이 발생하기도 하였다. 그의 개혁은 대부분 큰 저항에 직면하면서 강압적으로 이루어졌다. 그 결과 개혁에 많은 희생이 따랐으며, 일부 개혁은 유지되지 못하고 후계자들에 의해 폐지되기도 하였다. 그럼에도 불구하고 표트르는 시대의 요구를 인식하고 이에 따라 개혁을 강행하여 러시아를 근대화시킨 인물로 평가된다.

2. 예까쩨리나 2세와 알렉산드르 1세

7 예까쩨리나 2세(*Yekaterina* II, Екатерина II, 1762~1796)는 타고난 행정과 통치의 능력 및 강철 같은 의지를 소유한 여성 군주였다. 그녀는 표트르 대제 이후 40여 년 동안 통치자가 6번이나 바뀌면서 흔들렸던 군주권과 러시아의 위상을 다시금 격상시킨 인물이다. 또한 그녀는 당대 계몽주의자들과 서신을 주고받을 정도로 계몽주의 사상에 심취하여 러시아 사회의 계몽에 강한 의지를 보이기도 하였다. 러시아인의 법과 생활을 근대화시키려는 많은 정책들을 준비하였지만 이러한 개혁들이 궁극적으로 군주의 권력을 제한한다는 사실을 인식하게 되면서 현실화되는 단계까지 가지는 못하였다. 또한 프랑스 혁명이 일어나면서 보다 보수적으로 변하게 된 그녀는 전제주

27) 신동혁, “포스트 소비에트 러시아의 국가 교회 관계의 변화와 형성,” 『슬라브학보』 제22권 제1호, 한국슬라브학회, 2007, 104면 참조.

의적 통치를 강화하게 되었다.

비록 예까쩨리나의 보수화로 인하여 많은 개혁들이 이루어지지는 않았지만 그녀의 계몽주의적인 성향은 손자인 알렉산드르 1세(*Alexander* I, Александр I, 1801~1825)의 교육에 상당한 영향을 미쳤다. 짧았던 아버지의 치세(빠벨, *Pavel*, Павел, 1796~1801)에 이어 즉위한 알렉산드르 1세는 자유주의적 성향의 젊은 친구 4명의 도움을 받아 러시아 사회의 전반적 후진성 및 행정기구의 비적합성을 개혁하려고 하였다. 이 젊은 개혁가들의 모임을 비공식위원회(Unofficial Committee, негласный комитет)라고 부른다. 그는 기존의 꼴레쟈를 대신하여 부(ministry, министерство)를 도입하면서 행정권과 사법권을 분리하는 등 국가의 통치구조를 근대화하여 나갔다. 또한 토지소유권을 귀족들 외에도 자유민에게까지 확대하고 소위 '자유농민법'(Указ о свободных хлебопашцах)을 통과시키면서 지주들의 자발적인 농노해방을 허용하였다.[28] 그러나 알렉산드르 1세 역시 예까쩨리나 대제와 같이 통치 후반기에 들어서 보수적 성향을 보였으며 군주권을 강화하는 데 노력을 기울였다.

특기할 만한 점은 알렉산드르 1세의 통치 기간 중인 1812년에 나폴레옹 전쟁이 발발했는데, 이를 계기로 그전부터 조금씩 유입되던 자유주의 사상이 대거 들어오게 되었다는 것이다. 이는 최초의 러시아 혁명가 집단을 탄생시켰으며 이를 데카브리스트(Decemberist, декабрист)라고 부른다.[29] 계몽주의와 자유주의 사상에 매료된 젊은 군장교들로서 나폴레옹 전쟁을 통하여 지성적 각성을 얻은 그들은 군주제를 대신하여 입헌군주제를 세우고자 하였다. 그들은 알렉산드르 1세가 갑자기 사망하면서 왕조가 위기를 겪는 사이 1825년 12월에 반란을 일으켰으나 실패하였다. 그러나 그 정신은 러시아 인민의 의식에 신선한 충격을 주었으며 자유에 대한 돌이킬 수 없는 움직임을 낳았다.

---

28) 니꼴라이 V. 랴자노프스키 저 / 김현택 옮김, 『러시아의 역사 II (1801~1976)』, 까치, 1991, 13면 참조.

29) 러시아어로 12월이 '데카브르'인데 12월에 반란을 일으킨 이유로 '데카브리스트'로 불리게 되었다.

3. 니꼴라이 1세와 알렉산드르 2세

8 황제 즉위식 중에 데카브리스트들의 반란을 경험한 니꼴라이 1세(*Nikolai* I, Николай I, 1825~1855)의 체제는 군국주의적이며 관료주의적인 색채가 강하였다. 비록 보수적인 성향을 보였지만 니꼴라이 1세는 농노제를 비롯한 사회의 많은 모순을 인식하고 있었으며 이를 해결하기 위하여 제한적인 성격의 개혁을 시도하기도 하였다. 다만 그는 자유주의적인 접근이 아닌 강력한 전제정치를 통한 해결책을 선호하였다. 그의 가장 중요한 업적 중 하나는 러시아제국법률요람(Digest of Russian Laws, Свод Законов)을 들 수 있는데, 그 목적은 유럽식 민주주의의 지향이 아닌 군주권의 강화 및 확립이었다.[30]

니꼴라이 1세를 이어 그의 아들 알렉산드르 2세(*Alexander* II, Александр II, 1855~1881)가 즉위하였다. 알렉산드르 2세가 통치한 19세기 중·후반은 표트르 대제 이후 가장 큰 규모의 개혁이 단행되었던 시기이다. 그 개혁 중 대표적인 것으로 농노해방을 들 수 있다. 1861년의 농노제 폐지는 단순한 신분의 문제를 넘어서 러시아 사회를 근본에서부터 뒤흔든 변화였다. 종래의 러시아 경제는 엄청난 특권을 향유하는 지주들과 그들에게 예속되어 있는 농노들에 기반을 두고 있었기 때문이다. 그러나 농노제의 폐지는 인구의 대다수를 차지하는 농민들의 처지를 실질적으로 향상시켜 주지는 못하였으며 이로 인하여 오히려 러시아 사회의 혼란이 가중되었다.

4. 알렉산드르 3세와 니꼴라이 2세

9 제정러시아의 마지막 두 황제는 거역할 수 없는 변화의 흐름을 역행하려던 인물들이었다. 알렉산드르 3세(*Alexander* III, Александр III,

30) Gordon Smith, *Reforming the Russian legal system*, Cambridge University Press, 1996, p.11 참소.

1881~1894)와 니꼴라이 2세(*Nikolai* II, Николай II, 1894~1917)는 반(反)개혁을 통하여 쇠퇴하고 있는 귀족계급에 의존한 채 시대의 요구를 인식하지 못하였다.[31] 시대착오적 목적인 전제정치의 강화 노력은 알렉산드르 3세가 즉위한 첫 해부터 드러났다. 그는 '임시법규'(Temporary Regulations, Временные правила)를 발표하면서 국가의 안전과 공공질서의 보호라는 명목 하에 황제에 대한 모든 도전을 강하게 탄압하였다. '임시법규'가 갱신되면서 결국 러시아 인민은 1917년혁명이 일어날 때까지 사실상의 계엄령 상태에 놓이게 되었다.

니꼴라이 2세의 통치기는 러시아가 국내외적으로 고난을 겪었던 시기였다. 급격하고 불균형한 산업화로 인하여 기존의 사회구조가 붕괴되고 심각한 기근이 계속되었다. 그리고 러일전쟁 및 제1차 세계대전 등으로 인한 인민의 고통이 절정을 이루었다. 산업화를 동반한 부르주아와 프롤레타리아 계급의 성장은 러시아 역사에서 소수의 지배층이 아닌 다수의 피지배층이 개혁의 주도세력으로 등장하였음을 의미하였다. 그러나 황제는 절대권력을 강화하는 문제에만 전념하였다. 무엇보다도 니꼴라이 2세는 결단력과 현실파악 능력이 부족했던 것으로 평가되는데, 황궁 앞에서 평화롭게 시위를 하던 군중을 향해 발포하여 러시아의 인민을 반체제로 전화시킨 사건[32]이 이를 잘 보여준다. 이 사건에 뒤이어 일어난 대규모 총파업과 봉기[33]로 인하여 황제는 결국 '10월 선언'을 통해 입헌군주제를 받아들일 수밖에 없었다.

5. 입헌군주제와 임시정부

(10) 니꼴라이 2세는 입헌군주국을 선포하면서 두마(의회, *Duma*, Дума)

31) 니꼴라이 V. 랴자노프스키 저 / 김현택 옮김, 앞의 책 『러시아의 역사 II(1801~1976)』, 114면 참조.

32) 소위 '피의 일요일'(Кровавое воскресенье)사건이다.

33) 이를 '1905년 혁명'이라고 부른다. 이 책 (144) 참조.

를 설치하였다. 이에 따라 성년 남자에게 보통선거권이 인정되어 대의민주주의 요소가 도입되었지만, 두마의 권한이 매우 제한적인 데다가 황제가 소집·해산권을 보유함으로써 실제에 있어 두마는 황제의 권력을 제어하지 못하였다. 황제는 절대권력에 대한 절제를 거부하며 독단적인 반동정치노선을 유지하였는데 러시아의 악화되는 국내외 사정으로 인하여 결국 황제는 신뢰를 완전히 잃고 말았다. 그 후 1917년 2월에 폭동과 시위가 심해짐에 따라 황제의 해산명령을 무시한 두마가 임시정부(Provisional Government, Временное Правительство)를 수립하게 되었다. 이를 '2월혁명'이라고 한다. 임시정부는 부르주아와 온건 사회주의자들의 연합정권이었으나 전자가 우세하였다. '2월혁명'으로 니꼴라이 황제는 폐위되었으며 그 뒤 약 8개월 동안 임시정부가 존속하였다. 그러나 신정부는 자유와 통제의 완화만을 너무 강조하고 단호한 개혁의지를 보여주지 못하였다. 더욱이 임시정부는 노동자 파업을 지도하기 위해 1905년에 형성되었던 평의회, 즉 소비에트(*Soviet*, Совет)를 모델로 한 '뻬뜨로그라드 노동자와 군인 대표 소비에트'(*Petrograd* Soviet of Workers' and Soldiers' Deputies, Петроградский совет рабочих и солдатских депутатов)[34]의 설립으로 국가 통제권을 확실하게 잡지 못하였다. 오히려 대중들의 실질적인 지지를 받던 소비에트는 무능력하고 우유부단한 임시정부에게 점차 위협적인 존재가 되었다. 본래 온건한 사회주의자들로 구성되었던 소비에트가 러시아에서의 사회주의 혁명을 강하게 주장하는 강경파 사회주의자들인 볼셰비키(*Bolsheviki*, Большевики)로 대체되었고, 그들은 결국 10월 25일 임시정부의 별다른 저항 없이 사회주의 혁명을 일으켜 소비에트 정부를 수립하는 데 성공하였다.

---

34) 뻬뜨로그라드(*Petrograd*, Петроград)는 뻬쩨르부르그의 명칭이 변경된 것으로 1914년부터 1924년까지 유지되었다.

V. 소비에트연방

1. 레닌과 신경제정책(NEP)

11 블라디미르 레닌(*Vladimir Lenin*, Владимир Ленин)은 볼셰비키 지도자로서 10월혁명을 주도하였다. 그는 인민위원회(Council of People's Commissars, Совет Народных Комиссаров) 의장이 되었고, 이후 그가 이끄는 중앙위원회와 정치국(*Politburo*, Политбюро)이 정부기구를 장악하면서 최고 권력자가 되었다. 신정부는 마르크스-레닌주의[35]에 기초하여 통치를 해나갔으며 공산주의 사회의 성공적인 건설을 위하여 사유재산제 폐지조치를 단행하였다. 우선적으로 정부는 농민에게 토지를 나누어 주고 공장의 운영권을 노동자위원회에 양도하였으며, 모든 은행을 국유화하고 외국과의 무역을 국가독점사업으로 전환시켰다.[36] 이렇게 하여 프롤레타리아 독재라는 슬로건하에 소비에트 권력을 지방으로 확산시켜 나가던 볼셰비키의 혁명군인 적군(赤軍, Red Army, Рабоче-Крестьянская Красная Армия)은 짜르의 정부군으로서 백군(白軍, *Belaya Armiya*, Белая Армия)으로 불리던 반혁명세력과 치열한 내전을 벌이면서 점차 세력을 확장하였다. 이 와중에 제정러시아의 일부를 구성하던 민족들이 독립운동을 전개하면서 독립을 선포하였다. 그러나 현지 공산주의 세력과 연합한 소비에트는 결국 이들 지역에 대한 통치권을 다시 확보하면서 1922년에 이르러 소비에트 사회주의 공화국 연방(Union of the Soviet Socialist Republics, Союз Советских Социалистических Республик)을 선포하였다.

치열한 내전으로 인한 전국의 황폐화와 계속되는 기근으로 국가경제는 위기를 맞이하였으며, 이에 대한 해결책으로서 레닌은 신경제정책(NEP, New

---

35) 이 책 (166) 참조.

36) 니꼴라이 V. 랴자노프스키 저 / 김현택 옮김, 앞의 책 『러시아의 역사 II (1801~1976)』, 212면 참조.

Economic Policy, Новая Экономическая Политика)을 펼쳤다. 이는 사회주의 경제체제에 시장경제의 요소를 일부 제한적으로 도입하는 것으로서 사회주의에 대한 일시적 타협 및 후퇴였을 뿐 정치적 통제는 여전히 강하게 이루어졌다. 비록 신경제정책이 많은 공산주의자들의 우려를 불러일으켰으나, 국가경제를 회복시키는 데 있어 결정적인 역할을 한 것으로 평가된다.

2. 스탈린과 脫스탈린化

12 레닌의 사후에 권력투쟁이 전개되었으며 최종적으로 승리한 사람은 요세프 스탈린(*Joseph Stalin*, Иосиф Сталин)이었다. 그는 능력 있는 볼셰비키로 인정받는 인물이었으며 10월혁명에 결정적인 기여를 했다. 1927년에 있었던 제15차 전국공산당대회에서 압도적인 지지를 받은 그는 향후 25년여에 걸쳐 공포정치를 통해 독재를 펼쳤다. 그는 국가운영을 준(準)군대식 동원체제로 전환시켜 강압적인 통치를 하면서 반대자들을 무차별적으로 진압하였다. 또한 낙후된 농촌지역에 대한 대변혁을 꾀하면서 많은 반대에도 불구하고 급속한 농업의 집단화를 통해 노동의 조직화와 편제화를 달성하였다.37) 결국 스탈린은 신경제정책을 폐지하면서 5개년계획을 통해 산업화를 급진전시키는 데 성공하였으며, 제2차 세계대전에서 나치독일군에 대해 최종적으로 승리함으로써 국제무대에서 소련을 미국과 대등한 강대국의 위치로 격상시켜 놓았다.

스탈린의 사후 권력을 장악해간 사람은 니키따 흐루시초프(*Nikita Khrushchev*, Никита Хрущёв)이다. 그는 특히 소위 '脫스탈린化'를 주도하였다. 흐루시초프는 1956년에 열린 제20차 당대회 비공개회의 연설을 통하여 스탈린을 비

37) 집단농장을 꼴호즈(*kolkhoz*, колхоз)라고 부르는데 농민 공동체의 성원들은 일정생산량을 국가에 인도할 의무를 졌다. 그러나 농민 공동체는 토지를 공유하고 경작에 대한 간섭을 받지 않았다(니꼴라이 V. 랴자노프스키 저 / 김현택 옮김, 앞의 책 『러시아의 역사 II (1801~1976)』, 235~236면 참조). 보나 자세한 내용은 이 책 (185), (190) 참조.

난하면서 그에게 소비에트의 취약점에 대한 책임을 돌렸다. 흐루시초프는 수십 년 동안 확립되었던 폭군전제주의를 완화하는 데 초점을 맞추었다. 그는 비록 제한적이긴 하나 그 동안 사실상 전무했던 개인에 대한 법적 보호를 강화하였으며, 또한 경제적으로는 지리적 분산화를 추진하여 산업의 감독권을 상당 부분 중앙으로부터 지역경제기관들로 이관시켰다. 흐루시초프 정권의 많은 노력에도 불구하고 경제는 점차 침체되어 갔다. 그는 이런 상황을 타개하기 위하여 할당된 목표에 미달한 제6차 5개년계획을 새로운 7개년계획(1959~1965)으로 대체하였다. 이전의 5개년계획들이 공업화에 초점을 두었다면 7개년계획은 인민들의 일상생활과 직접적인 관련이 있는 농업부문과 건설부문 등에 집중하였다.[38] 특히 이 시기에 소련은 우주공학과 원자에너지에 있어 많은 발전을 보여 미국에 앞서 인공위성을 먼저 쏘아 올리기도 하였다.

스탈린 탄핵으로 공산주의에 오점을 남겼고 아울러 추진하던 정책들이 큰 효과를 거두지 못하면서 흐루시초프는 점차 그의 정치적 입지가 좁아지다가 결국 1964년 실각하였다. 그의 뒤를 이어 레오니드 브레즈네프(*Leonid Brezhnev*, Леонид Брежнев)시대가 열렸다. 전임자와 다르게 강경한 노선을 추구한 브레즈네프는 다시금 지도자에 대한 개인숭배를 부활시켰다. 또한 그는 사회주의 진영 내에서도 강압적인 정책을 펼쳤는데 동유럽에서의 자유화 및 민주화 바람을 잠재우기 위해 힘썼다. 그 가장 대표적인 예로 1968년 체코슬라바키아 침공 사건인 '프라하의 봄'을 들 수 있다.

3. 고르바초프의 페레스트로이카와 소련의 붕괴

(13) 1982년에 브레즈네프가 사망한 후 브레즈네프의 측근인 안드로포프(*Andropov*, Андропов, 1982~1984)와 체르넨코(*Chernenko*, Черненко, 1984~

---

38) Lloyd Gordon Churchward, *Contemporary Soviet Government*, Routledge & K. Paul, 1975, pp.147~148 참조.

1985)가 집권하였다. 그러나 두 사람 모두 1년 반도 안 되어 사망하면서 미하일 고르바초프(*Mikhail Gorbachev*, Михайл Горбачёв)가 당 서기장으로 선출되었다. 그의 집권은 개혁 세력의 등장을 의미하였는데, 이는 침체에서 벗어나지 못하는 소련의 경제를 회복하는 것이 얼마나 큰 과제이었음을 잘 보여준다. 고르바초프는 페레스트로이카(*Perestroika*, Перестройка)와 글라스노스트(*Glasnost*, Гласность)를 추진하면서 소련 사회 전반에 걸친 대대적인 변화를 일으켰다.[39] 고르바초프의 이러한 시도는 소련의 총제적인 위기에 비추어 볼 때 불가피한 측면이 있다. 그러나 페레스크로이카와 글라스노스트는 이미 진행되고 있던 소련의 붕괴를 촉진시키는 원인이 되었다. 그리고 급진적으로 이루어진 자유화는 개혁의 결실이 나타나기도 전에 인민의 불만을 폭발시키고 소수민족의 분규를 표면화시키면서 리투아니아를 필두로 소련의 공화국들이 차례로 독립을 선언하는 결과를 가져왔다.

고르바초프는 급진적인 개혁을 통해 소련을 재건하려고 시도하였지만 보수세력으로부터의 강력한 저항에 직면하면서 결과적으로는 미온적 태도를 취하게 되었다. 보다 강력한 개혁을 추진해야 한다는 인물로 보리스 옐친(*Boris Yeltsin*, Борис Ельцин)이 부상하였다. 그는 공산당의 권력독점을 강하게 비판하였다. 1991년 6월 선거를 통해 옐친이 러시아의 초대 대통령으로 선출되고, 보수강경파가 1991년 8월에 일으킨 쿠데타가 실패한 이후 고르바초프는 소련공산당 서기장직을 사임하였다. 이후 옐친의 노력 끝에 소련을 대신하여 11개의 공화국들로 이루어진 독립국가연합(Commonwealth of Independent States, Содружество Независимых Государств)이 1992년 1월 1일자로 발족되었다.

39) 페레스트로이카는 개혁을, 글라스노스트는 개방을 뜻한다. 이에 대한 구체적인 내용은 이 책 (206) 참조.

VI. 러시아연방

14 소련이 붕괴하면서 러시아가 '러시아 소비에트 사회주의 연방공화국'(Российская Советская Федеративная Социалистическая Республика)에서 러시아연방(Российская Федерация)으로 재탄생하였으나 옐친이 정치적 주도권을 바로 행사한 것은 아니었다. 아직 사회주의 헌법이 개정되지 못한 상황에서 소비에트 시대의 핵심 헌법기관들인 최고회의와 인민대의원대회가 계속해서 건재해 있었다.[40] 무엇보다도 구제도를 옹호하던 이 기관들은 '충격요법'(shock therapy, шоковая терапия)[41]으로 대변되는 옐친의 급진주의적 정책뿐만 아니라 옐친을 비롯한 그의 지지세력을 적대시하였다. 1993년 가을 헌법개정에 대한 국민투표를 어렵게 성사시킨 옐친은 자신을 해임하기로 결정한 최고회의를 강제해산시키는 등 구제도를 청산하였으며 그 해 겨울 새로운 헌법의 채택을 주도함으로써 민주화의 길을 열어주었다. 그러나 옐친의 정치적 승리로 인하여 러시아 국민이 체제전환 과정에서 겪고 있던 심각한 경기침체 및 사회적 혼란을 극복하지는 못하였으며, 신생국 러시아는 오히려 총체적인 국가위기를 맞이하게 되었다. 결국 러시아는 1998년 모라토리엄을 선언할 수밖에 없었다. 자신의 임기 만료를 앞둔 옐친은 1999년 12월 31일 돌연 대통령직을 사임하고 그의 측근인 블라디미르 푸틴(*Vladimir Putin*, Владимир Путин)을 대통령 권한대행으로 내세웠다.

몇 개월 후 대선에서 어렵지 않게 승리한 푸틴은 자신이 내세운 '강력한 러시아의 건설'이라는 슬로건을 현실화하는 데 힘썼다. 정치적으로는 과도기의 혼란을 틈타 독립 또는 보다 광범위한 자치를 추구하던 연방주체들을 중앙정부의 통제 아래로 복속시켰다. 그 대표적인 예로 속전속결로 진행

40) 최고회의와 인민대의원대회에 대해서는 각각 이 책 (187), (207) 참조.

41) 이 책 (221) 참조.

된 제2차 체첸전쟁(1999년 8월~2000년 5월)을 들 수 있다. 경제적으로는 국가자본주의를 실현하여 1990년대에 과도하게 민영화 및 자유화되었던 러시아 경제를 국가의 관리 아래로 다시 편입시켰다. 그 결과 국가는 핵심전략산업인 에너지 분야에서 가즈프롬(*Gazprom*, Газпром) 등과 같은 러시아 초대형 기업들의 최대주주가 되어 국가이익을 보호·증진시켰다. 결국 이러한 정책이 대외적 경제환경의 개선과 더불어 세계시장과 국제무대에서 러시아의 부활을 가져왔다. 2008년 두 번째 임기를 마친 푸틴은 대통령직에서 물러났지만 측근인 드미트리 메드베데프(*Dmitri Medvedev*, Дмитрий Медведев)를 후임자로 지명하여 그를 대통령으로 당선시키는 데 결정적인 기여하였으며, 자신은 총리직을 차지하면서 권력의 핵심에 머물게 되었다. 그 결과 러시아 정국은 현재 사실상의 양두체제로 운영되고 있다.

제2관 러시아법의 형성사적 특성

15 여기에서는 러시아법의 형성과 발전에 있어서 결정적인 영향을 미친 요인들을 다음 세 가지로 소개하고자 한다. 첫째, 러시아법의 뿌리와 줄기를 결정지은 기독교의 수용 및 그 영향이다(I). 이를 통해 러시아법이 다른 대륙법 국가들과 그 근본에 있어 크게 다르지 않음을 알 수 있을 것이다. 둘째, 러시아법의 성질에 지대한 영향을 끼친 전제주의 정치문화이다(II). 셋째, 러시아법의 근대화를 지연시킨 요인으로서 외부세계로부터 러시아의 고립 문제이다(III). 이들 중 둘째와 셋째는 러시아법의 독특한 성질을 부각시켜주는 요소들로서 러시아법과 다른 법제의 차이를 가져온 원인으로 작용하였다. 아래의 논의는 러시아법과 서유럽 국가의 법 사이의 공통점과 차이점을 이해하는 단서가 될 것이다.

I. 기독교의 수용: 러시아법의 근본이 세워지다

(16) 위에서 언급한 바와 같이 키예프 공국은 블라디미르(*Vladimir*, 978~1015)대공의 통치기에 전성기를 누렸다. 그의 가장 큰 업적 중의 하나는 기독교의 수용이다. 당시 이교도 국가였던 키예프 공국은 기독교를 국교로 채택하면서 슬라브와 비잔틴 문화의 조화를 통해 법·정치·문화의 분야에서 상당한 발전을 이룰 수 있었다. 특히 기독교를 받아들인 것은 비잔틴 교회법의 수입뿐만 아니라 비잔틴법 그리고 궁극적으로는 로마법의 수용을 의미하는 것으로서 러시아법의 발전이라는 면에서 매우 중요한 사건이 아닐 수 없다. 당시 성문법을 알지 못한 키예프 공국이 비잔틴 교회법의 영향을 받으면서 기존의 관습법을 성문화한 사실, 이러한 관습법의 성문화 과정에서 법규범이 비잔틴법의 요소를 많이 받아들인 사실 등이 이를 잘 보여준다. 그러나 무엇보다도 중요한 것은 뒤에서 살펴볼 여러 요인들로 인하여 러시아가 다른 유럽의 대륙법이나 영미법 국가들과 상당히 다른 발전과정을 거쳤음에도 불구하고 러시아법의 기본 뿌리는 늘 로마법이었다는 사실이다. 이는 이데올로기적 기초를 중심으로 하여 성격이 많이 다른 소련의 사회주의 법의 경우에도 마찬가지였다. 소련의 탄생 이후 법전화에 착수한 혁명세력가들은 레닌의 입장을 반영하여 기존의 부르주아적 법규범을 완전히 배제한 상태에서 '전혀 새로운' 법을 창조하려고 하였다. 그러나 결과적으로 새롭게 제정된 소련의 법전들은 그 기초자들이 그런 사실을 부인하였음에도 불구하고 몇몇 수정·보완된 조항을 제외하고는 제정러시아 말기에 대륙법의 영향을 절대적으로 받아 준비되었던 법전안[42]을 대부분 그대로 답습하였다.[43] 결국 시대에 따라 그 역사적 환경이 어떠했던 간에 러시아법을 이해

---

42) 그 대표적인 예로 제정러시아의 '민법전안'을 들 수 있다. 이 책 (150) 참조.

43) А. Л. Маковский, “Гражданского законодательство в советской плановой экономике в рыночной экономике России,” *Журнал российского права*, №.

하는 데 있어 로마법이라는 뿌리를 고려하지 않을 수 없다.

II. 전제주의 정치문화: 러시아법의 특성이 결정되다

17 기독교의 수용에 수반하여 러시아에 부분적으로 계수된 로마법이 러시아법과 서유럽 국가의 법 사이의 공통점을 형성하는 요인이 된 반면, 전제주의 정치문화는 그 반대의 결과를 가져오는 요인이 되었다. 즉 러시아 통치자들에 의한 절대권력의 추구는 러시아법의 성질 자체를 서유럽의 그것과 다르게 만들었고, 그로 인하여 실질적 법치주의는 물론 형식적 법치주의도 실현되기 어려웠다. 러시아의 역사에 있어서 시기에 따라서는 사회개혁의 움직임도 있었고 지도자 개인이 자유주의적인 성향을 보유한 경우도 있었으나, 이와 같은 사정에도 불구하고 궁극적으로는 절대권력의 확립이라는 목적이 항상 우위를 차지하였다. 이것은 서유럽의 전제주의와 구별되는 러시아 전제주의의 특징이다. 이러한 통치자의 강력한 권력은 러시아에서 오늘날까지도 이어지고 있다. 이와 같은 전통으로 인하여 대체로 러시아법은 인민 및 개인의 보호 기능이 상대적으로 약하다고 할 수 있다.

1. 몽골·타타르 압제의 영향: 전제주의 정치문화의 이식

18 광활한 지역을 지배한 몽골제국은 그 통치가 전제주의적 성격을 띠었고, 이는 러시아에 전제주의 정치문화가 이식되는 계기를 마련하였다.[44] 조공관계의 확립을 위하여 구축되었던 행정체계는 그 전에 존재하던 봉건공국들의 느슨한 연합을 통일시키는 역할을 하였으며, 이로 인하여 몽골의 압제

9, 2005, pp.8~9 참조.

44) 이에 대한 반대 견해도 있다. 이에 대해서는 니꼴라이 V. 랴자노프스키 저 / 이길주 옮김, 앞의 책 『러시아의 역사 I (고내~1800)』, 104면 참조.

에서 벗어난 러시아의 중앙집권화는 전제주의를 기반으로 이루어졌다. 또한 짧은 시간에 영토를 급격하게 확장시킨 모스크바 공국으로서는 강력한 전제정부의 확립이 그 통치자들에게 있어서 매우 자연스러운 일이었을 것이다.

2. 모스크바 공국: 전제주의 국가로의 발전

(19) 15세기 말 이반 3세의 통치기부터 짜르와 절대군주라는 칭호를 사용하기 시작한 모스크바 공국에 있어서 전제주의의 경향은 몽골족이 보여준 정도를 훨씬 능가하였다. 이는 비잔틴의 정교일치 통치개념(황제교황주의, Casaropapismus)을 적극 수용한 결과로 볼 수 있다.[45)] 무엇보다도 15세기 중반에 비잔틴이 멸망하면서 러시아는 스스로 비잔틴 제국의 정통을 잇는 로마 황제의 후손들이라고 인식하기 시작하였는데, 소위 '모스크바 제3로마설'이 이때부터 등장한 것은 우연이 아니다.[46)]

그 밖에 점진적으로 발전하는 전제주의의 일면은 전국회의(Land Assembly, Земский Собор)의 상대적 지위를 통해서도 확인할 수 있다. 전국회의와 같은 기구는 서유럽 대부분의 국가에서 이미 발생하여 발전한 것으로서 인민의 특정계층을 대표하는 기관이었다. 영국의 의회나 프랑스의 삼부회(États-Généraux)가 여기에 속하며, 이들 대표기관은 봉건시대에 군주의 권력을 제한하였다. 그러나 이와는 달리 러시아에서는 전국회의가 군주권을 제어하는 기능을 하지 못하고 오히려 이를 강화시키는 결과를 가져왔다. 게다가 유럽

45) Smith, *op.cit.*, p.5 참조. 황제교황주의에 대해서는 기연수, "러시아 전제정치의 기원," 한국외국어대학교 박사학위논문, 1983, 46~74면 참조.

46) '모스크바 제3로마설'은 로마가 이단(heresy)에 의해서 멸망하였고, 제2의 로마인 콘스탄티노플이 이교도(infidel)에 의해서 멸망하였기 때문에 진정한 믿음(정교)을 간직한 곳이 제3의 로마인 모스크바라는 사상이다. 이는 16세기 수도승인 필로페이(*Filofey*, Филофей)에 의해서 확립되었다. '모스크바 제3로마설'에 대한 보다 자세한 내용은 기연수, "<모스크바 제3로마>論 연구," 『슬라브 연구』 제11권, 한국외국어대학교 국제지역연구센터 러시아연구소, 1995, 60~64면 참조.

의 다른 국가들과 마찬가지로 전국회의는 상설기구가 아니었고 그 소집권도 사실상 짜르에 의하여 행사되었다.

3. 이반 뇌제: 전제주의 정치문화의 자리매김

(20) 이렇듯 전제주의 정치문화의 발전은 러시아의 역사에 있어 국가지도자가 법 위에서 통치할 수 있는 전통을 만들었다. 이를 명백하게 보여주는 것으로 모스크바 공국의 통치자였던 이반 뇌제의 오쁘리취니나(*Oprichnina*, Опричнина)를 들 수 있다. 오쁘리취니나는 이반 뇌제가 당시 대귀족인 보야르들의 세력에 맞서 확립시킨 황제 직할 영지였는데, 이 영지에 대한 전권이 짜르에게 주어졌다. 공포정치가 진행되면서 오쁘리취니나는 전국토의 1/2을 차지할 만큼 확장되었으며, 짜르는 자신에게 충성하는 친위병을 그곳으로 이주시켰다. 이로써 이반 뇌제는 확실한 경제·군사적 기반을 토대로 전제주의 정치문화를 발전시켜 나갈 수 있었다. 러시아의 통치자가 법보다 위에 있는 이런 현상은 모스크바 공국뿐만 아니라 제정러시아, 소련 시대 그리고 더 나아가 어떤 측면에서는 오늘날까지도 동일하다고 볼 수 있다.

4. 제정러시아의 표트르 대제: 서유럽식 개혁과 강력한 전제주의의 발전

(21) 표트르 대제는 강도 높은 개혁을 추진하였으나 이반 뇌제와는 달리 법에 대한 존경심을 갖고 있었다.[47] 그럼에도 불구하고 그의 치하에서 전제주의는 한층 더 발전된 모습을 띠었다. 그는 황제(emperor, император)라는 칭호를 사용하기 시작하였을 뿐만 아니라 기존의 중요한 기관들인 귀족회의나 전국회의를 자신의 개혁정신에 반하는 것으로 여겨 이러한 제도의 활용을 꺼렸다. 새롭게 창설한 기관 중 원로원은 사법·행정권을 행사하는 최고의

47) 니꼴라이 V. 랴자노프스키 저/이길주 옮김, 앞의 책 『러시아의 역사 I(고대~1800)』, 323면 참조.

기관이었지만 황제가 직접 그 구성원을 임명하였으며 자신의 서명 없이는 어떠한 결정도 내릴 수 없도록 하였다. 여기서 중요한 점은 이러한 개혁의 궁극적인 목적이 일반 인민의 보호가 아닌 절대군주권의 확립이었다는 사실이다. 법과 제도가 최고 권력자를 제어하는 장치가 아니라 권력 강화도구로 사용되는 이러한 현상은 이후에도 계속해서 일반적인 것으로 남았다.

5. 예까쩨리나 2세: 계몽주의와 전제주의의 확립

22 표트르 대제의 대대적인 서유럽 추구 정책에 따른 법과 제도의 발전에도 불구하고 러시아에서는 서유럽과 달리 전제주의 정치문화가 오히려 더 확립된 것처럼, 예까쩨리나 대제의 통치 기간 중에도 이러한 경향이 계속 이어졌다. 물론 그녀는 통치 초기 '계몽주의 군주'답게 다양한 계몽운동을 펼쳤고 그 일환으로 러시아의 법률을 법전으로 편찬하기 위하여 입법위원회(Legislative Commission, Комиссия для сочинения проекта нового уложения)를 소집하였다. 그러나 예까쩨리나 대제 역시 절대권력의 강화라는 목적 앞에서 무너지고 말았는데, 이는 자신의 통제력 약화를 어떠한 경우에도 용납하지 않았기 때문이다. 결국 1년 넘게 준비작업을 계속한 입법위원회는 해체되고 말았다. 역사의 아이러니라고 할까, 오히려 이 시기에 농노제가 한층 심화되었으며 러시아 사회의 하층계급에 의한 폭동도 많이 일어났다. 결국 표트르 대제와 마찬가지로 예까쩨리나를 비롯한 러시아의 통치자들은 자신의 개인적 성향에도 불구하고 전제주의 정치문화를 바꾸지 못하였다.

6. 제정러시아 말엽: 자유주의사상의 유입과 반동정치

23 나폴레옹 전쟁을 통해 유입된 자유주의 사상은 인텔리겐치아[48]의

48) 인텔리겐치아(*intelligentsia*, интеллигенция)는 러시아의 군주제에 대한 비판가들로서 사회변혁을 통해 러시아의 후진성을 극복하려고 한 지성인 집단이다. 인텔리겐치아에는

형성에 기여하였으며, 이와 같은 현상은 러시아 사회를 뿌리부터 흔들어 놓았다. 나폴레옹 전쟁을 수행하였으며 통치 초기에 자유주의 성향을 보였던 알렉산드르 1세는 자신의 보좌역인 미하일 스페란스끼(*Mikhail Speransky*, Михайл Сперанский)에게 헌법안의 작성을 맡기면서 변화를 시도하였다. 그러나 이 작업을 포함하여 자유주의를 향한 일련의 노력들은 귀족의 반대와 황제 자신의 의지부족으로 인하여 성공을 거두지 못했다.

그럼에도 불구하고 인텔리겐치아를 중심으로 자유화·민주화에 대한 움직임이 계속되었다. 이에 대한 반작용으로 러시아 황제들은 강력한 반동정치를 시행하였고, 그에 따라 실질적 법치주의는 오히려 퇴보하는 결과가 되었다. 니꼴라이 1세의 경우 관제국민주의(Official Nationality, Официальная Народность)를 제창하였는데 이는 정교신앙(Orthodoxy, православие), 전제주의(Autocracy, самодержавие) 및 인민주의(Nationality, народность)의 세 원칙을 포함하고 있다. 이는 기존의 정치 및 사회 체제를 수호하기 위하여 자신을 비롯하여 국가의 모든 것을 투입한다는 반동정치의 대표적인 이론이었다. 이 밖에 전제주의를 향한 움직임은 1832년에 제정된 러시아제국법률요람 제1권 제1조 제4항에도 나타나 있다. 이 조문에 따르면, 러시아의 황제는 그 권력에 제한이 없는 절대군주이며 그의 절대권력에 대한 복종은 바로 신의 명령이라는 것이다. 그 결과 황제가 개인적으로 내리는 칙령과 입법·행정기관을 통해 나오는 법·행정규범을 구분하기 어려웠다. 제정러시아의 마지막 황제인 니꼴라이 2세도 예외가 아니었다. 그는 1905년 이후 입헌군주제로 전환되었음에도 불구하고 10여 년 동안 자신의 의지에 따라 의회인 두마를 네 차례나 해산시키면서 역사의 흐름에 역행하였다.

다양한 사상을 지향하는 지성인들이 있었으나 그 형성기에 있어서는 크게 서유럽파와 슬라브파로 나뉘었다. 서유럽파는 러시아를 서유럽의 시민사회 모델에 따라 러시아를 변혁하려고 한 반면, 슬라브파는 러시아의 농민공동체를 통하여 미래사회의 이상(理想)을 추구하였다. 더 자세한 내용은 니꼴라이 베르쟈예프 저 / 이철 옮김, 『러시아 사상사』, 범조사, 1980, 58~108면 참조.

7. 소련의 탄생: 전제주의의 연속

24 19세기 후반 농노제의 폐지와 급격한 산업화를 통한 노동계급의 확산 그리고 데카브리스트들이 뿌린 자유주의와 민주주의 사상의 씨앗으로 인하여 러시아에서는 처음으로 소수의 인텔리겐치아가 아닌 일반인민 다수가 지배층에 대해 개혁의 목소리를 내는 상황이 일어났다. 러시아의 군중은 자신들의 이익을 보호하지 못하는 황제와 무능한 임시정부에게 등을 돌리고 소비에트의 강경파 사회주의자들인 볼셰비키의 손을 들어줌으로써 혁명을 일으켰다. 그렇다면 이때 볼셰비키가 제시했던 프롤레타리아, 즉 노동계급의 독재가 이루어지고 전제주의 정치문화가 소멸하였을까? 그렇지는 않았다. 절대군주의 타도는 전제주의의 종결을 알리기는커녕 새로운 형태로 발전하게 되었다.[49] 비록 경제적 어려움으로 인하여 혁명이 일어난 후 신경제정책(NEP)이 도입되었으나 이는 위에서 살펴본 바와 같이 사회주의의 포기를 의미하지는 않았다. 주요 산업은 국유화되고 정치적 통제가 여전히 강하게 이루어졌기 때문이다. 또한 제정러시아 시대와 같이 소련에서도 소수의 당원들에게 권력이 집중되면서 절대권력은 옷만 갈아입은 채 계속되었다. 소련 사회와 제도의 근본을 이루는 마르크스-레닌주의에 따르면 법과 국가는 부르주아적 정의를 실현하는 도구로서 소멸의 대상이었으나, 현실에 있어서는 볼셰비키도 법과 국가에 의존할 수밖에 없었다. 법과 제도는 '사회주의적 정의'의 실현을 위한 도구로 활용되었던 것이다.

8. 스탈린의 공포정치: 전제주의의 극치

25 스탈린은 소련의 통치자가 되면서 국가의 소멸이라는 마르크스주의적 개념을 매우 넓게 해석함으로써 오히려 강력한 국가의 건설을 합리화

---

49) Smith, *op.cit.*, p.27 참조.

시켰다. 다시 말해 궁극적인 국가의 소멸을 위해서 당장은 보다 강력한 국가가 필요하다는 것이었다. 또한 스탈린은 제정러시아의 그 어떤 황제보다도 절대권력 추구의 원칙에 충실하였다. 그 결과 국가의 권력이 한 인물에 집중되면서 소비에트 러시아에서도 실질적 법치주의의 현실화 가능성은 더 멀어졌다. 특히 제2차 세계대전을 겪으면서 국가를 비상전시체제로 운영한 점도 스탈린의 권력을 강화시킨 요인으로 작용하였다.

1936년에는 소련 헌법이 개정되는 등 다양한 입법 활동이 이루어지면서 법전화 작업이 이루어졌다. 그럼에도 불구하고 스탈린 역시 이전의 통치자들과 동일하게 법을 인민의 보호가 아닌 자신의 절대 권력을 강화하는 데 사용하였다. 그 하나의 예로 형법상의 유추해석의 법리를 들 수 있다.[50] 공포정치의 일환으로 반복되어 악용된 이 법리는 법의 자의적 도구화의 일면을 여실히 보여준다.

9. 스탈린 사후의 소련: 탈스탈린화로부터 페레스트로이카까지

(26) 스탈린의 사후 집권한 호루시초프는 소련법의 억압적 성격의 완화와 정당한 법의 절차의 증진 및 개인에 대한 국가의 보호 기능을 강화하려는 노력을 하였다. 이와 같은 경향은 '사회주의적 합법성(socialist legality, социалистическая законность)'[51]이라는 개념에 잘 나타난다. 가장 대표적인 예로는, 형법이 개정되면서 형벌이 가벼워졌으며 기존에 예비심사에서 인정되지 않던 변호인으로부터 조력을 받을 권리가 인정되는 등 적지 않은 개

50) Smith, *op.cit.*, p.35 참조.

51) 사회주의적 합법성이란 모든 국가기관을 비롯한 모든 공공기관, 공무원 및 인민 전체가 그 활동에 있어 법을 엄격하게 준수한다는 소비에트 국가의 헌법상 원칙이다(О. С. Иоффе / М. Д. Шаргородский, "О значении общих определений в исследовании вопросов права и социалистической законности," *Советское государство и право*, No. 5, 1963, <http://www.law.edu.ru/article/article.asp?articleID=1149877#_ftn9>, 검색일: 2009년 6월 29일, pp.48~59 참조).

선이 이루어졌다. 그러나 이러한 조치에도 불구하고 개인에 대한 법의 보호 기능은 여전히 미약하였으며, 이와 관련된 개혁 노력이 제대로 이루어지기도 전에 강경노선을 따르는 브레즈네프가 집권하여 인권상황은 다시 후퇴하게 되었다. 심지어 사회주의 체제의 전면적인 대수술을 감행한 열정적인 지도자 고르바초프도 통치자의 권력을 계속해서 강력하게 유지하였다. 그는 실권 직전인 1990년에 긴급조치권 등 매우 광범위한 계엄선포권을 유지하였으며, '호전적이며 헌법에 위배되는' 파업 및 데모 등의 사회운동을 탄압의 대상으로 규정하는 등 인민에게 법에 의한 보호를 제공하지 못하였다.

III. 서유럽 세계와의 유리(遊離): 러시아법의 근대화 지연

27 러시아가 서유럽의 국가들과 법의 발전 정도에 있어 차이를 보이는 중요한 요인은 바로 러시아가 오랜 기간 동안 경험했던 서유럽 세계와의 유리라고 할 수 있다. 지리적으로도 유럽의 중심지들과 상당한 거리에 있으며 로마가 아닌 비잔틴을 통하여 기독교를 수용한 러시아는 처음부터 서유럽과 같은 방향으로 발전하기 어려웠다. 결정적으로 러시아는 역사의 중요한 시기에 대륙에서 일어났던 변화의 흐름을 타지 못하였고, 그 결과 다른 유럽 국가들과 발전 속도를 맞출 수 없었다. 게다가 러시아법의 발전과정에는 2세기가 넘는 몽골의 압제와 70년 이상의 사회주의 체제가 자리잡고 있다. 이와 같은 사정으로 인하여 러시아에 있어서 법의 근대화는 서유럽의 그것과 달리 진행될 수밖에 없었다.

1. 로마가 아닌 비잔틴을 통한 기독교의 수용

28 키예프 공국 시대에 수용된 기독교는 러시아가 유럽의 문화권에 편입되는 중요한 사건이었다. 그러나 여기서 반드시 고려해야 할 점은 기독

교의 수용이 로마가 아닌 비잔틴으로부터 이루어졌다는 사실이다. 비록 동방교회인 그리스 정교회와 서방교회인 로마 카톨릭 교회의 결렬이 1054년에 일어나긴 했지만 비잔틴에 대한 러시아의 계속적인 충성과 비잔틴의 정통후계자라는 뿌리 깊은 인식으로 인하여 러시아는 로마 가톨릭 교회의 외부에 머물러 있게 되었다.[52] 이는 러시아가 그리스 정교회의 수입을 통해 키릴 문자를 받아들인 사실에서도 잘 드러나는데, 이에 따라 라틴 문자를 사용하는 서유럽과 문화적 장벽이 발생할 수밖에 없었다. 그 결과 러시아는 유럽의 다른 지역과 라틴 문명으로부터 상대적으로 고립될 수밖에 없었으며, 이는 제정러시아와 소련을 거쳐 오늘날까지도 상호신뢰의 부재 등과 같이 여전히 영향을 미치고 있다.

2. 몽골의 압제로 인한 고립 및 퇴보

29 몇 세대에 해당하는 기간 동안 계속된 몽골·타타르의 압제는 중요한 시기에 있어 러시아를 외부 세계로부터 고립시켰다. 몽고인들은 땅이 좋은 러시아의 남부 스텝 지대를 점령하였으며 이로 인하여 러시아의 정치적 세력은 북동부 지역으로 이동할 수밖에 없었다. 이러한 변화는 그 동안 러시아에 가장 큰 영향을 미쳤던 비잔틴과의 교류를 단절시켰으며 서유럽과의 관계도 노브고로드 공국 등을 통해 제한적으로만 이뤄지게 되었다. 더 중요하게는 이러한 교류의 차단이 유럽의 르네상스·종교개혁과 같은 사회 전환 사건에 참여할 수 있는 기회를 박탈해 버린 것이다.[53] 몽골의 압제 하에서 이루어진 전국토의 황폐화와 대규모 학살은 러시아를 경제적으로도 어려운 처지에 놓이게 하여 서유럽에 비해 사회의 발전이 상당히 뒤쳐지는 결과

52) 니꼴라이 V. 랴자노프스키 저 / 이길주 옮김, 앞의 책 『러시아의 역사 I (고대~1800)』, 51면 참조.

53) 신범식, "현대 러시아 이념과 정치과정에 나타난 '서양'과 '동양'의 문제," 『슬라브학보』 제14권 제2호, 한국슬라브학회, 1999, 388면 참조.

를 가져왔다.

3. 소비에트연방과 사회주의

30 러시아는 사회주의 혁명을 통하여 마르크스-레닌주의를 실천으로 옮겼으며, 강력한 전제주의의 점진적인 확립과 더불어 소련의 사회주의 체제는 스스로를 바깥세상으로부터 격리시켜 나갔다. 칼 마르크스(Karl Marx)의 견해에 따르면, 생산도구와 생산수단에 대한 사유의 폐지는 사회주의 질서를 성공적으로 건설하는 데 있어 절대적으로 필요한 것이었다.[54] 그러므로 교의상 자본주의와 친할 수 없었던 소련 사회는 자본주의 모델을 이상으로 삼는 서유럽 및 나머지 외부 세계로부터 멀어질 수밖에 없었다. 소련은 사유재산을 부인함으로써 사법체계가 서유럽과는 다른 성격의 길을 걷게 되었을 뿐 아니라 개인보다는 사회 전체를 중시함으로써 공법상으로도 기본권 등의 보호개념이 다르게 발전하였다. 점차 계획경제의 모순과 사회주의의 비현실성으로 인하여 국가의 총체적 위기가 심화되었음에도 불구하고 소련은 사실상 끝까지 이러한 기존의 원칙을 고수하려고 했으며, 70년 이상 계속된 서유럽과의 유리는 러시아법의 근대화를 지연시켰다.

54) W.E. Butler 저 / 이윤영 옮김, 『소비에트法』, 대륙연구소 출판부, 1990, 68면 참조.

제 2 장

키예프 공국 시대

02

제1관 국가·정치적 배경

I. 정치상황의 개관

(31) 키예프 공국의 역사는 크게 다음 세 시기로 나눌 수 있다[1]: ① 9세기 말의 건국에서 10세기 말까지의 시기; ② 10세기 말부터 11세기 중엽까지 블라디미르 대공과 현자(賢者) 야로슬라브 대공의 치세기간(키예프 공국의 전성기); ③ 11세기 중반 이후(몰락의 시기).

우선 키예프 공국은 건국 초기에 국가체제를 정비해 나가면서 활발한 정복사업을 펼쳤다. 그 결과 루시(*Rus'*, Русь)에서[2] 가장 세력이 강한 공국으로 발전한 키예프 공국은 머지않아 비잔틴제국에 원정을 갈 정도로 성장하였다. 키예프 공국의 첫 통치자인 올레그는 비잔틴제국을 상대로 교전하여 승리하였으며 이를 계기로 유리한 조건에서 양국 간의 협정을 체결하게 되었다. 그의 후계자인 이고르(*Igor*, Игорь) 공도 이러한 정책을 계승하여 양국 간에는 여러 차례 협정이 맺어졌다.[3] 이러한 협정들이 통상을 중심으로 규정된 사실은 무역과 상업이 키예프 공국의 가장 중요한 성장동력이었음을 보여준다.

블라디미르 대공과 현자(賢者) 야로슬라브 대공이 통치자가 되면서 키예프 공국은 전성기를 맞았다. 앞에서 언급하였듯이[4] 이 시기에 기독교의 수

---

1) 니꼴라이 V. 랴자노프스키 저/이길주 옮김, 앞의 책 『러시아의 역사 I(고대~1800)』, 41면 참조.

2) 루시는 동슬라브족이 거주하는 지역을 통합적으로 일컫는 명칭으로 키예프 공국을 비롯하여 공국연합체의 다른 공국들이 여기에 속한다. 이 책에서는 '루시'가 고대 러시아를 지칭하는 것으로 사용될 것이다.

3) 키예프공국과 비잔틴제국 사이에 체결된 협정들에 대해서는 이 책 (47) 참조.

4) 이 책 (16) 참조.

용으로 인하여 법을 비롯한 국가제도 전반이 선진화되었다. 특히, 문화・의식적으로 통일되어 있지 못했던 루시인들이 기독교의 확산을 통하여 인민적 동질성을 발전시키는 계기를 갖게 되었다는 사실에 주목할 필요가 있다.[5] 계속해서 확장되는 영토와 이로 인하여 루시가 점차 다민족 사회로 발전하는 상황에서 인민의 동질화는 정치적으로 의미가 컸다.

키예프 공국의 쇠락은 현자(賢者) 야로슬라브 대공이 사망한 후에 벌어진 내란과 외세의 침략을 들기도 하지만 경제적인 요인 역시 근본적인 이유의 하나가 되었다. 드네프르강을 기반으로 하여 스칸디바니아와 비잔틴 사이의 무역로를 장악하였던 키예프 공국은 상업 판도가 서유럽의 독일 및 이탈리아를 중심으로 재편되면서 가장 큰 피해를 보았다. 이 과정에서 새롭게 형성되는 상업권에 지리적으로 근접해 있던 북부의 노브고로드와 같은 공국들이 성장하였으며, 그 결과 키예프 공국은 중심지로서의 위상에 치명타를 입게 되었다. 게다가 13세기 초에 있었던 십자군 전쟁으로 인하여 콘스탄티노플이 약탈당하였고, 무역 상대를 잃은 키예프 공국의 세력은 더욱 기울 수밖에 없었다.

II. 국가・사회의 제도

32 키예프 공국의 국가기구는 크게 대공, 귀족회의인 보야르 두마 그리고 민회(民會)의 성격을 띠는 베체로 구성되었다. 이러한 공식적인 통치구조 외에도 법의 성문화를 비롯하여 일상생활 전반에 영향을 미친 교회를 함께 살펴볼 필요가 있다.

5) 니꼴라이 V. 랴자노프스키 저/이길주 옮김, 앞의 책 『러시아의 역사 1(고대~1800)』, 51면 참조.

1. 대 공

33 키예프 공국의 국가통치구조상 그 정점에는 자신의 친위병(*druzhina*, дружина)과 영지를 기반 삼아 공국을 다스리는 대공(Grand Prince, Великий князь)이 자리하였다. 그는 세금징수권과 군사통솔권을 행사하고 사법적 기능을 수행하는 등 폭넓은 권한을 누렸다. 게다가 주변의 다른 동슬라브 공국들과 더불어 느슨한 공국연합체를 형성하였던 키예프 공국은 그 세력이 가장 컸던 관계로 대공이 나머지 공국의 공들에 대해서도 영향력을 행사하였다. 이를 보여주는 대표적인 사실로 중요한 국가행사였던 대공의 순행(巡行, *poliudie*, полюдье)을 들 수 있다. 친위병을 거느리고 지방을 돌며 공물을 징수한 대공은 이러한 순행을 통해서 공국들 사이의 봉건적 위계질서를 확립시켰다. 키예프 공국의 대공 자리는 형제세습 방식을 통하여 승계되었다. 즉 대공의 사망으로 공석이 된 자리는 키예프 대공직을 기점으로 바로 다음 동생이 물려받았고, 그가 다스리던 공국은 그 다음 동생이 차지하는 방식으로 이루어졌다. 그 결과 공국연합체의 공들 사이에는 유대적 관계가 유지되었다. 이러한 형제세습 방식을 통하여 대공의 사망은 공들의 대이동을 가져왔다. 그러나 키예프의 세력이 기울고 다른 공국들이 부상하면서 점차 공들의 이동이 사라지고 공국 내에서의 부자세습 방식이 자리를 잡았다.

2. 보야르 두마

34 대공과 더불어 키예프 공국의 지배층을 구성한 집단은 보야르(*Boyar*, Бояре)라고 부르는 대귀족이었다. 보야르는 대공의 친위병이 시간이 흐름에 따라 발전한 계층으로 많은 특권을 누렸다. 이들은 공으로부터 봇치나(*votchina*, вотчина)라고 불리는 세습영지를 하사받았으며 그로 인하여 봉건관계, 즉 봉주·봉신의 관계가 형성되었다. 특히 세습영지로 지정되는 토지를 경작하던 농민들은 토지와 함께 보야르 대귀족들에게 신분적으로 예속되

면서 후자에게 권력과 경제력을 제공하였다.[6] 이를 바탕으로 보야르 대귀족은 귀족회의, 즉 보야르 두마(*Boyar Duma*, Боярская Дума)를 구성하여 다양한 권한을 향유하면서 국가의 중요 정책을 결정하였다.

특기할 점은 보야르 두마가 서유럽에서 발전하였던 유사한 성격의 귀족회의와 결정적인 차이점을 보였다는 사실이다. 유럽의 경우 귀족회의가 군주권을 제한하여 시간이 지남에 따라 견제기능이 강화된 반면, 러시아에서는 그 반대의 결과가 나타났다. 귀족회의는 군주와 정치적 대립관계에 놓이기보다는 대공을 지지하여 오히려 군주권을 강화시켰다. 이는 대공이 자신들의 이해관계를 가장 잘 보호해 줄 수 있다고 여겼기 때문이다.[7] 시간이 지남에 따라 보야르 대귀족은 키예프 공국 말기 즈음에 새롭게 형성된 다른 귀족층인 드보랴닌[8] 계층에 흡수되었으며 결국 18세기 초반에 표트르 대제에 의하여 '보야르'라는 호칭이 폐지되었다.

3. 베 체

35 국정 운영에 있어 베체(*veche*, вече)는 중요한 기능을 담당하였다. 베체는 모든 자유인 남성들의 열린 회의로서 결정은 만장일치의 방식으로 이루어졌다. 초기에 있어서 베체가 다룰 수 있는 사안에는 별다른 제한이 없었던 것으로 보인다. 특히 전쟁을 수행하는 데 있어 대공과 그 친위병이 전쟁 비용을 직접 부담하지 않을 경우, 다시 말해 전쟁 비용이 일반 인민으로부터 차출되는 경우에 대공은 베체의 동의가 있어야만 전쟁을 치를 수 있었다.[9] 그러나 베체의 권한은 시간이 지남에 따라 점차 축소되어 제한적인 기

---

6) 시간이 흐르면서 세습영지에 예속된 농민의 지위는 악화되었으며 이들은 결국 농노로 전락하게 되었다.

7) 대공과 귀족회의 사이에 정치적 갈등이 존재하기도 하였으나 전반적으로 양자는 협력관계를 유지하였다(니꼴라이 V. 랴자노프스키 저/이길주 옮김, 힘의 책 『러시아의 역사 I (고대~1800)』, 51면 참조).

8) 이 책 (69) 참조.

능만을 수행하게 되었다.[10] 베체의 정치적 영향력은 대공(大公)의 세력에 반비례하여 군주권이 약한 경우 베체의 중요성은 증가하였고 그 반대의 경우 감소하였다.

베체의 정치적 위상은 루시의 지역에 따라 차이가 존재하였다. 노브고로드, 프스코프 공국과 같이 북부 지역에 위치했던 공국에 있어서는 베체가 공(公)을 실제로 선출하는 등 강력한 권한을 행사하였다. 이와 달리 키예프 공국을 비롯한 다른 지역에서는 배체의 역할이 보다 제한적이었다.

4. 교 회

(36) 기독교가 수용되기 이전 키예프 공국은 전통신앙이 지배하는 사회였다. 뿌리 깊게 자리잡고 있는 전통신앙은 공식적인 기독교의 수용에도 불구하고 러시아인들의 의식과 생활 속에서 오랫동안 사라지지 않았으며, 이러한 현상은 지방에서 더욱 뚜렷하게 나타났다. 그러므로 전(全) 러시아 사회의 기독교화를 추구하였던 대공들은 교회를 전폭적으로 지원하게 되었으며 이러한 협력관계는 기독교를 수용한 블라디미르 대공의 통치하에서 시작되었다. 블라디미르는 자신의 재산 중 1 / 10을 교회에 봉헌함으로써 교회의 재정적 기반을 마련해주었다. 이러한 십일조의 관행이 어느 시기에 루시 전역으로 확산·적용되었는시 확실하지는 않지만, 키예프 공국의 중요한 법원 중 하나인 블라디미르 대공법규(*Vladimir's* Statute, Устав князя Владимира)를 살펴보면 12세기 경에는 이르러 교회에 대한 십일조 봉헌이 일반적이었던 것으로 평가된다.[11] 재정적인 지원 외에도 러시아 정교회는 법적으로 많은 특권과 면제를 향유하였다. 특히 교회는 광대한 토지를 소유하게 되어 상당

9) А.И. Толстая, *История государства и права*, Юстиц Информ, 2007, p.23 참조.

10) 이러한 권한에는 군주의 등극 승인 및 추방, 군주와의 협정, 행정통제, 최고재판, 전쟁과 평화의 문제, 국제협정 체결 문제 등이 있었다.

11) 이 책 (53) 참조.

한 경제력을 보유하게 되었으며, 이는 이후 사회문제로 발전하게 될 정도로 심각한 결과를 가져오게 되었다.

러시아 교회는 대내적으로 영향력이 증가하였으나 대외적으로는 오랫동안 비잔틴의 직접적인 영향 하에 있었다. 모스크바 공국 시대에 이르러서야 총대주교가 러시아 교회의 수장이 되었으며, 그 전까지는 콘스탄티노플 교회에서 임명하는 수좌 대주교가 러시아 교회를 맡았다. 여기서 중요한 사실은 종교와는 달리 키예프 공국은 정치적으로 독립되어 있었다는 점이다. 다시 말해, 키예프 공국의 통치자들은 기독교 신자였지만 비잔틴에 대한 충성심이 종교 이상을 넘지 않았다.[12)] 이런 점에서 러시아는 한때 신성로마제국의 세력권에 놓여 있었던 불가리아나 비잔틴제국의 영향 하에 있었던 세르비아와 중요한 차이를 보인다.

5. 사회계층

(37) 키예프 공국 사회는 크게 자유인과 비자유인으로 나뉘었다. 자유인은 대공, 친위병 및 보야르, 교회의 성직자 계층으로 이루어진 상류층과 류디(*liudi*, люди)로 불리는 상인, 장인 및 농민으로 구성된 중산층으로 구성되었다. 비자유인은 자유롭지 못한 종속 계층인 하류층으로 구성되었다. 앞에서 상류층을 살펴본 관계로[13)] 이하에서는 인구의 대다수를 차지하던 농민과 사회·경제적으로 중요한 역할을 하였던 하류층을 살펴보겠다.

(1) 중산층 계급: 류디

(38) 키예프 공국 시절 인구의 대다수를 차지한 스메르드(*smerd*, смерд)는 촌락공동체(*obshchina*, община)의 자유농민이었다. 이들은 국가에 공물을

12) "Byzantium and its influence on neighboring peoples" 참조, <http//www.metmuseum.org/explore/Byzantium/byz_6.html#1>, 검색일: 2009년 9월 12일.

13) 이 책 (33), (34), (36) 참조.

바쳤으며 오로지 국가에 대해서만 의무를 졌다. 스메르드는 일정 한도에서 소유권을 인정받았고 이를 아들들에게 상속할 수 있었다.[14] 스메르드는 촌락공동체의 일원으로 자신들이 소속되어 있는 공동체와 운명을 같이 하였다. 스메르드에게 상속인이 없는 경우 피상속인의 재산은 촌락공동체에 이전되었다. 또한 형사법적으로는 스메르드가 범죄행위를 한 후 자취를 감춘 경우 이에 대한 책임은 촌락공동체 전체가 지도록 하였다.

(2) 하류층: 자꾸프(*zakup*, закуп)와 홀로쁘(*kholop*, холоп)

39 하류층으로는 자꾸프와 홀로쁘를 들 수 있다. 우선 전자는 부채를 갚기 위하여 대지주에게 예속되어 일하는 고용인 또는 농부를 가리킨다. 이들은 본래 자유인 신분을 가졌으나 부채로 인하여 몰락한 계층이다. 부채를 갚는 데 있어 규범이 형성되어 있지 않던 관계로, 자꾸프들은 지주들이 세운 자의적인 기준에 따라 노동 착취를 당하였다.[15] 자꾸프와는 달리 홀로쁘는 몰락한 자유인 외에도 출신이 본래 천한 노예계층이었다. 이들에게는 소유권이 인정되지 않았고 주인의 소유물에 불과하였다. 주로 장원의 저택과 농장에서 다양한 노동을 제공하며 생활하였다. 루시 사회의 홀로쁘는 일반적으로 권리능력이 전혀 없는 다른 사회의 노예와 약간의 차이가 있었다. 홀로쁘는 매우 제한적이나마 일정 정도의 권리를 인정받았다. 홀로쁘는 혈족에 의한 복수의 객체가 되기도 하였으며 일정한 경우 증인 역할도 할 수 있었다.[16]

---

14) Л. П. Белковец / В. В. Белковец 공저, *История государства и права России*, Новосибирское книжное издательство, 2000, p.13 참조.

15) 자꾸프에 대한 규범은 1113년에 처음으로 자꾸프들의 반란 이후 블라디미르 모노마흐 대공에 의해서 형성되었다. 이로 인하여 이자가 법적으로 제한되었으며, 합리적인 이유 없이 지주가 자꾸프를 처벌하거나 재산을 몰수할 수 없었다. 단, 자꾸프가 위법한 행위를 하거나 도주를 시도하면 홀로쁘 신분으로 전락하였다(И.Н. Кузнецов, *История государства и права*, Дашков и К, 2007, pp.76~77 참조).

16) *Ibid.*, p.92 및 p.95 참조.

제2관 법 제 도

40 키예프 공국의 법은 러시아법의 발전 단계에 있어 그 출발점을 이룬다. 특히 키예프 공국 시대는 러시아법의 뿌리가 형성되었던 시기로서 이에 대한 연구는 매우 중요하다. 이하에서는 키예프 공국시대에 있어서 법의 주요 특성을 정리한 후 이러한 특징들을 중심으로 이 시기의 주요 법원을 보다 자세히 살펴보겠다.

I. 법의 특성

1. 상대적 후진성

41 키예프 공국은 현자(賢者) 야로슬라브 대공에 의해서 10세기에 최초로 법의 성문화를 이루면서 루스까야 쁘라브다 법전을 편찬하였다. 이는 5세기경에 편찬되었던 '살리카 법전'(Lex Salica, 또는 게르만 법전이라고도 함)이나 6세기에 집대성된 '유스티아누스 대법전'(Corpus iuris civilis)에 비해 시대적으로 상당한 격차가 있다. 게다가 13세기에 간행된 루스까야 쁘라브다 증보판[17]은 살리카 법전에 비해 낮은 수준이었는데, 당시 살리카 법전이 미개하다는 평가를 받고 있었다는 사실로 미루어 볼 때 러시아의 법전의 후진성을 짐작할 수 있다.[18] 13세기 후반까지도 키예프 공국 시대의 법은 사법제도를 제대로 갖추고 있지 못하였으며, 그 결과 권리구제는 당사자들이 직접 해결

17) 이 책 (44), (49) 참조.

18) 루스까야 쁘라브다는 프랑크의 살리카 법전과 유사한 측면도 많다. 양 법전 모두 원칙적으로 금전배상주의를 유성하였으며 형벌이 범인과 피해자의 사회적 지위에 의해서 결정되었다(Усанов, *op.cit.*, p.120 참조).

하였다. 심지어 초기 법사회의 대표적인 권리구제수단 중 하나였던 혈족에 의한 복수가 사라진 것도 13세기를 기준으로 할 때 그리 오래된 일이 아니었다.[19]

2. 비잔틴의 영향

42 키예프 공국시대의 법에 결정적인 영향을 미친 것은 기독교의 수용에 수반하여 이루어진 비잔틴 법문화의 이식이었다. 일반관습법에 의존하던 키예프 공국 시대의 법을 한 단계 끌어올린 것은 비잔틴 제국의 성문화 전통이었으며, 그 첫 결실이 바로 루스까야 쁘라브다 법전이었다. 또한 루시 지역에 서유럽의 법을 소개한 것은 로마법을 집대성한 유스티아누스 대법전[20]이 아니라 '에클로가'[21](Ecolga)라든가 '프로카이로스 노모스'[22](Procheiros Nomos) 같은 비잔틴의 법규총람이었다. 특히 에클로가는 로마법과 상반되는 내용까지 포함하고 있었으며, 로마법보다는 동해복수법(talio) 등 8세기에 비잔틴을 다스린 이사우리아조(朝)(Isaurian) 황제들 개인의 선호를 반영하였던 것으로 평가된다.[23] 그러므로 로마법을 집대성한 유스티아누스 법전을 근본으로 삼았던 서유럽과는 달리 키예프 공국은 비잔틴에 의존하면서 로마법과 멀어질 수박에 없었다. 비잔틴법의 영향은 키예프 공국 시대에서 그치지 않고 모스크바 공국 시대는 물론 심지어 제정러시아 시대에까지에 걸쳐 직·간접적으로 이루어졌다.[24]

---

19) Daniel H. Kaiser, *The Growth of the law in Medieval Russia*, Princeton University Press, 1980, pp.15~17 참조.

20) 러시아에 유스티아누스가 직접적으로 소개된 것은 17세기 말에 가서야 이루어졌다 (Smith, *op.cit.*, p.5 참조).

21) 비잔틴 제국의 레오 3세(Leo III)가 726년에 편찬한 비잔틴법의 집대성이다.

22) 바실 1세(Basil I)가 9세기 말경에 편찬한 마케도니아 최초의 민법전이다.

23) Kaiser, *op.cit.*, p.173 참조.

24) *Ibid.*, p.174 참조.

3. 교회의 주도적 역할

43 위에서 언급하였듯이 대공의 전폭적 지원 아래 교회는 전통신앙에 대항하여 기독교를 확산시키는 데 앞장섰다. 기독교의 확산은 신앙의 전도뿐만 아니라 보다 중요하게는 제도적인 뒷받침이 되어야만 하였다. 특히 일상생활의 중요한 부분인 혼인이나 상속에 있어 교회의 영향력이 증가하면서 교회법은 성직자들을 넘어 일반인에게까지 효력을 미치게 되었다. 이 시기의 법에서 교회법이 차지하는 비중은 절대적이었기 때문에 바깥 세계로부터의 교회법 수용과 그 개정작업은 키예프 공국 시대의 법 자체의 형성 및 발전을 의미하였다. 특히 다양한 법전과 법규총람을 편찬한 교회의 성직자들은 그 당시 가장 높은 수준의 교육을 받고 국제적 감각이 뛰어났던 계층이었다. 그러므로 이들이 법의 성문화를 담당한 것은 자연스러운 일이었다. 더욱이 러시아 정교회 역사의 초창기에 있어 교회는 비잔틴 출신 또는 비잔틴 제국에서 교육을 받은 러시아인 성직자들로 구성되어 있었으며,[25] 무엇보다도 교회법 자체가 성문법이었던 이유로 성직자들이 성문화 작업에 앞장선 것은 당연하였다.[26]

요컨대, 초기 교회는 키예프 공국법의 성문화 작업에 있어 핵심적인 역할을 할 수밖에 없었다.

4. 관련 사료의 혼란

44 키예프 공국의 법원을 이루었던 현존 사료들은 다수의 필사본이 존재하며 그 내용이 일치하지 않는 경우가 많다. 그 예로 루스까야 쁘라브다

---

25) 키예프 공국 시대의 수좌 대주교 역시 비잔틴인 출신이 대분이었다. 최초의 러시아인 수좌 대주교는 11세기의 일라리온(*Ilarion*, Иларион)이다. 러시아 교회가 콘스탄티노플 총주교좌로부터 독립한 것은 1448년에나 이루어졌다(기연수, 앞의 글 "<모스크바 제3로마>論 연구," 49-54면 참조).

26) Kaiser, *op.cit.*, p.172 참조.

증보판의 경우를 살펴보면, 원본은 수세기 후에 작성된 필사본과 내용이 적지 않게 다르다. 게다가 필사본의 숫자가 많다는 점도 어려움을 가중시킨다. 루스까야 쁘라브다 증보판의 원본은 11세기 또는 12세기에 작성된 것으로 알려져 있지만, 13세기의 필사본이 1개, 14세기에 작성된 필사본이 2개, 15세기의 필사본이 28개 그리고 16세기 필사본은 무려 48개나 보존되어 있다.[27]

II. 법　원

45 키예프 공국법의 법원은 매우 다양하다. 그 주요한 것은 다음과 같다.

첫째, 일반관습법이다. 일반관습법은 가장 중요한 법전인 루스까야 쁘라브다의 근본이 되었으며, 무엇보다 성문화 이후에도 사실상의 법적 효력을 오랫동안 유지하였다.

둘째, 키예프 공국과 비잔틴제국 간에 체결되었던 협정문이다. 이것은 현재 보존되어 있는 가장 오래된 법문서이다.

셋째, 키예프 공국 시대의 교회법이다. 여기에서 말하는 교회법이란 비잔틴법(더 나아가 직·간접적으로 로마법)을 가리킨다.

넷째, 루스까야 쁘라브다 법전이다. 러시아의 관습법을 최초로 집대성하여 편찬한 법전으로서 비잔틴법과는 다른 러시아 고유의 법규범이 담겨 있다.

다섯째, 교회법규이다. 이 규정들은 국가와 교회의 관계를 설정하는 법문서이다.

1. 일반관습법

46 키예프 공국 초기에 있어 가장 중요한 법원은 일반관습법이었다.

---

27) Kaiser, *op.cit.,* p.18 참조.

관습법은 성문화가 이루어지는 10세기 이전까지 불문법의 형태로 존재하였으며 여러 문헌은 이 일반관습법을 '러시아의 법'(*Zakon Russkii*, Закон русский)이라고 기록하고 있다.[28] 이러한 키예프 공국 시대의 관습법은 오랫동안 후진성을 극복하지 못하였다. 무엇보다도 이 시기의 관습법은 수직적 법률체계가 아닌 수평적 법률관계의 특성을 보여주고 있기 때문이다.[29] 다시 말해, 분쟁 해결은 국가의 권위를 전제로 하는 사법 당국이 아니라 사건 당사자들 사이에서 개인적인 차원의 화해를 통하여 이루어졌으며, 피해자들은 궁극적으로 자구(自救)에 의존할 수밖에 없었다. 그나마 문헌상 나타나는 사법적 제재는 예외적인 경우에만 이루어진 것으로 보이며 이러한 제재는 자유형이 아닌 재산형에 국한되었다. 이러한 법률관계는 중앙집권화가 이루어진 15세기의 모스크바 공국에 이르러서야 수직적 체계를 갖추게 되었다.

비록 관습법은 전반적으로 전통사회의 법을 오랫동안 벗어나지 못하였으나 그 적용범위는 넓었다. 일반관습법은 형사법뿐만 아니라 상법, 친족법 그리고 심지어 공법(公法)의 영역에서까지 중요하게 적용되었으며, 이후에는 국가기관의 권한과 징세의 절차 등과 같은 사항을 규율하기도 하였다.

2. 키예프·비잔틴 사이의 여러 협정

47 오늘날까지 보존되어 있는 최초의 성문법은 키예프 공국의 대공이 비잔틴제국과 맺은 협정들이다. 이 문헌들은 각각 907년, 912년, 945년 그리고 971년에 체결된 협정문과 그 내용에 대한 기록들로서 양국의 관계를 설정하는 것 외에 민사·형사 관계를 규율하고 있다.[30] 이 협정들은 키예프 공국이 비잔틴제국과의 활발한 문화·상업적 교류를 통하여 기독교 수용 이전에도 비잔틴법의 영향을 받았음을 보여준다.

---

28) Толстая, *op.cit.*, p.25.

29) 수평적 법률관계의 특성에 대한 설명은 Kaiser, *op.cit.*, p.15 참조.

30) 이에 대한 아래의 내용은 Кузнецов, *op.cit.*, pp.77~81 참조.

우선, 907년 협정은 비잔틴 원정에 나섰던 키예프 공국의 올레그 공의 주도 하에 체결되었다. 이 협정에 따르면, 비잔틴제국은 러시아인들에게 공물을 바치고 비잔틴에 와 있는 러시아인들에게 식량을 제공하며 콘스탄티노플에 있는 러시아 상인들에게 월급을 줄 의무가 있었다. 반면, 러시아인들은 콘스탄티노플의 한 지역에서만 거주하고 도시를 오로지 한 성문으로만 출입할 수 있었다.

912년의 협정은 앞의 협정보다 내용면에 있어서 더 풍부하였다. 이 협정은 콘스탄티노플에 체류하는 러시아인들의 권리를 비롯하여 형사사건이 발생할 경우의 관할권 문제를 다루었다. 이 협정은 또한 상속에 관한 조문을 포함함으로써 민사관계도 규율하였다. 한 조항에 따르면, 러시아인이 유언을 남기지 않은 채 사망하고 비잔틴제국에 그의 친척이 없을 경우 그의 재산은 러시아에 거주하는 친척들에게 보내지도록 하였다. 이와 더불어 912년 협정에 따라 러시아 상인들은 비잔틴 시장에서의 상권을 획득하게 되었으며 그들은 관세면제를 받는 등 다양한 특권을 누리게 되었다.

이고르 공에 의하여 체결된 945년 협정은 912년 협정과 내용이 많이 유사하다. 특기할 사실은 이 협정에 키예프 공국의 일반관습법을 뜻하는 '러시아의 법'이라는 표현이 명시되어 있다는 점이다. 절도범은 훔친 물건에 대하여 그 가치 이상에 해당하는 금액을 돌려준 후 이와는 별도로 '비잔틴제국과 러시아의 법과 규칙에 따라' 처벌을 받는다고 규정되어 있었다.

마지막으로, 971년 협정은 노로스놀(*Dorostol*, Доростол)이라는 도시에서 포위당한 스뱌또슬라프(*Sviatoslav*, Святослав) 공이 체결하였다. 정세적으로 불리한 처지에서 체결된 이 협정은 비잔틴제국과 영원한 평화를 유지할 것을 약속한 것이 주된 내용을 이루었다.

3. 교회법: '조타수(操舵手)의 책'과 '메릴로 쁘라베드노예'

48 앞에서 소개한 바와 같이[31] 법의 성문화는 교회의 주도 하에 이루

어졌다. 교회법은 대부분 비잔틴의 교회법을 수용한 것으로 이 시기의 대표적인 법규총람들은 '조타수(操舵手)의 책'(Book of helmsman, Кормчая Книга)과 '메릴로 쁘라베드노에'(Just Measure, Мерило Праведное)이다. 이들은 교회법뿐만 아니라 세속법을 포함한 다양한 법의 총람이다.

우선, 가장 잘 알려지고 복잡한 구성을 보이는 교회법 법규범집은 '조타수(操舵手)의 책'이다. 이는 비잔틴의 법전(nomocanons)[32]과 유사한 성격을 띠는 것으로 주된 구성부분은 다음과 같다:[33] ① 교회법(church canons); ② 사도서한(使徒書翰); ③ 설교; ④ 비잔틴제국의 일부 세속법; ⑤ 루스까야 쁘라브다의 일부분; ⑥ 교회법규. '조타수(操舵手)의 책'은 '에프렘'(*Efrem*, Ефрем)版, '세르비아'版 그리고 '러시아'版이 존재한다. 이 중 에프렘판이 가장 오래된 것으로서 10세기경에 루시 밖에서 작성된 것으로 추정되며, 11세기경부터 키예프에서 사용되기 시작하였다. 에프렘판은 비잔틴에서 통용되던 법규범집을 고대슬라브어로 번역한 것이다. 이러한 사실을 통하여 비잔틴의 교회법이 키예프 공국에 직접적으로 수용되었음을 잘 알 수 있다. 비록 에프렘판은 기독교의 수용 이후 약 300년 동안 사용되었으나 당시에 혼란스럽게 존재하던 다수의 교회법 규정들을 정리해 주지는 못하였다. 그러므로 새로운 판(版)에 대한 요구가 높았다. 이후 세르비아版이 간행되었으며 이를 기반으로 러시아版의 남부판과 북부판이 편찬되었다.

'조타수(操舵手)의 책' 외에 교회법의 중요한 법원으로는 '메릴로 쁘라베드노에'를 들 수 있다. '메릴로 쁘라베드노에'는 교회가 간행한 법규총람으로서 전반부는 주교서한과 설교 등 정의(正義)에 대한 성직자들의 일반적인 견해가 주를 이루는 반면, 후반부는 다양한 법률문서로 구성되어 있다. 여기에

31) 이 책 (43) 참조.

32) 'Nomoi'는 그리스어로 '법'을 의미하고 황제가 내린 반면, 'canon'은 '지배, 질서'를 의미하며 교회의 법과 규칙을 가리킨다. 그러므로 nomocanon은 교회법과 세속법 양자의 요소를 내포하였다.

33) Kaiser, *op.cit.*, p.19 참조.

는 율법의 모음집, 혼인과 관련된 비잔틴 규율, '프로카이로스 노모스'와 '에클로가'[34]의 전문(全文) 그리고 루시 현지에서 작성된 약간의 문서가 포함되어 있다.[35] '메릴로 쁘라베드노에'의 가장 오래된 사본은 14세기에 작성된 것으로 알려져 있다.

4. 루스까야 쁘라브다

(1) 의의 및 성질

49 루스까야 쁘라브다는 키예프 공국 시대의 관습법을 최초로 성문화한 법전이다. 이 법전은 키예프 공국 시대의 가장 중요한 법원으로서 세속적 법률관계를 규율하는 근본법이었다. 루스까야 쁘라브다는 치밀한 체계성을 갖춘 단일법이라기보다는 오랜 기간에 걸쳐 다양한 대공들에 의하여 선포된 법규들을 묶어 놓은 법전이다. 루스까야 쁘라브다는 단본(Short *Russkaya Pravda*, краткая), 증보판(Expanded *Russkaya Pravda*, пространная), 축약본(Abridged *Russkaya Pravda*, сокращенная)이 있으며, 판(版)에 따라 그 내용에 차이가 많다.[36]

우선, 단본은 편찬 시기가 가장 이른 것으로 현자(賢者) 야로슬라브 대공에 의하여 1016년경에 노브고로드 공국에서 간행되기 시작하였다. 완성은 1071년경에 이루어진 것으로 보인다. 단본은 다시 야로슬라브 쁘라브다(*Yaroslav's Pravda*, Правда Ярослава, 제1~17조)와 '야로슬라브의 아들들의 쁘라브다'(*Yaroslavichei Pravda*, Правда Ярославичей, 제18~41조)로 구성되어 있는데, 그 성격은 아직 초기 법사회의 단계에서 크게 벗어나지 못하였다. 지배층을 비롯하여 자유인[37]의 특권이 규범화되어 있지 않았으며 여전히 혈족

34) 이 책 (42) 참조.

35) Kaiser, *op.cit.*, p.23 참조.

36) 여기서는 루스까야 쁘라브다 법전의 가장 중요한 판인 단본과 증보판에 대해서만 살펴보겠다.

에 의한 복수가 규정되어 있었다. 다만 이러한 방식의 권리구제수단은 당사자의 근친만 행사하도록 하여 행위주체에 대한 제한을 두었다.[38] 이 밖에 단본은 교회 또는 국가에 대한 범죄 개념을 아직 규정하지 않았다.

시기적으로 단본 이후에 간행된 증보판(12~15세기)은 여러 측면에서 발전된 모습을 보여주고 있다. 다양한 형태의 절도, 임치(任置), 상속, 노예 및 소유 등에 관한 규정이 포함되어 있다. 한편, 대공은 소추와 소송에 있어서 그다지 중요한 역할을 하지 않았던 것으로 보인다. 소송제도는 당사자주의에 의거하여 상임 법관 없이 관리가 소송을 주재하였고, 재판은 십자가에 입을 맞추어 판결을 내리는 등 신성재판(神聖裁判)의 형식을 띠었다.[39] 루스까야 쁘라브다는 상소제도를 몰랐으며 법조인도 없었던 것으로 평가된다.

이하에서는 루스까야 쁘라브다 증보판의 내용을 민법, 형법 그리고 절차법으로 나누어 살펴보겠다.

(2) 민 법

(50) 자연인들의 특권이 법적으로 보장되면서 증보판은 단본에 비해 민사관계를 보다 자세히 규정하였다. 동산과 부동산에 대한 소유권이 인정되었으며 계약 또는 법규정에 의한 소유권의 이전도 규정되어 있다. 이 밖에 루스까야 쁘라브다 증보판은 타인의 소유권에 침해가 발생하는 경우와 계약의 불이행이 있는 경우에 대해서도 규율하였다. 증보판은 채무를 발생시키는 다양한 유형의 계약을 나열하였다: ① 매매계약; ② 금전소비대차계약; ③ 고용계약; ④ 위임계약 등. 원칙적으로 계약은 구두로 체결되었으나 계약의 이행시에는 증인이 요구되었다. 계약은 일정한 형식에 의하여 체결되었는데 그 계약이 형식적 요건을 충족시키지 못한 때에는 증인이 중요한 역할을 하였다.

증보판은 친족상속법도 포함하고 있다. 법정상속과 유언상속 모두 규정

---

37) 이 책 (37), (38) 참조.

38) Кузнецов, *op.cit.*, p.90 참조.

39) W.E. Butler 저 / 이윤영 옮김, 앞의 책 『소비에트法』, 38면 참조.

되어 있으며, 흥미로운 사실은 가장 큰 상속분이 막내아들에게 돌아갔다는 것이다.[40] 노예출신의 첩으로부터 낳은 아들과 미망인에게는 상속인의 자격이 주어지지 않았다.

(3) 형 법

51 루스까야 쁘라브다에서는 현대 법체계에 있어 익숙한 범죄의 개념을 찾아볼 수 없다. 형벌은 피해자에 대한 손해배상의 성격에 더 가까웠던 것으로 보인다.[41] 루스까야 프라브다에는 오비다(*obida*, обида)라는 용어가 형벌을 대신하여 사용되었다. 이 개념은 모욕, 능욕, 무례라는 이 단어의 일반적인 사전적 의미와는 달리 모든 종류의 신체적 또는 정신적 가해를 포괄하였다. 형법상 고의와 과실의 구분은 아직 보이지 않는다. 또한 법적으로 범죄의 대상은 오로지 자유인들로 한정되었다. 한편, 노예계층은 형법상 완전한 책임의 주체가 될 수 없었다.[42] 범죄에 관여한 사람이 다수일 경우 그 죄의 경중과 무관하게 형량을 동일하게 부과하였다. 또한 증보판에는 공모가 인정되기 시작하였다. 이 밖에 루스까야 쁘라브다는 형을 완화해 주는 요건을 인정하였다. 가령 연회장에서 살인을 한 경우와 싸움 중에 발생한 살인을 각각 달리 다루었다.[43] 만취 상태에서 행해진 범죄에 대해서는 보다 가벼운 형벌이 내려졌다.

다양한 범죄에 대한 형벌로서 루스까야 쁘라브다는 원칙적으로 금전배상주의 입장을 취하였다.[44] 가령 '비라'(*vira*, вира)라는 형벌은 살인범이 대공에게 바치는 40 그리브나(*hryvna*, гривна)[45]의 벌금이었다. 공의 주변 인물

---

40) Кузнецов, *op.cit.,* pp.96~97 참조.

41) 그 결과 불법행위법은 민사법보다는 형사법에 더 가까웠다. 루스까야 쁘라브다를 형법 중심의 법전으로 보는 이유도 여기에 있다(Кузнецов, *op.cit.,* p.94 참조).

42) 이 책 39에서 살펴본 바와 같이 홀로쁘는 예외적인 경우에만 법의 주체·객체가 되었다.

43) Усанов, *op.cit.,* p.119 참조.

44) 형벌에 대한 내용은 *Ibid.,* 참조.

이 살해될 경우 벌금은 그 두 배인 80 그리브냐였다. '디까야 비라'(*dikaya vira*, дикая вира)는 살인범이 속해 있는 촌락공동체 전체에 부과되는 벌금[46]이었으며, '골로브니체스트보'(*golovnichestvo*, головничество)는 비라와는 별도로 피해자의 친척들이 추가로 부담하는 배상금의 일종이었다. 살인을 제외한 범죄에 대하여 루스까야 쁘라브다는 공에게 바치는 '쁘로다자'(*prodazha*, продажа)라는 벌금과 피해자에게 지불하는 배상금인 '우로끄'(*urok*, урок)를 규정하였다. 루스까야 쁘라브다에서 사형제도에 대한 언급은 찾을 수 없다. 다만, 동시대의 아랍 문헌들에 의하면 러시아인들이 절도범을 목매달아 사형했다는 기록이 있을 뿐이다.

절도와 관련하여 루스까야 쁘라브다는 말도둑, 방화(放火), 타인 재산의 불법사용 등을 규정하고 있는데, 이 중 말도둑은 최고형에 해당하여 권리가 박탈되고 재산이 몰수되었다. 최고형으로서 권리가 박탈되고 재산이 몰수되는 형벌의 정확한 성격에 대해서는 다양한 해석이 있다:[47] ① 범죄인을 사형에 처하고 그의 재산을 일반인들이 훔칠 수 있도록 허용했다는 견해; ② 범죄인을 추방 또는 노예로 팔고 '비라'를 징수하는 대공의 관료 비르니끄(*virnik*, вирник)들로 하여금 재산을 합법적으로 몰수했다는 견해.

(4) 절 차 법

(52) 비록 초보적인 모습이기는 했지만 루스까야 쁘라브다는 절차법 규정을 포함하고 있었으며 대심제도의 성격을 띠었다. 범인이 알려지지 않은 경우에는 대질심(*svod*, свод)에 의해 범인을 수색하였다. 대질심은 고소인이 본인의 재산 절도시 피고를 찾아 나서는 것으로 진행되었으며 장터에서 절도당한 물건에 대하여 사람들에게 큰 소리로 그 사실을 알리면서 시작되었

---

45) 고대 러시아에서 사용되던 화폐단위로서 12세기 현재 1 그리브냐가 약 은 204g의 가치를 지녔다.

46) 이 책 (38) 참조.

47) Толстая, *op.cit.*, p.27 참조.

다. 문제의 물건을 소지하고 있는 것으로 발견된 사람은 누구로부터 해당 물건을 매입했는지 증명해야 하고, 그렇지 못할 경우 절도범으로 인정되었다.[48] 범인이 도주한 경우 도주한 흔적에 따른 추적(*gonenie sleda*, гонение следа)이 이루어졌다. 큰길 또는 대초원 지역에서 흔적이 끊어질 경우 추적은 중단되었지만 촌락공동체의 지역 내에서 흔적이 끊어진 경우에는 그 공동체에 의해 수색이 이루어지거나 '다까야 비라'가 부과되었다.

루스까야 쁘라브다는 재판상 증거로서 공시(公示) 선서, 신명(神明) 재판, 증인의 증언 등을 인정하였다. 증인은 '선한 명예의 증인'을 뜻하는 '뽀슬루흐'(*poslukh*, послух)와 직접적인 목격자를 뜻하는 '비도크'(*vidok*, видок)로 구별되었다. '뽀슬루흐'는 원칙적으로 자유인만 될 수 있었다.[49] 또한 사법적 결투(trial by combat, судебный поединок)가 명문으로 규정되어 있지는 않았지만 아랍 문헌에 의해 그 존재를 확인할 수 있다.[50] 결투에서 승리하는 당사자가 승소하였다.

5. 교회법규

(53) 루스까야 쁘라브다 외에도 교회법규(church statute, церковные уставы) 등과 같은 고대 러시아 법의 유산이 많이 알려져 있다. 지금까지 전해져 내려오는 법규는 공들의 이름을 딴 것들이다: 블라디미르 공, 현자(賢者) 야로슬라브 공, 노브고로드 공국의 브세볼로드(*Vsevolod*, Всеволод) 공, 노브고로드의 스뱌토슬라브(*Svyatoslav*) 공(公), 스몰렌스끄(*Smolensk*, Смоленск) 공국의 로스티슬라브(*Rostislav*, Ростислав) 공(公) 등. 이들 법규는 국가와 교회

---

48) Усанов, *op.cit.*, p.120 참조.

49) *Большая советская энциклопедия*, Послух 참조, <http://dic.academic.ru/dic.nsf/bse/122944/%D0%9F%D0%BE%D1%81%D0%BB%D1%83%D1%85>, 검색일: 2009년 6월 30일. '뽀슬루흐' 자격의 변화에 대해서는 이 책 (83) 참조.

50) Усанов, *op.cit.*, p.120 참조.

의 관계, 성직자들의 권리 그리고 교회재판소에 관한 규범이 중심을 이룬다. 가장 중요한 법규로는 블라디미르 공과 현자(賢者) 야로슬라브 공의 법규를 들 수 있다.

대부분의 루시 법원(法源)이 그러하듯, 블라디미르 대공의 법규는 여러 판(版)이 전해지고 있다. 판들에 공통된 내용을 살펴보면,[51] 블라디미르 대공은 기독교의 수용으로 인한 국가와 교회의 관계 정립을 위하여 '교회재판과 교회십일조'에 대한 법규를 선포하였다. 이 법규 제3조에 따라 국가 수입을 비롯하여 무역 관세 및 토지세, 가축세, 그리고 가옥세 전체를 아우르는 총액의 1/10을 교회로 이전하였다. 또한 제4조는 친족법상의 관할권을 대공과 대귀족으로부터 교회로 이전하였고, 제5~6조는 국가의 교회에 대한 개입을 금지하였다. 이 밖에 제7조는 교회재판소의 관할권의 내용을 나열하였다: 친족법과 관련된 범죄; 마법과 요술행위; 전통신앙 의식; 교회와 신앙에 반하는 범죄 등. 블라디미르 대공의 법규는 교회 관할 아래 있는 자들에 대한 범죄를 나열함으로써 교회의 형사 관할권을 규정하고 있다. 법규는 다음의 사람들을 교회의 관할 아래에 있는 것으로 규정하였다: 모든 성직자들; 공양(供養)을 위해서 자유롭게 풀어 준 노예; 노인; 불구자; 과부; 고아; 약사; 거지 등.

블라디미르 대공의 법규는 전통신앙에 대항하여 기독교를 확산시키는 교회의 권리를 명문화시켰다. 가령, 교회재판소의 사건 심사를 방해하는 자는 '영원한 재앙'의 저주를 받게 된다고 규정하였다.[52] 이 밖에 이 법규는 거래 척도 및 계량기의 감독권을 교회에 부여하는 등 교회의 위상을 여러 측면에서 확실하게 보장하였다. 블라디미르 대공의 법규는 이후의 다른 법규들의 모델이 되었다.

현자(賢者) 야로슬라브 대공의 법규는 블라디미르 대공의 법규에 비하여

---

51) Кузнецов, *op.cit.,* p.82 참조.

52) Kaiser, *op.cit.,* p.170 참조.

조금 더 늦은 시기의 것으로 4개의 필사본이 전해진다. 이 법규는 교회재판소가 세속재판소로부터 완전히 분리되는 것으로 규정하였다. 이 법규에 따라 교회는 모든 도시에서 이혼에 대한 관할권을 인정받았으며, 친족법과 관련된 다른 관할권도 폭넓게 부여받았다. 이 밖에 현자(賢者) 야로슬라브 대공의 법규는 범죄의 개념과 루스까야 쁘라브다에 없었던 형법상의 책임능력을 발전시키는 등 새로운 요소들을 많이 도입하였다.[53]

---

53) В.О. Ключевский, *Русская история: Полный курс лекций*, <http://bibliotekar.ru/rusKluch/>, 검색일: 2009년 1월 25일, Лекция пятнадцатая 참조.

제 3 장

속령러시아 시대

03

제1관 국가·정치적 배경

I. 정치상황의 개관

54 키예프 공국의 붕괴는 속령러시아 시대의 시작과 더불어 분열된 봉건사회의 출현을 의미하였다. 이미 키예프의 몰락 이전에 루시 지역에서 키예프 공국에 대항할 만큼 세력을 키운 공국들이 있었으며, 그 대표적인 예가 키예프를 정복한 안드레이 보골륩스키 대공의 로스토프·수즈달 공국이다.[1] 이와 같이 다른 공국들의 키예프에 대한 정치적 의존성이 약해지면서 루시는 봉건적 공국 연방(feudal federation of principalities, феодальная федерация княжеств)으로 탈바꿈하게 되었다.[2]

아래에서는 새로운 중심지로 부상한 북동부지역의 로스토프·수즈달 공국, 남서부지역의 갈리치·볼리냐 공국 그리고 북부지역의 노브고로드와 프스코프 공국을 살펴보고 몽골제국의 러시아 통치를 검토하겠다.

1. 갈리치·볼리냐 공국과 로스토프·수즈달 공국

55 드네프르강 유역에서의 인구유출은 서남쪽과 동북쪽 두 방향으로 이루어졌다. 이는 키예프 공국의 붕괴를 촉진한 반면, 로스토프·수즈달(*Rostov-Suzdal*, Ростово-Суздальское) 공국과 갈리치·볼리냐(*Galich-Volynia*, Галицко-Волынское) 공국의 성장을 가져왔다. 이러한 세력의 변화는 교회조직상의 변화를 통해서도 알 수 있는데, 1210년에 키예프 공국의 수좌 내

---

1) 이 책 3 참조.

2) Усанов, *op.cit.*, p.9 참조.

주교가 키예프로부터 로스토프·수즈달 공국의 블라디미르 시(市)로 자리를 옮겼다.

안드레이 보골륩스키는 1169년의 키예프 정복 이후 전(全) 루시의 대공이 되었지만 기존의 관례와는 달리 키예프 공국으로 자리를 옮기지 않았다.[3] 그는 자신의 영지에 머물렀으며 그 결과 로스토프·수즈달 공국은 루시의 정치적 중심지로 부상하였고 블라디미르(*Vladimir*, Владимир) 시가 새로운 수도로 선포되었다. 새 수도의 정치적 영향력은 특히 '대(大)둥지'라는 별명을 가진 브세볼로드(*Vsevolod*, the Big Nest, Всеволод Большое Гнездо, 1176~1212) 공의 통치하에서 강대해졌다. 이 시기에 블라디미르 시(市)의 세력은 노브고로드, 키예프 및 랴잔에까지 미쳤다. 이후 몽골·타타르족의 내습으로 인하여 블라디미르 시의 입지가 위축되었다.

루시 북동부에서 로스토프·수즈달 공국이 세력을 키웠다면 남서부에는 갈리치·볼리냐 공국이 있었다. 서유럽의 국가들과 비교적 확고한 무역관계를 맺고 있었던 갈리치와 볼리냐 공국은 로만(*Roman*, Роман, 1199~1205) 공에 의해서 통일되었으며 다니엘(*Daniel*, Даниил, 1221~1264) 공의 통치하에서 강성해졌다. 다니엘 공이 사망한 후 갈리치·볼리냐 공국은 그 세력이 기울기 시작하다가 결국 14세기에 이르러 폴란드와 리투아니아에 의해 점령당하고 말았다.

2. 노브고로드 공국과 프스코프 공국

56 9세기에 세워진 노브고로드는 유럽과의 무역을 통하여 세력을 키워나갔다. 특히 노브고로드는 키예프 공국의 권좌에 오르는 대공들이 거쳐 갈 만큼 중요한 공국이었다. 기독교를 수용한 블라디미르 대공, 루스까야

---

3) 전(全)러시아의 대공 자리는 안드레이 보골류스키의 아버지이며 모스크바 공국의 창시자인 유리 돌고루끼(Yuri Dolgoruki, Юрий Долгорукий)가 이미 받은 바 있었으나 이를 키예프가 아닌 북동부지역으로 옮긴 통치자는 안드레이 보골륩스키였다.

쁘라브다를 편찬한 현자(賢者) 야로슬라브 대공, 갈리치·볼리냐 공국을 통일한 로만공 등은 모두 키예프로 옮겨가기 전에 노브고로드를 통치한 바 있다. 앞에서 언급하였듯이[4] 노브고로드는 루시의 다른 지역에 비해 민주주의적 요소가 강해서, 노브고로드의 인민들은 통치자에 대하여 강력한 영향력을 행사하였다. 특히 1136년에 통치자인 브세볼로드(*Vsevolod*, Всеволод) 공이 실정(失政)을 원인으로 추방당하였는데, 그 결과 노브고로드의 공은 제한된 권한과 특권을 향유하게 되었다. 이때부터 노브고로드의 공은 군주보다는 선출된 관리의 모습에 더 가까워졌다.[5] 실제로 민회(民會)인 베체가 공의 선출권을 보유하였다.

노브고로드의 가장 위대한 통치자로는 외세의 침략을 성공적으로 무찌른 알렉산드르 네프스키 대공을 꼽는다. 그는 뛰어난 군사전략뿐만 아니라 외교에도 밝았던 지도자로 평가된다. 알렉산드르 네프스키는 스웨덴을 비롯한 이웃 강국들과의 전쟁을 승리로 이끈 사실 외에도 노브고로드를 몽골족의 침략으로부터 보호하는 데 크게 기여했다. 그는 몽골제국의 대한(大汗)과 협력관계를 유지하였는데, 그 결과 다른 루시 공국들과 달리 몰락을 방지하고 러시아의 대공 자리까지 인정받았다. 이러한 공(功) 덕분에 그는 이후 러시아 교회로부터 성인으로 추대되었다. 알렉산드르 네프스키가 사망한 후에도 노브고도르는 지리적인 요인 때문에 외세와의 전쟁을 계속하였다. 그러나 무엇보다도 가장 큰 위협은 모스크바 공국으로부터 비롯되었으며, 결국 1471년에 침략을 당하고 말았다. 그 후 몇 년간 저항을 계속하였지만 이반 3세에 의하여 혹독하게 진압당한 후 1478년 모스크바 공국에 합병되었다.

프스코프 공국은 초기에 노브고로드에 종속되어 있었으나 경제적 자주성이 강화되어 가면서 정치적으로 독립하려는 노력을 기울였고, 결국 그러한 목표를 달성하였다. 프스코프는 노브고로드 공국과 유사하게 민주주의가 발

4) 이 책 ④ 참조.

5) Kaiser, *op.cit.*, p.164 참조.

달하여 상대적으로 봉건사회의 모습이 약하였다. 규모가 크지 않았던 프스코프는 노브고로드와 달리 모스크바와 패권경쟁을 하지 않았으며, 오히려 유럽으로부터의 공격에 대항하기 위하여 모스크바의 도움을 필요로 하였다.[6] 이후 프스코프는 1511년에 상대적으로 평화롭게 모스크바에 합병되었다.

3. 몽골제국의 지배

57 서방원정을 위해 서진(西進)을 하며 루시 남부 지역에 도달한 몽골·타타르족은 1223년에 키예프 공국, 갈리치 공국을 비롯하여 여러 루시 공국들과 쿠만인들로 구성된 연합군을 크게 무찔렀다. 칭기즈칸의 후계자들은 계속해서 성공적인 정복사업을 펼쳤고 루시 지역의 대부분은 몽골제국의 지배하에 놓이게 되었다. 노브고로드 공국 등이 위치한 북부지역은 정복을 피할 수는 있었지만 몽골제국에 정치적 충성을 표시함으로써 루시의 전(全) 영토가 직접적인 지배하에 놓이게 되었다. 루시는 몽골제국의 4개 한국(汗國) 중 칭기즈칸의 손자 바투(Batu)가 세운 킵차크 한국의 세력권에 들어갔으며, 약 2세기 반의 긴 기간 동안 몽골족의 속박 아래 놓이게 되었다. 몽골제국은 탄탄한 조직력과 엄격한 규율로 조직된 군대와 루시 전역에서 징수한 인두세를 기반으로 오랫동안 강력한 영향력을 행사하였다. 그러나 속령러시아 시대에 크게 성장한 모스크바 공국의 도전에 의하여 14세기 말부터 세력이 약화되었다. 모스크바 공국은 15세기 말에 독립을 선언함으로써 몽골 압제를 실질적으로 종료시켰다.

---

6) 니꼴라이 V. 랴자노프스키 저 / 이길주 옮김, 앞의 책 『러시아의 역사 I (고대~1800)』, 123면 참조.

II. 국가 · 사회의 제도

1. 국가운영의 세 축

58 앞에서 살펴본 바와 같이[7] 고대러시아 역사에서 국정운영은 대공, 귀족회의 그리고 베체(*veche*)의 세 축을 중심으로 이루어졌다. 세 축은 균형을 이루기보다는 어느 한 축이 상대적으로 더 크게 작용하였으며, 이러한 차이는 특히 지역에 따라 발생하였다. 중요한 사실은 세 축이 각각 전제정치 요소, 귀족정치 요소 그리고 민주주의 요소를 반영한다는 점이다. 통치자 개인을 중심으로 권력이 집중되는 전제정치가 모스크바 공국 시대 이후의 러시아 역사를 특징 지웠다면,[8] 속령러시아 시대까지는 어느 한 축이 절대적인 우위를 보이지 않았다.

남서부 지역의 갈리치 · 볼리냐 공국은 귀족계층의 세력이 강하였으며 로스토프 · 수즈달 북동부 지역은 군주가 우세하였다. 북부지역의 노브고로드와 프스코프 공국의 경우 국정은 베체를 중심으로 운영되었다. 그 배경을 살펴보자면 우선, 갈리치 · 볼리냐 공국은 비옥한 토지가 많은 남서부 지역에 위치함으로써 토지를 기반으로 한 귀족들의 세력이 전통적으로 막강하였다.[9] 이로 인하여 귀족회의는 공을 선출하고 해임시킬 만큼 영향력이 컸다.

로스토프 · 수즈달 공국의 북동부 지역은 산림 지대가 많아서 경계가 불분명하고, 북쪽과 동쪽으로 영토를 확장하는 데 있어 대항할 만한 세력이 없었다. 그러므로 이와 같은 광활한 개척지 사회에서는 군주의 리더십이 무엇보다 중요하게 작용할 수밖에 없었다.[10]

---

7) 이 책 (33)~(35) 참조.

8) 이 책 (17)~(26) 참조.

9) 니꼴라이 V. 랴자노프스키 저 / 이길주 옮김, 앞의 책 『러시아의 역사 I (고대~1800)』, 127면 참조.

10) 니꼴라이 V. 랴자노프스키 저 / 이길주 옮김, 앞의 책 『러시아의 역사 I (고대~1800)』,

마지막으로 노브고로드와 프스코프 공국은 기후적 요소로 인한 선진 농업 발달의 어려움과 동부 유럽 평지에 위치한 강과의 근접성 덕분에 무역에 활발하게 참여하였다. 그 결과 북부지역은 상인들을 비롯한 중산층의 출현을 보았으며 루시의 그 어느 지역보다도 민주주의가 번영하는 사회로 발전하였다. 특히 12세기부터 노브고로드의 공은 베체에 의하여 선출되었으며 그는 즉위하기 전에 베체와 국정운영에 대한 협약을 체결하도록 되어 있었다. 이 밖에 베체는 뽀싸드니크(*posadnik*, посадник)라고 불리는 시장(市長)을 선출하였다. 그는 공의 권력을 제한하였으며, 공의 행정권 및 사법권의 행사는 뽀싸드니크의 배석 및 동의에 따라 이루어졌다. 시장(市長)의 권한은 매우 광범위하여 비정규군을 지휘하고 재판과정에 참가할 뿐 아니라 주변 국가들과 협상을 담당하기도 하였다.

2. 몽골제국의 지배형식

59 몽골제국의 지배형식은 전제주의 색채가 강했다. 전제권력을 향유하는 최고 통치자 대한(大汗)을 중심으로 위계질서가 확실한 통치체제가 형성되어 있었으며 이에 반하는 행위는 무거운 형벌로 다스렸다. 주요 국무사안은 쿠릴타이(*Kurultai*, Курултай)라고 불리는 자문기관에서 결정되었으나 대한(大汗) 선출과 같은 사안은 형식적으로 이루어졌다. 한편, 몽골제국의 루시 지배는 간접적으로 이루어졌는데 대한(大汗)은 루시 공들로 하여금 자신에게 대군주에 대한 경의를 표시하도록 요구하였다. 비록 공들은 어느 정도의 자치권을 인정받았지만 그 대가로 공국 인민들로부터 공물을 무겁게 징수하여 바쳐야만 하였다.

이와 달리 몽골제국의 종교정책은 매우 온건한 것으로서 대한(大汗)은 교회를 옹호하고 후원하였다. 이는 종교적 관용보다는 종교의 자유를 통하여

131면 참조.

루시인들의 민심을 사고 교회와 세속권력을 갈라놓아 루시 사회의 사회적 통합을 방지하기 위한 정책으로 평가된다.[11] 이를 계기로 교회는 속령러시아 시대에 오히려 성장할 수 있었다.

제2관 법 제 도

(60) 루스까야 쁘라브다와 대공의 판결을 비롯하여 속령러시아 시대의 루시는 많은 법원을 가졌다. 그 중 가장 의미 있는 법원으로는 프스코프 공국과 노브고로드 공국의 재판증서와 드비나(*Dvina*, Двина) 증서를 들 수 있다.[12] 이하에서는 이들 법원을 통하여 루시의 법제도가 속령러시아 시대에도 적지 않게 발전하였음을 알아보기로 한다.

I. 프스코프 재판헌장[13]

(61) 프스코프 재판헌장(Pskov Judicial Charter, Псковая судная грамота)은 루스까야 쁘라브다 이후 가장 중요한 법원 중 하나로 꼽히지만 부분적으로 소실된 하나의 필사본만이 전해지고 있다. 루스까야 쁘라브다에 비해 그

---

11) Кузнецов, *op.cit.*, pp.123~124 참조.

12) 비록 드비나 증서는 모스크바 공국과 관련된 법원이기 때문에 제4장 '모스크바 공국 시대'에서 다룰 수 있지만 시기적으로 속령러시아 시대에 속하고 내용면에서도 프스코프와 노브고로드 증서와 유사한 점이 있어서 여기에서 다룬다.

13) 'Псковая судная грамота'를 종래 '프스코프 재판증서'로 번역하는 문헌이 있으나 이는 적절하지 않다고 본다. 'грамота'를 어떻게 번역할 것인가의 문제인데 최소한 '증서'는 아니라고 생각한다. 왜냐하면 증서란 어떤 사실을 증명하는 서면을 의미하는 데 반해 'Псковая судная грамота'는 법규정이기 때문이다. 이와 같은 사정을 고려하여 '프스코프 재판헌장'으로 번역하기로 한다.

내용이 매우 풍부한 프스코프 재판헌장은 15세기 중엽 이후에 편찬된 것으로 보이며, 그 전문(前文)에 명시되어 있듯이 기존에 존재하던 몇 개의 법규들을 정리하여 간행한 것이다.[14)]

프스코프 재판헌장은 제1편 절차법, 제2편 실체법으로 구성되어 있다. 제1편의 내용은 다음과 같다: ① 법정의 종류; ② 재판 절차; ③ 재판상의 증명 및 재판 수수료. 이 중 법정에 관한 규정이 흥미로우며, 특히 공과 뽀싸드니크[15)]가 공동으로 관장하는 법정(공·뽀싸드니크 법정)과 베체(veche) 법정이 주목을 끈다. 전자의 경우 공과 뽀싸드니크가 공동으로 판결을 내렸다. 그 어느 한쪽도 혼자서 판결을 내릴 수 없었다. 이는 프스코프 공국이 공을 견제하기 위하여 사법권을 제한했던 대표적인 모습으로 보인다. 이 밖에 프스코프 사회의 민주주의 요소를 잘 보여주는 것이 베체 법정이다. 재판헌장에 자세한 내용이 기록되어 있지 않은 관계로 베체 법정의 관할권을 알 수는 없지만, 일반적으로 베체를 통해 드러난 프스코프인들 전체의 공동의사에 따라 재판이 이루어진 것으로 보이며, 공과 뽀싸드니크가 해결하기 어려운 사건을 다루었을 것으로 추측된다.[16)]

이 밖에 재판 절차와 관련해서 재판 당사자의 불출석은 자동적으로 패소의 결과를 가져온다고 규정되어 있다. 또한 모든 재판은 신성재판의 형식을 띠었기 때문에 판결 또한 신성한 것으로 여겨졌다. 그 결과 모든 판결은 확정적인 것으로서 재심이 허용되지 않았다. 증거에 관하여 프스코프 재판헌장은 루스까야 쁘라브다에 규정되어 있는 증거 외에 서면증거의 일종인 도스키(*doski*, доски)와 뽈레(*polye*, поле)라고 불리는 사법적 결투가 명시되었다. 사법적 결투의 경우 여성, 유아와 노약자는 자신을 대신하여 대리인을 내세울 수 있었다.

제2편은 8개의 장으로 나뉜다: ① 형사범죄; ② 토지소유권; ③ 금전소

---

14) Кузнецов, *op.cit.*, p.117 참조.

15) 뽀싸드니크에 대한 설명은 이 책 (58) 참조.

16) И.Д. Беляев, *История русского законодательства*, Лань, 1999, p.308 참조.

비대차계약과 이자; ④ 상속과 후견인; ⑤ 상업조합과 동업조합; ⑥ 주주(株主); ⑦ 계약; ⑧ 상업. 민사규범은 프스코프 재판헌장에서 가장 중요한 부분을 차지하며 그 중 특히 소유권에 관한 규정이 많다. 프스코프 재판헌장은 부동산과 동산을 구분하고 소유권 취득의 방법을 규정하였다. 또한 다수의 조항들은 담보 및 계약에 관하여 규율하였는데, 재판헌장에서 언급된 계약의 종류는 다양하다.[17] 부동산의 매매계약 및 금전소비대차계약에 있어 그 금액이 1루블(*ruble*; рубль) 이상[18]인 경우는 서면형식이 요구되었다. 또한 계약당사자가 매매계약과 교환계약을 체결하는 데 있어 알코올로 인하여 의사무능력 상태에 있었다면 그러한 계약은 무효로 되었다. 한편, 상속에 관하여 재판헌장은 법정상속과 유언상속을 인정하였다. 상속인의 지위는 부(父), 모(母), 자(子), 형제(兄弟), 자매(姉妹) 및 기타 가까운 친척에게 인정되었다. 유언이 작성되지 못한 경우 배우자는 재혼을 하지 않은 경우에만 사망한 배우자로부터 부동산을 상속받을 수 있었다.

프스코프 재판헌장의 형법규범도 루스까야 쁘라브다와 마찬가지로 금전배상주의 원칙을 계속 유지하였다. 다양한 범죄에 대한 가장 근본적인 형벌로는 '쁘로다자'[19]가 있었다. 살인을 한 사람에게는 1루블의 '쁘로다자'가 부과되었으며, 흥미로운 것은 이 당시 수염을 훼손하는 행위에 대해서는 살인보다 더 무거운 형벌인 2루블의 '쁘로다자'가 징수되었다.[20] 또한 프스코프 재판헌장은 무거운 절도에 해당하는 말도둑, 삼범(三犯) 그리고 반란(국가배신

17) 증여, 매매계약, 교환계약, 화물계약, 금전소비대차계약, 고용계약, 임대차계약 등이 규정되어 있다.

18) 화폐단위로서 '루블'은 13세기 노브고로드 공국에서 사용되기 시작하였으며 그 당시 은 200g의 가치를 지녔다.

19) 이 책 (51) 참조.

20) 수염의 훼손에 대해서 이렇게 무거운 형벌을 부과한 것은 고대 러시아에서 수염이 귀족신분의 중요한 상징물이었기 때문일 것으로 판단된다. 제정러시아의 표트르 대제가 수염세를 부과하고 삭발령까지 내리는 등 반귀족정치를 펼친 점을 통하여 이를 간접적으로 확인할 수 있다.

행위) 및 방화에 대해서 사형을 내리도록 규정하였다. 사형이 명문으로 등장했다는 점에서 프스코프 재판헌장은 루스까야 쁘라브다와 차이를 보인다.

II. 노브고로드 재판헌장

(62) 노브고로드 재판헌장(*Novgorod* Judicial Charter, Новогородская судная грамота) 역시 오직 한 개의 필사본이 현존하고 있으며 42개 조항만이 알려져 있다. 비록 자료가 완전하지는 않지만 노브고로드 재판헌장을 통하여 그 당시에 존재하던 재판절차의 특성을 부분적으로 이해할 수 있다. 우선 노브고로드 재판헌장이 규정하는 법정은 다음과 같다: ① 노브고로드 대주교 법정; ② 공・뽀사드니끄 법정; ③ 뜨이쌰쯔끼[21](*tysyatsky*, тысяцкий) 법정. 이들 중 공・뽀사드니끄 법정의 경우에는 배심원에 해당하는 도끌라드치끼(*dokladchiki*, докладчики)가 재판에 참여하였다. 도끌라드치끼는 다섯 개의 꼬네츠(*konets*, конец)[22]에서 각각 한 명의 대귀족인 보야르와 상인이 선출됨에 따라 총 10명으로 구성되어 있었다.

소송당사자가 될 자격은 성(性)이라든가 사회계층과 무관하게 모두에게 인정되었다. 단, 홀로쁘[23]의 경우 홀로쁘만을 상대로 소(訴)를 제기할 수 있었다. 소송당사자 자신이 직접 출석하는 것이 어려운 경우 위임을 받은 친척 또는 타인이 대리하여 출석할 수 있었다. 노브고로드에서도 재판은 십자가에 입을 맞추는 의식으로부터 시작되었다. 이러한 의식이 갖는 의미는 재판관들이 뇌물을 받지 않고 진실에 따라 결정하겠다는 약속을 하는 것이었으며, 소

---

21) 본래 고대러시아에서는 천인(千人)대장이었으나 노브고로드에서는 점차 상업적 분쟁에 대한 관할권을 행사하는 사법기관으로 발전하였다. 일반적으로 뜨이쌰쯔끼는 베체에서 대귀족 중에 선출되었다.

22) 노브고로드의 행정구역 명칭으로 총 5개의 꼬네츠가 있었다.

23) 이 책 (39) 참조.

송의 양 당사자는 이를 통하여 자신의 언행이 옳다는 믿음을 표시하였다.[24] 십자가에 입을 맞추는 의식을 거절하는 당사자는 그로 인하여 자동적으로 패소하였다. 이 밖에 노브고로드 재판헌장에 따르면, 증인자격은 프스코프인들을 비롯한 다른 공국주민들과 홀로쁘를 제외한 모든 사람에게 주어졌다.

노브고로드 재판헌장은 절차적 규정으로서 다양한 종류의 재판기간을 명시하고 있다.[25] 사건의 심리기간에 관하여 이 재판헌장은 토지와 관련된 사건에 대해서는 재판관에게 2개월을 허용하였고 그 외의 사건에 대해서는 1개월이 주어졌다. 소송 당사자들에 대해서는 그들이 거주하는 지역에 따라 재판기간에 차이가 있었다. 노브고로드 재판헌장은 재판 수수료의 금액도 규정하고 있어서 형사재판의 경우 재판관은 2~4 그리브나를 받았다. 재판에 앞서 사건의 사전심의가 행해졌는데, 이는 띠운(*tioon*, тиун)이라고 불리는 재판관의 보좌인이 담당하는 심리의 일종이었다. 심리가 종료되면 띠운은 소송 당사자들을 재판관에게 인도하였다.

III. 드비나 헌장

63 드비나 헌장(*Dvina Charter*, Двинская уставная грамота)은 속령 러시아 시대에 있어 또 하나의 중요한 법원이다.[26] 드비나 헌장은 네 부분으로 구성되어 있다: ① 형사법정의 종류; ② 재판 순서; ③ 재판 관할권; ④ 무역 관세. 드비나 헌장에 따르면, 여러 종류의 형사법정이 존재하였다.[27] 우선 첫 번째 법정은 살인을 관할하였으며 공의 업무를 수행하는 지방

---

24) Усанов, *op.cit.*, p.124 참조.

25) *Ibid.*

26) 이 헌장은 모스크바 공국의 바실리 드미뜨리예비치(*Vasilii Dmitriyevich*, Василий Дмитриевич) 대공이 1397년에 드빈 주(州)에 하사한 것으로 모스크바 공국에 의한 드빈 주의 합병 직후에 이루어졌다.

장관인 나메쓰뜨니끄(*namestnik*, наместник)가 이를 담당하였다. 살인범을 수색해서 나메쓰뜨니끄에게 살인범을 인도하는 의무는 촌락공동체에 있었고 이 의무를 이행하지 않으면 공동체 전체가 국고에 10루블의 '비라'[28]를 지급하였다. 단, 노예를 살인하는 것은 범죄로 인정되지 않았다. 두 번째 형사법정은 구타, 상해, 명예훼손을 관할하였다. 이에 관한 사건의 경우 피의자는 일정한 금액을 피해자와 국고에 지불하게 되어 있었다. 단, 구타가 연회장에서 이루어진 경우 사건은 나메쓰뜨니끄가 아닌 촌락공동체가 맡았다. 세 번째 종류의 형사법정은 경계의 침해와 파손을 다루었다. 이 범죄의 경우 '뻬냐'(*penya*, пеня)라는 벌금을 국고에 지불하였다. 네 번째 종류의 법정은 절도를 관할하였다. 초범일 경우 절도범은 도품의 가액을 벌금으로 내야 했고, 재범의 경우 노예가 되었으며, 삼범의 경우에는 교수형(絞首刑)이 내려졌다. 이 밖에 드비나 헌장은 범죄에 대한 형벌로 낙인(烙印)을 규정하였다.

재판절차를 본다.[29] 원고가 나메쓰뜨니끄에게 소(訴)를 청구하면 나메쓰뜨니끄는 피고의 출석을 요청하였다. 피고가 즉시 출석할 수 없는 경우에는 일정한 기간 동안의 연기를 요청하는 보증서를 제시해야만 했고, 그렇지 못할 경우 피고는 체포되어 쇠사슬로 묶였다. 정해진 기간 내에 피고가 출석하지 않는 경우 재판 없이 유죄가 인정되었고, 원고에게는 재판 없이 무죄가 인정된다는 증서가 주어졌다. 드비나 헌장은 이 밖에도 다양한 재판수수료를 언급하고 있다. 관할권을 보면, 재판은 거주지역에서 이루어지고 형사범들은 범죄를 행한 곳에서 재판을 받았다. 특기할 만한 점으로 드비나 헌장은 외국인 상인에 대한 무역관세의 부과에 대해서도 규정하였다.

---

27) Усанов, *op.cit.*, p.125 참조.

28) 이 책 (51) 참조

29) Усанов, *op.cit.*, p.125 참조.

제 4 장

모스크바 공국 시대

04

제1관 국가·정치적 배경

(64) 모스크바 공국 시대는 16세기 중·후반 이반 뇌제(雷帝)의 통치기를 기준으로 하여 두 시기로 나뉜다. 모스크바 공국은 전반기에 몽골 압제 아래 성장하여 독립을 선언하고 통일국가를 이루어 나갔다. 이 과정에서 가장 중요한 과제는 키예프 공국의 붕괴 이후 계속되었던 루시의 분열성을 극복하는 것이었다. 반면, 모스크바 공국은 후반기에 들어 중앙집권화가 한층 더 발전하였으며, 특히 이반 뇌제에 의해서 강력한 전제정권이 추구되었다. 다만, 절대권력이 완전하게 확립되지는 않았으며, 중앙집권화와 더불어 사회의 여러 상류계층을 대표하는 전국회의가 등장하여 군주의 권한에 대하여 일정한 제한을 가하기도 하였다. 모스크바 공국은 통치 가문이 변경되는 등 동란의 시대를 겪으며 정국이 혼란스러웠으나 로마노프 왕조의 짜르들이 안정을 되찾아 이를 점차 수습해 나갔다.

I. 정치상황의 개관

1. 모스크바 공국 시대 전반기

(65) 본래 모스크바 공국은 그 창건자인 유리 돌고루끼의 출신으로부터 알 수 있듯이 그 뿌리가 로스토프'·수즈달 공국[1]에서 비롯되었다. 루시 북동부 지역에 위치한 이 공국의 공들은 정착적 지배를 하면서 자신이 소유한 영지를 아들들에게 분배해 주었고,[2] 그 결과 작은 영지공국들이 생겨나면서 로스토프·수즈달 공국은 분열되었다. 여러 공국들 중에 4개의 공국이

1) 이 책 (55) 참조.

2) 이렇게 형성된 공국을 영지공국(*udel*, удельное княжество)이라고 한다.

세력을 키우는 데 성공하였으며, 모스크바 공국이 특히 두드러지기 시작하였다. 모스크바 공국은 계속해서 팽창하여 결국 몽골제국에 대항할 수 있는 세력으로 성장하였고, 15세기 말 이반 3세에 의해서 독립이 선포되었다.[3] 모스크바 공국이 루시 지역을 통일할 수 있었던 요인으로는 무엇보다도 외교력을 통한 몽골제국과의 협력관계와 지리적인 특성으로 인한 팽창에 유리한 환경을 들 수 있다.[4] 모스크바 공국은 북쪽으로 프스코프 공국(1510년), 서쪽으로 스몰렌스끄 공국(1514년) 그리고 동남쪽으로 랴잔 공국(1521년)을 차례로 합병해 나갔으며 이와 더불어 기존의 도시들도 크게 성장하여 상업적 중심지로 발전하였다. 이러한 영토의 확장은 자연스럽게 농업생산의 증대를 가져왔으며, 결국 중앙집권화의 진전을 위한 경제적 기반을 마련해 주었다. 이 밖에 모스크바 공국은 몽골제국의 전제주의 정치문화와 로스토프·수즈달 공국의 대공중심 정치문화를 계승하면서 강력한 통일국가를 형성하는 데 박차를 가하였다.

2. 모스크바 공국 시대 후반기

(66) 짜르의 군주권은 이반 뇌제의 치하에서 한층 더 강화되면서 중앙집권화가 새로운 단계에 접어들었다. 그의 통치 아래 다수의 중대한 국가 개혁이 이루어졌으며, 그 중 대표적인 것으로 중앙행정기관의 설립, 군사개혁, 조세개혁, 지방행정개혁 등을 들 수 있다. 특히 쁘리까즈(*prikaz*, приказ)[5]라고 불리는 중앙행정부의 도입은 기존에 왕실에서 담당하던 업무를 보다 전문화시키고 발전시키는 결과를 가져왔다. 사법권과 행정권을 행사하는 쁘리까즈는 시간이 지나면서 그 숫자가 무분별하게 증가한 결과 국정운영에 혼란을 가중시켰지만 중앙행정기관의 기본틀을 마련한 점에서 그 의의가 적지

---

3) 자세한 내용은 이 책 (5) 참조.

4) Ключевский, *op.cit.,* Лекция двадцать первая 참조.

5) 예컨대, 재정 쁘리까즈, 궁전행정 쁘리까즈, 강도 쁘리까즈 등 여러 쁘리까즈가 존재하였다.

않다.

전제정치의 일면을 상징적으로 잘 보여주는 것으로는 이반 뇌제의 오쁘리취니나를 들 수 있다. 이는 황제가 세운 직할영지로서 봇치나[6]를 기반으로 세력을 유지하던 보야르에 대항하여 군주권을 강화시키기 위한 정책이었다. 그 당시 토지 소유는 크게 대공과 교회, 보야르 그리고 드보랴닌[7]이라고 부르는 새로운 계층이 소유하고 있었으며, 특히 보야르의 봇치나가 상당한 부분을 차지하였다. 이런 상황에서 이반 뇌제는 오쁘리취니나를 확대함으로써 봇치나를 잠식해 나갔다. 오쁘리취니나에 포함된 영토의 지주들은 다른 곳으로 옮겨갔고 이 영토는 짜르에게 충성하는 신흥귀족계층에게 하사되었다.[8]

이반 뇌제에 이어 통치한 표도르가 후계자 없이 사망하면서 정계는 혼란에 빠져들었다. 그러나 동란 시대를 겪으면서 잠시나마 귀족들이 국정운영을 주도한 경험은 모스크바 공국으로 하여금 전제정치가 유일한 합법적 통치형식이며 평화와 안정에 대한 유일하고 확실한 보장이라는 사실을 인식하게 만들었다.[9]

II. 국가 · 사회 제도

1. 절대군주권의 발전과 견제

(67) 절대군주권을 확립하기 위한 노력은 모스크바 공국 시대에 시작되었다. 우선, 중앙집권화가 이루어지면서 대공의 지위가 격상되었다. 군주는 '짜르' 및 '절대군주'라는 호칭을 사용하기 시작하였으며, 이는 점차 국제적

6) 이 책 (34) 참조.

7) 이 책 (69) 참조.

8) 오두영, "이반 4세의 토지개혁 –1565년 오쁘리취니나 정책을 중심으로–," 『서양중세사연구』 제5권, 한국서양중세사학회, 1999, 67~69면 참조.

9) 니꼴라이 V. 랴자노프스키 저 / 이길주 옮김, 앞의 책 『러시아의 역사 I (고대~1800)』, 243면 참조.

으로도 인정을 받았다. 또한 모스크바 공국은 국가의 상징물로 비잔틴제국이 사용하던 쌍두독수리를 채택하였다. 군주권의 강화는 자연스럽게 대귀족인 보야르와의 긴장관계를 심화시켰으며 이에 대항하기 위한 군주의 노력은 드보랴닌 계층의 강화를 가져왔다. 짜르는 오쁘리취니나에 포함된 영토를 하사하는 등 드보랴닌을 지원함으로써 자신에게 충성하는 세력을 확보해 나갔다.

반면 절대군주권을 견제하는 기구도 있었다. 전국회의는 사회의 다양한 계층을 대변하는 기구로서 비상설적인 전국 규모의 집회였다.[10] 구성원으로는 크게 보야르, 성직자 및 드보랴닌을 들 수 있다. 특기할 만한 점은 도시민들도 전국회의에 참가한 경우가 많으며 농민들도 대표자를 낸 경우가 있었던 것으로 보인다.[11] 이반 뇌제에 의해서 1549년에 처음으로 소집된 전국회의는 17세기 말까지 수십 차례 열렸으며 짜르 선출을 비롯하여 전쟁 수행 등의 문제까지 다루었다. 비록 전국회의는 기본적으로 군주를 견제하는 기능을 갖고 있었으나 다른 한편 짜르의 정책들을 보조하였던 것으로 보는 것이 학계의 일반적인 평가이다.[12] 이는 짜르가 전국회의의 구성원들 대부분을 직접 임명한 것을 보아도 잘 알 수 있다.

2. 지방제도

68 모스크바 공국은 전반기에 지방통치 방식에 있어 기존의 제도를 유지하였다. 지방통치는 대공이 자신의 대리인을 파견함으로써 이루어졌다. 나메쓰뜨니끄와 볼로스쩰(*volostel*, волостель)은 각각 도시와 볼로스찌[13]

---

10) 소집권은 짜르, 총대주교 그리고 보야르 두마가 향유하였다(Белковец / Белковец, *op.cit.*, p.36 참조).

11) 오늘날까지 보존되어 있는 1566년의 전국회의 참가자에 대한 기록에 따르면 대귀족 보야르 30명, 성직자 32명, 서기와 하급관리 33명, 드보랴닌 20명 그리고 상인 75명이었다(Усанов, *op.cit.*, p.19 참조).

12) Усанов, *op.cit.*, p.18 참조.

13) 읍(邑)에 해당하는 고대 러시아의 행정구역.

(*volosti*, волость)에 파견된 관료들로서 일반적으로 보야르 중에서 지명되었다. 이들은 공무를 수행하였으나 국가로부터 녹을 받지 않고, 이를 대신하여 현지에서 보수를 조달하였다. 이는 현지 주민들로부터 공물 또는 돈을 받는 것으로 '꼬르믈레니예'(*kormleniye*, кормление)라고 불렀다. 관리들은 전권을 행사하였으며 시간이 흐를수록 이를 남용함으로써 주민들을 착취하게 되었다. 나메쓰뜨니끄에 대해서는 임기가 정해져 있지 않아 시간이 지남에 따라 꼬르믈레니예는 심각한 사회문제로 부각되었다.

꼬르믈레니예를 기초로 이루어진 지방통치제도는 점차 한계에 달했으며 이를 개선하기 위하여 이반 뇌제는 지방행정개혁을 실시하였다. 이에 따라 나메쓰뜨니끄와 볼로스첼을 대신하여 그들이 수행하던 사법·행정업무는 지방자치회인 젬스뜨보(*zemstvo*, земство)[14]와 지방에서 선출된 사법·치안 관리들에게 넘어갔다. 그 결과 지방자치가 이루어졌으나, 이는 오래 지속되지 못하고 16세기 말 17세기 초 지방통치는 군사행정관인 보예보다(*voevoda*, воевода)를 통하여 이루어졌다.[15] 보예보다는 나메스뜨니끄와 권력의 행사 측면에서는 큰 차이를 보이지 않았다. 그러나 전자는 후자와 달리 꼬르믈레니예가 아닌 중앙으로부터 급여를 받았으며, 자신의 하급자를 임명하거나 통제하지 못하고 중앙정부가 파견한 하위관료들과 함께 일하였다.

3. 사회계층의 변동

(69) 중앙집권화가 이루어지는 시기에 일어난 가장 두드러진 변화는 드보랴닌(*dvoryanin*, дворянин) 계층의 성장과 기존의 중산계급을 구성하던 자유농민들의 지위 하락이다. 드보랴닌의 증가와 농민의 지위하락은 서로 연계되어 있으며, 양자는 중앙집권화 이후 혁명 이전까지 러시아의 가장 심각

14) 지방자치에 대한 의미 있는 시도로는 1864년 지방개혁을 들 수 있다. 이 책 (132) 참조.

15) Кузнецов, *op.cit.*, p.193 참조.

한 사회 문제를 야기하였다. 이에 대해서 좀더 자세하게 살펴본다.

우선, 드보랴닌은 속령러시아 시대에도 존재하였으나 모스크바 공국 시대에 크게 성장한 계층으로서 정부를 위하여 전투를 수행하고 행정업무를 담당하였다. 그들은 봉직의 대가로 토지를 하사받았으며 이를 뽀메스찌예(*pomestiye*, поместье)라고 부른다. 이러한 토지는 보야르의 세습영지인 봇치나와 성격이 조금 달랐는데, 봇치나는 보야르 대귀족의 후손들이 대대로 세습받았던 반면, 뽀메스찌예는 봉직을 조건으로 받는 녹(祿)에 해당하였다.[16] 처음에는 봇치나가 우세했으나 점차 드보랴닌의 세력이 확대되면서 뽀메스찌예가 크게 증가하였다. 무엇보다도 뽀메스찌예의 확대는 모스크바 공국의 대공과 보야르 사이의 대립관계에서 비롯되었다. 세습되는 봇치나를 기반으로 영향력을 행사하던 보야르에 대항하기 위하여 대공은 군주권을 강화할 필요가 있었고, 이를 위하여 드보랴닌 계층을 증가시키는 방법을 택하였다.

반면, 속령러시아 시대부터 그 경제적 기반이 약화되던 농민들의 지위는 급속하게 하락하였다. 이는 러시아 역사에서 중산층이 소멸함을 의미하는 것으로 러시아 사회가 서유럽에 비해 정치·경제적으로 취약하고 불안정하게 된 계기가 되었다. 농민들의 지위 악화는 그들이 생활의 어려움으로 인하여 지주에게 돈과 곡식을 빌리는 일이 확산되면서 가속화되었다. 농민들은 빚을 청산하기 위하여 강제부역의 형태로 지주에게 노동력을 제공(바르쉬치나, *barshchina*, барщина)하거나 지주에게 현물 또는 돈으로 갚았다(오브로끄, *obrok*, оброк). 농민들을 보호해 줄 수 있는 법제도의 부재는 이런 상황을 더욱 악화시켰다. 오히려 대공은 드보랴닌의 경제적 기반을 마련하기 위하여 그들에게 농민과 함께 토지를 하사하였던 관계로 예속된 농민의 숫자는 크게 증가하였다. 아래에서 살펴보겠지만[17] 정부는 오히려 농민들의 예속을 법제도적으로 강화하여 농노제를 확립시켜 나갔다. 무엇보다도 드보랴닌은 세습이 되

---

16) 니꼴라이 V. 랴자노프스키 저/이길주 옮김, 앞의 책 『러시아의 역사 I(고대~1800)』, 163면 참조.

17) 이 책 (94) 참조.

지 않는 뽀메스찌예에 속한 농민들로부터 봉직 기간 동안 노동력을 최대한 확보하기 위하여 그들을 착취하였다. 특히 정부는 채무를 청산한 농민들이 성(聖) 유리 기념일(Saint Yuri's Day, Юрьев день)에만 지주를 떠날 수 있는 제한을 두는 등 농민들의 농노화에 앞장섰다.

제2관 법 제 도

I. 법제도의 기본 성격

(70) 모스크바 공국 전반기까지도 루스까야 쁘라브다는 여전히 중요한 법원으로 적용되었다. 루스까야 쁘라브다 증보판을 기초로 축약본을 편찬한 것도 이 시기이다. 15~17세기에 중요한 법원으로는 새롭게 편찬된 쑤데브니끄[18]와 울로제니예가 있으며, 여기에 포함되지 않았지만 당시의 규범을 정리한 다수의 법령집도 간행되었다. 이 밖에 대공의 입법행위, 전국회의의 결의, 쁘리까즈의 행정행위 등을 들 수 있다.

1. 민 법

(71) 모스크바 공국 시대에 민법은 많은 발선을 보였다. 특히 금전을 매개로 한 거래와 상업관계의 확대는 민법의 체계화에 대한 필요성을 가져왔다. 이 밖에 봇치나와 뽀메스찌예에서 이루어지는 농민들에 대한 지주들의 노동 착취도 이러한 토지와 관련된 민법상의 다양한 규범을 발전시켰다. 채무법 역시 그 기본성격에 있어 큰 변화를 경험한다. 채무불이행에 대한 효과

---

18) 러시아 법제사에서 쑤데브니끄는 1497년과 1550년에 편찬된 두 개의 법전이 있다. 1550년 쑤데브니끄에 대해서는 이 책 (85) 참조.

가 인적 책임[19]에서 물적 책임, 즉 금전적 손해배상책임으로 전환되어 갔다.[20] 이를 잘 보여주는 한 예로 이 당시의 법규범은 금전소비대차계약이 체결된 경우 차주(借主)에 대한 대주(貸主)의 노동력 착취를 금지하였다. 이러한 변화는 특히 신분상의 예속이 보편적으로 이루어지는 고용계약에 있어서도 중요한 영향을 미친 것으로 보인다. 특히 아래에서 자세히 살펴볼 1497년 쑤데브니끄는 고용계약 및 매매계약을 규율하였으며 채무자의 무자력 및 농작물 파손(*potrava*, потрава)[21]에 대한 손해배상 등 여러 규범을 규정하였다.[22]

계약법과 관련해서 계약을 체결하는 데 있어 가장 중요한 요건은 자유의사와 계약 당사자들의 의사표현이었다.[23] 의사에 흠결이 있는 경우 법률은 일정한 기간 내에 이러한 의사에 기하여 체결된 계약을 무효화할 수 있는 기회를 인정하였는데, 의사 흠결에 기한 무효사유로는 만취상태로 인한 의사무능력과 기망에 의한 계약체결을 들 수 있다. 기망의 개념을 법규정으로 상세하게 규정하였으며, 이는 주로 형사책임 차원에서 다루어졌다. 계약체결의 방식에 있어 16세기 중반까지 구두계약이 지배적이었다. 이후 서면에 의한 계약체결이 점차 보편화되었으며, 그 대표적인 것이 바로 약정서(*kabala*, кабала)이다. 이는 주로 금전소비대차계약에 있어 차주가 대주에게 자신의 신분을 맡긴다는 증서였다. 이후 점차적으로 공증에 의한 보증을 통한 거래가 확산되었다.

토지소유권 역시 많은 발전을 보였다. 특기할 만한 점으로는 농민들의 촌락공동체 소유가 대부분 소멸하였다는 점이다.[24] 촌락공동체 소유지가 뽀

---

19) 예: 노예.

20) Кузнецов, *op.cit.*, p.167 참조.

21) 가축이 밭을 짓밟음으로써 발생하는 손해를 가리킨다.

22) Кузнецов, *op.cit.*, p.168 참조.

23) 그러나 일정한 경우 자유의사가 제한되었다. 예컨대, 유언상속에 있어 피상속인은 최소생계비를 고려한 유류분에 의해 자신의 의사가 제한되었다(Белковец / Белковец, *op.cit.*, p.48 참조).

메스찌예 또는 대공의 영지로 편입된 것이 그 주요 원인이다. 특히 1497년 쑤데브니끄는 뽀메스찌예를 처음으로 명문화하면서 봇치나와의 구분을 법적으로 확실히 하였다. 전자는 상속, 매매, 증여의 대상으로 규정된 반면, 후자는 봉직에 대한 보상차원에서 배분이 이루어지도록 명시되었다. 그러므로 뽀메스찌예는 소유의 대상이 되지 못하고 봉직기간 동안 사용권의 대상이 될 뿐이었다.

2. 친 족 법

(72) 이 시기에 있어 친족법은 관습법의 절대적 영향과 교회의 관할 아래 놓여 있었으며, 특히 혼인은 교회법에 따라 규율되었다. 중요한 법원으로는 비잔틴제국의 친족법과 관련된 교회법을 비롯하여 비잔틴 황제의 칙령을 모아놓은 법전(nomocanons), 13세기부터 적용된 '조타수(操舵手)의 책'[25] 등을 들 수 있다.

모스크바 공국에서 혼인은 교회법에 따라 매우 엄격한 성격을 띠었다.[26] 혼인에 있어 연령, 촌수(寸數), 혼인 당사자의 종교 그리고 혼인에 대한 부모의 동의 등이 중요한 요건을 이루었다. 농노의 경우 지주의 동의가 요구되었다. 흥미로운 사실은 교회법에 따르면 혼인을 3회 이상 하는 것이 금지되었다는 점이다. 교회는 첫 혼인만 성스러운 것으로 인정하였으며, 두 번째와 세 번째 혼인에 대해서는 혼인 그 자체가 아니라 민법상의 법적 효과(예: 재산관계)만 인정하였다. 이혼의 경우 모스크바 공국 시대의 법은 배우자의 간통,[27] 중혼, 아내에 의해 이루어지는 남편에 대한 생명 위협 등이 이혼사유로 인정되었다.

---

24) Кузнецов, *op.cit.,* p.170 참조.

25) 이 책 (48) 참조.

26) 이에 대한 아래의 내용은 Толстая, *op.cit.,* p.61 참조.

27) 남편의 경우 간통의 상대방이 기혼녀인 경우에만 해당되었다.

아내의 법적 지위는 남편의 지위에 의해 결정되었다. 그러나 모스크바 공국은 재산의 부부공동재산제도를 인정하는 등 여성의 지위, 특히 경제적 권리를 법적으로 보호하였다. 또한 남편은 아내의 혼인 이전의 재산을 배우자의 동의 없이 처분할 권한이 없었다. 아내의 지참금을 보장하기 위하여 남편은 자신의 재산 중 1/3을 담보로 제공하였으며, 남편이 먼저 사망할 경우 남편측의 가족은 아내에게 지참금을 돌려줄 때까지 담보물을 돌려받을 수 없었다. 이 밖에 15세기 이후부터 남편은 혼인을 할 때에 아내를 위하여 유언장을 작성하도록 되었다. 이 역시 아내의 지참금을 보호하기 위한 조치였다.

3. 형 법

(73) 1497년 쑤데브니끄는 형법 분야에서 적지 않은 발전을 보았다. 우선 형벌의 목적은 종래와 달리 벌금징수가 아닌 특별예방과 일반예방으로 바뀌었다.[28] 실제로 사형을 비롯하여 자유형 및 신체형 등의 다양한 형벌이 새 법전에 포함된 점이 이를 잘 보여준다. 또한 범죄 개념이 새롭게 해석되면서 그 동안 사용되었던 루스까야 쁘라브다의 '오비다'[29] 개념이 간악한 행위를 뜻하는 '리호에 델로(*likhoe delo*, лихое дело)'의 개념으로 대체되었다. 새로운 해석에 따르면 범죄는 법에 의하여 금지되거나 국가에 위협이 되는 모든 행위를 포괄하는 개념으로 정의되었다. 이에 따라 이전에는 없던 국가에 대한 범죄가 등장하게 되었다. 또한 반란 또는 폭동을 의미하는 '끄라몰라(*kramola*, крамола)'의 개념이 인정되었는데, 이는 국가 지배층에 대한 범죄를 의미하였다. 이에 대한 형벌은 사형으로 다스렸다. 이 밖에 루스까야 쁘라브다와 달리 1497년 쑤데브니끄는 홀로쁘에 대하여 범죄능력을 인정하

---

28) Толстая, *op.cit.*, p.62 참조.

29) 이 책 (51) 참조.

여 범죄주체의 범위를 확장시켰다. 형사사건과 관련된 제도의 또 다른 중요한 변화로는 새로운 형태의 심리제도인 '로지스크'(*rozysk*, розыск)를 들 수 있다.30)

II. 1497년 쑤데브니끄

1. 기본 구조

74 1497년 쑤데브니끄(*Sudebnik* of 1497, Судебник 1497г.)31)는 중앙집권화가 한창 진행 중이던 15세기 말 이반 3세에 의해서 편찬되었다. 이 법전은 기존의 법제도를 집대성하고 보다 발전된 모습을 보인다는 점에서 매우 중요한 법원이 아닐 수 없다. 1497년 쑤데브니끄는 루스까야 쁘라브다, 프스코프 재판헌장, 모스크바 대공의 법규집 및 리투아니아32) 법제도 등을 참고하였다.

1497년 쑤데브니끄는 그 내용상 봉건적 분열성의 잔재를 청산하고 중앙과 지방 권력기구의 설립을 규정하는 등 중앙집권화를 위한 규범적 기반을 마련하였다.33) 1497년 쑤데브니끄의 채택 결과 형법상 범죄의 개념이 새롭게 정의되었으며, 다양한 형식의 사형이 규정되는 등 범죄에 대한 형벌도 무거워졌다.

1497년 쑤데브니끄는 재판과 소송절차를 중심으로 규정되어 있다. 그 구성을 살펴보면 다음과 같다: ① 중앙재판소의 관할권과 형사규범(제1조~제

---

30) '로지스크'제도는 절차법에 해당하므로 이 책 81에서 다루기로 한다.

31) 1497년 쑤데브니끄에 관한 설명은 Усанов, *op.cit.*, pp.126~140의 내용 참조.

32) 리투아니아는 키예프를 포함한 루시의 서부지역을 점령하면서 러시아 역사에 적지 않은 영향을 주었다. 보다 자세한 내용은 니꼴라이 V. 랴자노프스키 저 / 이길주 옮김, 앞의 책 『러시아의 역사 I (고대~1800)』, 186~196면 참조.

33) Усанов, *op.cit.*, p.126 참조.

36조); ② 지방재판소의 조직 및 관할권(제37조~제45조); ③ 민법규범과 민사절차법(제46조~제66조); ④ 재판절차에 관한 추가규정(제67조, 제68조). 이러한 절차법 중심의 법전 편찬은 두 가지 중요한 사실을 반영한다. 첫째, 모스크바 공국은 이전 시대의 수평적 사법체계에서 벗어나 수직적 사법체계를 갖추게 되었다는 것이다.[34] 실제로 모스크바 공국 시대 전반기는 중앙집권화를 통해 강력한 정부를 형성하는 시기였으며, 이러한 목적을 달성하기 위하여 절차법의 체계화 및 현대화는 필수불가결한 것이었다. 둘째, 실체법보다 절차법을 중심으로 법전이 편찬된 배경에는 일반관습법의 영향이 컸다는 점이다. 이 당시의 입법자들은 일반관습법이 실체적 관계를 규율하는 데 큰 문제가 없는 것으로 파악하였고, 이런 이유 때문에 1497년 쑤데브니끄에서는 실체법 부분을 많이 다루지 않은 것으로 판단된다.[35] 이러한 견해는 이 시기를 기준으로 전후의 시대적 흐름을 통하여 확인할 수 있다. 다시 말해, 시기적으로 앞선 드비나 법전의 경우 절차법의 비율이 더 높았으나 1497년 쑤데브니끄와 이를 개정・보완한 1550년 쑤데브니끄는 실체법의 비율이 상대적으로 증가하였으며, 1649년에 편찬된 울로제니예(*Sobornoye Ulozheniye*, Соборное уложение)에 이르러서는 실체법의 비중이 절차법을 능가하게 되었다.

2. 법정의 종류 및 관할권

(75) 앞에서 언급한 바와 같이 1497년 쑤데브니끄에 따르면 법정(法廷)은 중앙법정과 지방법정으로 나뉘었다. 중앙법정의 기능은 대공, 보야르 두마, 행정부처 장(長)을 맡고 있는 보야르(*putnyie boyar*, путные бояре), 궁전 행정 업무를 책임지던 관료(*chin*, чин) 그리고 쁘리까즈가 수행하였다. 지방법정은 지방관료들인 나메쓰뜨니끄와 볼로쓰쩰이 재판을 담당하였으며 이후

34) Kaiser, *op.cit.*, p.15 참조.

35) Белковец / Белковец, *op.cit.*, p.33 참조.

보예보다가 이들을 대신하였다. 지방법정의 결정에 불복하는 경우 중앙법정에 상소할 수 있었다.

(1) 중앙법정[36)]

1) 대공법정

76 대공법정은 중앙법정 중 가장 중요한 법정으로 사건의 성격에 따라 1심 사건을 맡기도 하였으며 상소된 사건을 다루기도 하였다. 대공법정이 1심 법정의 역할을 하는 경우 그 인적·물적 관할은 다음과 같다: ① 대공의 영지에 거주하는 인민; ② 대공법정에서 판결을 받을 수 있는 특권을 향유하는 사람들로서 고위관료들과 면세증서를 지닌 사람들; ③ 대공의 이름으로 직접 소가 제기된 사건. 대공은 상소된 사건을 맡기도 하였으며, 이 경우 원심의 판결을 파기 또는 확정하여 최고법정의 기능을 수행하였다. 독립적으로 사건을 다루는 것 외에도 대공은 다양한 재판기관 또는 개인적으로 특별히 임명된 인사에게 사건의 처리를 위임하기도 하였다. 지배자의 개인적 사법권은 그의 독특한 특권이었으며 주로 쁘리까즈 또는 행정부처 장(長)을 지내는 보야르 그리고 궁전 행정관료들에게 하사증서를 주어 대공의 사법권을 대신 수행하도록 하였다. 실제로 많은 사건들이 쁘리까즈를 통해 이루어졌다.

2) 보야르 두마 법정

77 보야르 두마 역시 중앙법정으로서 1심 사건과 상소사건을 모두 맡았다. 보야르 두마 법정은 두마 의원들과 쁘리까즈 및 지방 법정의 관료들에 관한 사건에 대하여 1심관할권을 보유하였다. 문벌제도에 관한 분쟁과 대공법정에서 판결을 받을 수 있는 특권을 향유하지 못한 공직자들이 제기하는 소 역시 보야르 두마 법정의 1심관할권에 속하였다. 보야르 두마의 구

36) 여기서는 여러 중앙법정 중 대공법정과 보야르 두마 법정만 살펴보기로 한다.

성원은, 대공의 행정업무를 보좌하기 위하여 부름을 받고 대공 휘하로 들어온 기존의 소규모 영지의 공 및 궁내 최고의 관직인 궁내관(宮內官, *okolnichii*, окольничий)들이었다. 비록 보야르와 궁내관들이 보야르 두마 법정을 담당하였으나 이들의 사법권에는 일정한 제한이 따랐다. 1497년 쑤데브니끄 제1조는 "보야르와 궁내관에게는 사법권이 인정되지만 반드시 서기(*dyak*, дьяк)의 참석 하에 이를 행사할 수 있다"고 명시하고 있다. 이러한 규정은 대공과 결탁하여 점차 세력을 키워가던 드보랴닌들의 요구에 의한 것이며, 이는 대귀족인 보야르를 상대로 벌어지는 대공과 그의 지원을 받는 드보랴닌의 정치적 힘겨루기를 잘 보여준다.

보야르 두마는 지방법정인 나메쓰뜨니끄 법정에 대하여 최고심으로 기능하였다. 나메쓰뜨니끄 법정이 독립적으로 다룬 사건 중 상소된 것이 보야르 두마의 관할권에 포함되었다. 이는 쁘리까즈 법정의 경우도 마찬가지였다. 일반적으로 다음 두 경우에 쁘리까즈 법정으로부터 보야르 두마 법정에 상소되었다: ① 판결이 쁘리까즈 재판관들의 전원합의에 의하지 않은 경우;[37] ② 법률에 정확한 규정이 없는 경우, 즉 재판 불능(*non liquet*)의 경우. 전자의 경우 보야르 두마는 대공에게 보고할 필요 없이 독립적으로 사건을 처리할 수 있었다. 이와는 달리 1497년 쑤데브니끄 제2조에 따르면, 법률에 대한 설명이 요구될 경우 보야르 두마는 대공에게 보고서를 제출하든지 혹은 주어진 사안에 대한 확정적 결정권을 갖는 대공의 출석 하에 사건을 논의하였다. 이는 수직적 사법체계에서 보야르 두마 법정과 대공 법정의 법적 관계를 잘 보여준다.

(2) 지방법정

78 지방에서는 사법권이 나메쓰뜨니끄와 볼로쓰쩰에게 주어졌다. 나메쓰뜨니끄는 일반적으로 도시에서 행정권과 사법권의 행사를 위하여 공을

37) 판결이 재판관들의 전원합의에 의하여 이루어질 경우 사건은 쁘리까즈 법정에서 확정되었다.

대신하여 파견되었다. 볼로스쩰은 볼로스찌에서 행정 및 재판 기능을 수행하였다. 나메쓰뜨니끄와 볼로쓰쩰 외에도 모스크바와 모스크바 볼로스찌에는 대공이 파견한 띠운[38]들이 주재하였는데 그들 역시 사법권을 향유하였다. 이 밖에도 띠운들은 나메쓰뜨니끄 법정과 띠운 법정에서 재판수수료 등의 수입을 징수하는 업무를 담당하였다. 모스크바 외의 다른 지방에도 띠운들이 있었으나 이들은 군주가 파견한 띠운이 아닌 보야르의 띠운들로서 재판 수입을 거두어 보야르에게 넘겨주었다.

1497년 쑤데브니끄 제43조에 따르면, 나메쓰뜨니끄 법정이 행사하는 관할권의 범위에도 제한이 따랐다. 이러한 규정은 보야르 두마 법정의 관할권을 제한하는 것과 동일한 취지에서 이루어진 것으로서 모스크바 공국의 중앙집권화의 일면을 잘 보여준다. 1497년 쑤데브니끄 법전은 다음 두 종류의 지방법정을 구분하고 있다. 첫째, 나메쓰뜨니끄와 볼로쓰쩰에게 완전한 사법권이 부여된 경우(with full jurisdictional grants, кормление с боярским судом)로서 홀로쁘, 절도범 및 강도 사건에 대하여 최종 판결권을 가졌다. 그러나 이 경우에도 최소한의 제약은 있었는데 1497년 쑤데브니끄 제38조에 따르면, 재판이 이루어질 때 반드시 '선한 사람들'[39](good people, добрые люди)의 배석이 요구되었다. '선한 사람들'에게 사법권이 인정된 것은 아니었지만 그들은 비리 또는 부패가 없는지 감시하는 등의 역할을 수행하였다. 둘째, 나메쓰뜨니끄와 볼로쓰쩰에게 완전한 사법권이 부여되지 않은 경우(with limited jurisdictional grants, кормление без боярского суда)로서 나메쓰뜨니끄, 볼로쓰쩰 및 띠운들은 홀로쁘, 절도범 및 강도 사건에 대한 최종판결권을 갖지 못하고 반드시 상급심인 보야르 두마 법정에 보고하여 결정하도록 되어 있었다.[40]

---

38) 이 책 (62) 참조.

39) 지혜와 명예를 가진 자로서 지역 주민들루부터 존경 받는 인물.

40) Наместники и волостели, державшие кормление без боярского суда.

(3) 교회법정

(79) 교회법정에도 두 가지가 있었다. 하나는 주교 또는 그가 임명한 나메쓰뜨니끄가 재판관으로서 판결하는 주교법정(diocesan court, суды епископов)이다. 다른 하나는 수도원장 또는 그가 임명한 영지관리인(*prikazchik*, приказчик)이 재판을 하는 수도원법정(monastic court, суды монастырские)이다. 주교와 수도원장은 지방 관료들과 마찬가지로[41] 자신들의 관할권 하에 있는 주민들로부터 직접 보수를 받았다. 1497년 쑤데브니끄 제59조에 따르면 교회의 관할권은 성직자들, 교회와 수도원 영지에 예속되어 있는 농민 그리고 교회에 생계를 의존하는 사람들에게 미쳤다. 혼인과 친족법 그리고 상속에 대한 사건도 교회법정이 다루었다. 그러나 교회법정의 관할권에는 일정한 제약이 뒤따랐다. 첫째, 형사사건 중 살인·강도와 같은 중죄에 대해서는 당해 범죄가 교회법정 관할 하에 있는 사람에 의해서 행하여졌더라도 교회의 재판관할권이 배제되었다. 이런 사건의 재판은 세속적인 국가기관의 배타적 관할 아래 있었기 때문이다. 둘째, 각기 다른 재판관할권에 속한 자들에 관한 사건에 대해서도 교회의 재판관할권이 배제되었다. 예컨대, 교회영지 농민과 세속영주들의 영지 농민들 사이의 분쟁에 대해서는 교회와 세속법정의 대표자들이 참가하는 '혼합법정'(*vopchii* court, вопчий суд)에서 재판하였다.

3. 재판절차법상의 변화[42]

(1) 소송주체

(80) 1497년 쑤데브니끄 제2조에 따라 재판받을 권리는 모든 사람들에게 인정되었다. 이에 따라 홀로쁘도 소송능력을 향유하게 된 것이다. 이는 모든 사건에 대한 재판을 국가 관할의 법정에 집중시키려는 지배층의 노력

---

41) 이 책 (68) 참조.

42) Усанов, *op.cit.*, pp.132~138 참조.

에 기한 것이었다. 지배층은 자신의 이익을 보호하려는 차원에서 사건이 관습에 의하거나 당사자의 선택에 의한 중재재판으로 해결되는 것을 허용하지 않았다. 이러한 배경 외에 국가의 사법체계를 통하여 사건을 처리하려는 경향은 재판수수료가 대공 수입의 중요한 원천이었다는 점에서도 그 원인이 있었다. 한편 가난한 사람들이나 신분이 자유롭지 못한 사람들은 수십 가지의 수수료가 부과되어 경제적 부담으로 인하여 소송을 청구하는 것이 쉽지 않았다. 이는 피지배층에 대한 지배층의 우월한 지위를 유지하기 위한 정책이었을 것으로 판단된다.

(2) 새로운 심리제도: '로지스크'[43)]

(81) 1497년 쑤데브니끄에 나타난 대심제도는 루스까야 쁘라브다 시대에 확립된 것과 유사한 점이 많다. 그러나 학문적 관심을 끄는 것은 1497년 쑤데브니끄가 새롭게 도입한 형사소송절차이다. 예심 또는 심문 형태에 가까운 새로운 심리제도는 '로지스크'(*rozysk*, розыск)이다. 이는 대심제도와 달리 법정에서 소송당사자의 참석이 필수적으로 요구되지 않았으며, 소송개시를 위하여 소를 청구할 필요도 없었다. 이러한 형태의 소송은 법정이 재량에 따라 그 절차를 개시하였다. 이 경우에 국가의 이름으로 소송에 임하는 법정이 원고가 되었다. 살인, 강도, 절도 등을 비롯하여 국가전복 또는 지배계층 타도와 같은 '간악한 사건'[44)] 중 가장 중한 범죄의 경우 사건 심리는 로지스크 재판절차에 따라 이루어졌다. 새로 도입된 소송절차는 대심제도와 큰 차이를 보였다. 대심제도의 경우 사건의 심리 개시가 법정에서 증명책임을 지는 당사자에 의하여 이루어졌으며 대리인을 통한 소송을 비롯하여 소송의 포기 혹은 화해가 가능했다. 그러나 로지스크 절차에 따른 소송은 법정에 의해서 개시되었으며 대리제도, 소송의 포기 혹은 화해에 의한 소송의 종

---

43) '로지스크' 제도는 일반적으로 규문주의라고 이해할 수도 있으나 세부적으로 다른 점이 있으므로 아래에서는 '로지스크'로 표시한다.

44) 이 책 (73) 참조.

료가 허용되지 않았다. 또한 로지스크 재판절차에 있어서 피고인은 소송의 주체이기보다는 객체에 가까웠다.[45] 로지스크 재판절차의 특성으로 인하여 증명의 체계도 대심절차와는 차이를 보였다.

(3) 법정 관료

82 1497년 쑤데브니끄에 따라 소의 청구가 있으면 소송을 진행시키기 위하여 다양한 법정관료들이 활동하였다. 이들의 주요 임무는 피고의 출석을 확보하는 것이었는데, 이들을 모스크바에서는 네델쉬끄(*nedelschik*, недельщик) 또는 예즈도끄(*yezdok*, ездок)라고 부르고 지방에서는 도보드취끄(*dovodchik*, доводчик)라고 불렀다. 그들은 피고를 수색하여 법정으로 인도하였으며 소송당사자에게 재판의 장소와 시간을 통보하고 피고들로부터 자백을 받아내는 임무도 수행하였다.

이 밖에 피고는 보증인(*poruchitel*, поручитель)을 두도록 되어 있었다. 보증인은 피고의 재판 출석을 보장하였고 피고가 불출석할 경우 그들을 대신하여 모든 재판 수수료와 벌금을 지불하였다. 소송당사자들은 '긴급증서'(*srochnaya gramota*, срочная грамота)라는 문서를 받았는데, 그들은 여기에 표기된 기간 내에 재판에 출석해야만 하였다. 이 기간은 연기할 수 있었으나 이를 위해서는 사전에 통보를 하고 추가 수수료를 지불해야만 되었다. 정해진 기간 동안에 피고인이 불출석할 경우 사건 심사 없이 유죄판결이 내려졌다.

(4) 증거의 종류

83 증거의 종류는 다음과 같았다: ① 자백; ② 증인의 진술; ③ '뽈레'(사법적 결투); ④ 공시(公示) 선서; ⑤ 서면증거.

첫째, 자백은 소의 일부 또는 전부에 대하여 이루어질 수 있었으며 소송

---

45) Толстая, *op.cit.*, p.62 참조.

어느 단계에서도 가능하였다. 자백을 통한 범죄 사실의 완전한 인정은 재판의 종료를 가져왔다.[46)]

둘째, 루스까야 쁘라브다와 달리 1497년 쑤데브니끄는 증인을 '선한 명예의 증인'을 뜻하는 '뽀슬루흐'(*poslukh*, послух)와 직접적인 목격자를 뜻하는 '비도크'(*vidok*, видок)로 구별하지 않았다.[47)] 1497년 쑤데브니끄가 '뽀슬루흐'에게도 직접적인 목격을 요건으로 규정하면서 기존에 사용되던 증인의 두 유형은 '뽀슬루흐' 개념으로 통합되었다(제67조). 홀로쁘를 포함하여 모든 사람들이 뽀슬루흐가 될 수 있었다. 그럼에도 불구하고 증인들의 증언은 그 사회적 지위에 따라 그 비중이 다르게 평가되었다. 토지와 관련된 사건에 있어서 뽀슬루흐는 대부분 자신의 고장에서 오랫동안 거주하고 생활한 사람들이었다. 그들은 '선한' 명예를 가진 사람들로서 공동체 내에서 신뢰를 받는 인물이었다. 이 밖에 소송의 대상이 된 토지에 대해서 많은 것을 아는 사람들, 토지의 전(前) 소유자들, 서면증거를 제출한 자, 서기 그리고 재판관도 뽀슬루흐가 될 수 있었다. 소송당사자들과 달리 뽀슬루흐는 대리인을 세울 수 없었다. 재판에 있어서 뽀슬루흐의 출석은 필수적이었으며 그가 원고의 진술을 확인해 주지 않으면 원고는 더 이상 소송을 진행할 수 없었다. 한편, 뽀슬루흐가 출석하지 않을 경우 그에게 배상금 및 수수료가 부과되었다.

셋째, 사법적 결투를 의미하는 '뽈례'는 국가이익과는 직접적인 관련성이 없는 사인간의 분쟁에 있어서만 진행되었다. 소송당사자 양측은 자신이 직접 또는 대리인을 통하여 뽈례에 반드시 참가해야만 되었다. 뽈례에 불참하는 것은 범죄사실을 인정하는 것으로 간주되었다. 결투는 대리인이 대신 참가하는 경우에도 소송당사자들이 직접 십자가에 입맞춤을 하는 것으로 시작하였다. 뽈례를 통한 분쟁 해결에는 질서의 유지를 위하여 재판소의 감독관(*stryapchii*, стряпчий)과 보좌관(*poruchnik*, поручник)의 배석이 반드시 요구

46) 1497년 쑤데브니끄 제4조, 제5조, 제53조 참조.

47) 이 책 (52) 참조.

되었다. 결투의 진행은 궁내관과 서기가 담당하였다. 결투에서 패한 당사자는 소의 비용을 부담하였다. 뽈레는 다른 증거가 없어 사건이 해결되지 못하는 예외적인 경우에만 허용되었다.

넷째, 1497년 쑤데브니끄 제48조는 뽈레를 대신하여 선서를 할 수 있는 가능성을 열어 놓았다. 선서 또한 뽈레와 마찬가지로 신빙성 있는 다른 증거가 없는 경우에 활용되었다. 초기에 선서는 뽈레의 한 부분을 구성하였으나 점차 독립적인 증거로 사용되기 시작하였다. 선서는 일반적으로 서로 다른 도시의 주민 사이에 체결된 계약관계에서 분쟁이 발생하였으나 증인이 없는 경우에 적용되었다.

다섯째, 서면증거는 두 부류로 나눌 수 있다. 첫째 부류에는 당사자들이 체결한 계약문서로서 차용증서(*zayomnaya kabala*, заёмная кабала), 근무증서(*sluzhilaya kabala*, служилая кабала) 등이 이에 해당한다. 둘째 부류에는 국가의 이름으로 작성된 공식문서로서 법정의 판결문, 특권하사증서(*zhalovannaya gramota*, жалованные грамоты) 등이 이에 해당한다. 계약문서에 관한 분쟁에 있을 경우 이 문서들은 증인들의 확인을 받아야만 했고 증인들이 없을 경우 뽈레를 통하여 분쟁을 해결하였다.

(5) 재판시효

84 1497년 쑤데브니끄는 처음으로 재판시효 제도를 도입하였다. 그러나 이는 모든 사건에 해당되지 않았으며 토지와 관련된 사건에 대해서만 3~6년 사이의 시효기간이 존재하였다(제63조). 3년의 재판시효기간은 토지소유자 사이에 소송이 있는 경우에만 적용되었다. 이 밖에 대공영지가 관련된 경우 재판시효는 6년으로 증가하였다. 소가 제기된 경우 재판시효는 중단되었으며 분쟁의 대상인 토지는 사건이 종료될 때까지 집달관(*pristav*, пристав)이 관리하였다. 집달관은 분쟁의 대상이 되는 토지를 타인의 횡령 또는 장악으로부터 보호하였다. 집달관이 관리하는 이러한 토지는 일시적으로 대공의 관할 아래로 놓였다.

III. 모스크바 공국 전반기의 다른 법전

1. 1550년 쑤데브니끄

85 모스크바 공국은 쑤데브니끄가 편찬된 지 반세기 만에 개정·보완 작업을 거쳐 1550년에 법전을 새롭게 간행하였다. 1550년 쑤데브니끄는 1649년 알렉세이 미하일로비치(*Aleksei Mikhailovich*) 대공에 의해서 새로운 법전이 편찬되기 전까지 백 년 가까이 가장 중요한 법전이 되었다. 1550년 쑤데브니끄는 여러 개의 사본이 보존되었으며 99개의 조항 중 37개는 새로 도입되었고 나머지 조항들은 1497년 쑤데브니끄를 그대로 수용하거나 발전시킨 것들이다.[48] 쑤데브니끄의 개정은 국가가 중앙집권화로 인하여 급변하는 통치구조와 사회에 점차 부합하지 못하는 1497년 쑤데브니끄를 대체하기 위하여 이루어졌다. 이는 이반 뇌제가 쑤데브니끄의 비준을 공식적으로 요청하는 회의에서 새로운 쑤데브니끄가 보야르에 의한 통치의 점진적 청산에 있어 하나의 중요한 분기점으로 작용할 것임을 주장한 사실에서도 잘 드러난다.[49]

또한 1550년 쑤데브니끄는 지방에 대한 중앙정부의 통제권을 강화하였다. 지방법정을 담당하는 나메쓰뜨니끄와 볼로쓰쩰이 사법권을 행사할 때 현지의 집사(*dvoretskii*, дворецкий) 또는 재판구장(*starosta*, староста)과 같이 현지 자치기구에서 선출된 사람들이 배석해야만 재판을 진행시킬 수 있도록 하였다. 이 밖에도 1550년 쑤데브니끄는 형법과 민법 등 실체법[50]의 비중을 늘리면서 모스크바 공국의 가장 중요한 법전을 보다 구체적인 모습으로 발전시켰다. 이전에 비해 많은 발전을 보였음에도 불구하고 쑤데브니끄는 여전

---

48) Усапов, *op.cit.*, p.141 참조.

49) *Ibid.*

50) 1497년 쑤데브니끄에 비해 1550년 쑤데브니끄가 새롭게 규정한 실체법이 적지 않지만 이러한 규범은 이를 한층 더 발전시킨 1649년 울로제니예를 소개하면서 살펴보겠다. 이 책 (89), (90) 참조.

히 부족한 부분이 적지 않았으며, 많은 경우 특정 사안에 대한 법률이 부재하였다. 이러한 미비점을 해결하기 위하여 1550년 쑤데브니끄는 제98조[51]에서 보야르 두마로 하여금 법률이 부재하는 경우 필요에 따라 이를 보완하기 위한 입법권을 명시적으로 부여하였다. 보야르 두마는 특정 사안과 관련된 쁘리까즈에 이러한 법규를 전달하여 적용하게 하였고 이로써 법의 흠결을 보완해나갔다. 쁘리까즈에는 이러한 법규를 모아놓은 법규집(книги приказов)이 마련되었으며, 이는 그 법적 성격에 있어 쑤데브니끄의 부속법령이라고 할 수 있겠다.[52] 이후 쁘리까즈의 법규집은 매우 중요한 법원으로 자리를 잡게 되었다.

2. 스또글라브

86 1550년 쑤데브니끄에 이어서 모스크바 공국은 스또글라브(*Stoglav*, Стоглав)[53]를 채택하였다. 이 법전은 교회조직을 포함한 교회 전반에 대해서 규정하고 있다. 스또글라브는 형식상 다양한 사안들에 대하여 교회회의(church *sobor*, церковный собор)가 대공의 질의에 응답하는 형식으로 구성되어 있다. 이반 뇌제는 세속법을 마련한 지 1년 만에 교회법을 집대성하기 위하여 교회회의를 소집하였는데, 이는 중앙집권화를 추구하는 과정에서 교회의 지

---

51) 1550년 쑤데브니끄 제98조: "А которые будут дела новые, а в сем Судебнике не написаны, и как те дела с государева докладу и со всех боар приговору вершается, и те дела в сем Судебнике приписывати."

52) В. В. Пронин, *Государственно-правовая политика дореволюционной России по формированию законодательства в области правоохранительной деятельности : Автореферат диссертации на соискание ученой степени кандидата юридических наук*, <http://law.edu.ru/book/book.asp?bookID=1201008#_ftnref25>, 검색일: 2009년 6월 3일, p.17 참조.

53) 쓰또글라브라는 명칭은 러시아어로 스또(100)와 글라바(장(章))의 합성어로 100장으로 구성된 사실에서 비롯되었다. 이러한 명칭은 후세에 붙여진 것이다.

위 그리고 더 나아가 국가와 교회의 관계를 확립하기 위한 정책의 일환으로 평가된다.[54] 친족법을 규율한 것은 교회법이었다는 점을 고려해 볼 때 이반 뇌제에게 있어 교회법의 재정비는 세속법을 정비하는 일 못지않게 중요하였을 것이다. 스또글라브에 따라 교회는 토지와 사법권의 행사에 있어서 많은 특권과 권한을 인정받았다.[55] 그러나 이에 대한 대가로 주교 또는 수도원이 도시에서 새로운 종교구역을 형성하지 못하도록 하였다. 이는 강력한 영향력을 행사하는 교회의 현실적 위상과 함께 정부가 권력을 중앙으로 집중시키면서 교회를 견제하려는 모습을 잘 반영한다.[56]

IV. 1649년 울로제니예

1. 채택 배경

(87) 이반 4세의 1550년 쑤데브니끄 편찬 이후 모스크바 공국은 상당한 변화를 경험하게 된다.[57] 이 시기는 새로운 변화로 인하여 혼란스러웠을 뿐만 아니라 중앙집권화 경향에 따라 법률에 의하여 규율되지 않는 새로운 문제들이 나타났다. 17세기 이전까지 모스크바 공국의 법제도는 임기응변적 성격이 강하였다. 다시 말해, 법률이 국가통치의 근본을 규정하기보다는 통치과정에서 발생하는 현안에 대하여 필요에 따라 그때그때 무계획적으로 제정되었던 것이다.[58] 이 밖에도 법제도는 한 세기 동안 증가한 쁘리까즈 법규집의 다양한 규범으로 인하여 통일성과 일관성을 잃게 되었고, 양적으로

---

54) Кузнецов, *op.cit.,* p.199 참조.

55) 모스크바 공국 시대에 있어 국가와 교회의 관계에 대한 자세한 논의는 기연수, 앞의 글 "<모스크바 제3로마>論 연구," 58~60면 참조.

56) 이에 대한 설명과 스또글라브 전반에 대한 자세한 내용은 Кузнецов, *op.cit.,* pp. 199~206 참조.

57) 이 책 (5) 참조.

58) Ключевский, *op.cit.,* Лекция 14 참조.

너무 많은 수의 규범이 상호충돌하여 법의 적용을 힘들게 하였다. 이는 상당한 정도의 혼돈을 가져왔으며 법전화 작업의 필요성을 그 어느 때보다도 절실하게 만들었다. 이 밖에 지방은 물론 중앙에서도 부패가 만연해 있던 모스크바 공국은 강력한 법규범을 제정할 필요를 느끼게 되었다. 그 결과 울로제니예(*Sobornoe Ulozhenie*, Соборное Уложение)는 사실상 국가생활의 모든 영역을 규정하는 방대하고도 상세한 법전으로 편찬되었다. 이전 법전들과 그 규모를 비교하더라도 각각 68개조와 99개조로 구성되었던 1497년과 1550년 쑤데브니끄에 비해 울로제니예는 그 열 배인 967개조로 이루어졌다. 울로제니예가 탄생한 1649년은 알렉세이 대공이 통치하던 시기로서 전국회의에 의해 군주권이 제한되던 시기에서 점차 절대적 전제주의로 넘어가던 시기이다. 그러므로 국가는 모든 사회관계를 비롯하여 개인관계를 법과 규정에 의하여 규율하려고 하였다.[59] 이러한 특성은 러시아[60] 지배구조에 있어 전제주의 요소가 점차 증가한다는 사실을 반영한다.

한편, 울로제니예를 제정하는 데 소요된 기간이 반년도 되지 않았다는 사실도 유의하여야 할 대목이다. 이후 제정러시아의 대표적인 개혁가들인 표트르 대제와 예카테리나 여제 모두 단일법전을 편찬하지 못한 사실과 비교해 보면 이 당시 법전화에 대한 의지와 사회적 합의가 어느 정도였는지 알 수 있다.[61] 1648년 7월에 열린 전국회의에서 법전의 제정에 대한 결정이 채택되었으며 오도예프스키(*N.I. Odoevsky*, Н.И. Одоевский) 공을 위원장으로 하는 법제정위원회가 설립되었다. 위원회는 두 달 반 만에 작업을 완료하였고

---

59) Усанов, *op.cit.*, p.143 참조.

60) 이 책에서 지금까지 고대러시아를 지칭하는 '루시'가 사용되었으나 모스크바 공국 중반 이후부터는 '러시아'라는 명칭을 사용하기로 한다.

61) А. Л. Маковский, "CODE CIVIL Франции и кодификация гражданского права в России", <http://www.coe.int/t/e/legal_affairs/legal_co-operation/civil_and_commercial_law/Makovski.asp>, 검색일: 2009년 6월 30일. 실제로 울로제니예는 제정러시아의 가장 중요한 법전이 되었으며 이와 같은 법전화 작업이 다시 성공적으로 이루어진 것은 니꼴라이 1세의 통치기간인 1830년이었다. 이에 대해서는 이 책 (120) 참조.

같은 해 9월에 재차 소집된 전국회의에서 법전의 문구수정 작업이 이루어졌다. 이 작업은 1649년 1월에 법전이 채택되면서 마무리되었다. 러시아 법제사상 처음으로 울로제니예는 2400여부가 인쇄되었으며 여러 언어로도 번역되어 배포되었다. 이렇게 다량으로 인쇄된 사실만으로도 정부가 얼마나 법전의 보급을 통한 전국의 법제적 통일화에 힘을 쏟았는지 잘 알 수 있다.

2. 울로제니예의 기본 구조 및 외국법의 영향

(88) 울로제니예는 967개 조문을 25개의 장(章)으로 구성되었다. 각 장은 정치사회 지배구조의 단계를 순서대로 다루는 형식을 띠었다.[62] 즉 울로제니예는 제1장이 짜르, 제2장과 제3장이 대공법정을 규율하는 등 정치사회 구조의 정점부터 시작하여, 제24장은 코자크인(cossack, казак),[63] 제25장은 불법 여인숙 등 피지배층을 규율하는 형식을 띠었다.

제10장은 25개의 장 가운데 가장 규모가 큰 장으로 287개의 조항으로 되어 있으며 절차법을 다루었다. 그러나 제10장은 울로제니예 전체의 1/3에도 미치지 못한다. 이는 이전의 법전에 비해 실체법의 비중이 크게 증가하였음을 잘 보여준다.[64] 제16장과 제17장은 각각 봇치나와 뽀메쓰찌예를 다루었다. 특히 울로제니예는 두 제도를 통합하는 기초를 마련하여 통일된 봉건적 토지소유제도를 확립해 나갔다. 이는 정치적으로 보야르 계층의 소멸과 동시에 보야르가 드보랴닌 계층으로 편입되었음을 의미하였다. 이와 더불어 짜르의 봉직을 수행하는 드보랴닌 계층은 지배층의 주류로 확고하게 자리잡게 되었다. 제

62) Hellie Richard, "Russian History Encycolpedia: Law Code of 1649," <http://www.answers.com/topic/law-code-of-1649>, 검색일: 2009년 6월 30일.

63) 15세기 후반에서 16세기 전반에 걸쳐 러시아 중앙부에서 남방 변경지대로 이주하여 자치적인 군사공동체를 형성한 농민집단이다. 보다 자세한 내용은 올랜도 파이지스 저/채계병 옮김, 『나타샤 댄스』, 이카루스미디어, 2005, 558~559면 참조.

64) 속령러시아시대부터 모스크바 공국 시대까지 시대에 따른 실체법과 절차법의 비중의 변화에 대한 설명은 이 책 (74) 참조.

20장은 노예를 규율하였으며 제21장과 제22장은 형법을 규정하였다. 특히 제21장은 러시아의 형법을 성문화한 반면, 제22장은 비잔틴과 리투아니아 형법의 절대적인 영향을 받아 규정된 것이다. 울로제니예의 법원(法源)으로는 1497년 쑤데브니끄와 1550년 쑤데브니끄 등 국내규범 외 외국법을 들 수 있다. 그 가운데 '조타수(操舵手)의 책'를 비롯한 비잔틴의 여러 법전들과 1588년 리투아니아 법전(Lithuanian Statute, Литовский статут)이 적지 않은 영향을 미쳤다.[65][66]

3. 민법과 친족법[67]

89 민법 영역에 있어서 법전은 기존의 규범을 한층 더 발전시켰다. 특기할 만한 것으로는 무자력자의 금전채무의 이행에 관한 규정이다. 무자력자는 채무불이행에 대하여 과실이 있는 경우와 과실이 없는 경우의 두 가지로 분류되었다. 무과실자의 경우 보증인을 제공한다는 조건하에 반환기간을 3년 연장해 주었다. 반면 과실자는 채무를 이행할 때까지 채권자들에게 자신의 생명을 담보로 제공하였다. 과실이 있는 무자력자가 사망할 경우 이행되지 않은 채무는 아내와 자녀에게 돌아갔다. 특히 흥미로운 것으로는 채권자들 사이에 우선권이 있었다는 사실이다. 최우선순위는 외국인이며, 제2순위가 국가(국고), 제3순위가 나머지 채권자들이었다.

계약체결에 있어 서면주의가 일반적으로 적용되었으며, 부동산거래의 경우 서면계약 외에도 울로제니예는 증인들의 선서(рукоприложение)를 비롯하여 쁘리까즈 사무소(*prikaznaya izba*, приказная изба)에서의 등기요건을 규

---

65) Лев Пушкарев / Наталья Пушкарева, *Соборное Уложение*, <http://www.krugosvet.ru/articles/112/1011210/1011210a1.html>, 검색일: 2009년 6월 30일.

66) 제52조~제118조는 1550년 쑤데브니끄에서 비롯되었으며 제77조~제102조는 비잔틴법, 제170조~제180조는 리투아니아법에서 가져온 것으로 알려지고 있다.

67) Толстая, *op.cit.*, pp.90~91 및 Усанов, *op.cit.*, pp.146~147 참조.

정하였다. 계약의 종류로는 매매계약, 교환계약, 증여, 임치, 화물운송계약 그리고 소비대차계약 등이 규정되었다. 계약의 무효와 관련하여 음주, 기망 또는 강박은 무효사유였다. 금전대차계약을 체결한 경우 대주는 이자를 받는 것이 금지되었으며, 금전반환청구권의 시효는 15년이었다. 채무의 부분이행은 소멸시효의 중단을 가져왔다. 채무불이행의 경우 위약금을 지불하도록 규정하였다. 이 밖에 울로제니예는 최초로 용익물권을 규정하였다.

법전은 또한 손해배상에 관한 규정도 포함하고 있다. 그 예로서 타인의 말(馬)을 임대한 자가 그 말을 분실하거나 손상을 입힌 경우 제3자가 정하는 금액에 따라 그 말의 가액을 소유자에게 지급해야만 했다. 이 밖에 임치인들은 임치 중에 발생한 도난에 대하여 책임을 졌다.

권리주체의 법적 지위는 나이, 성(性) 그리고 사회적 자격에 의하여 결정되었다. 15세부터 봉직에 대한 급부로서 뽀메쓰찌예를 받을 수 있었으며, 20세에는 재판상 증인이 될 수 있었다. 여성의 행위능력도 성장하였으며 이는 상속에서 잘 드러났다.

친족법은 여전히 교회법에 의하여 규율되었다. 친족법의 기반을 이룬 것은 재산관계이다. 여성의 상속권이 다소 증대되었지만 전반적으로 자녀에 대한 부모의 권리와 아내에 대한 남편의 권리는 무제한적인 것으로 확립되었다. 친족법 규범은 형법 규범과 중첩되는 경우가 많았다. 예컨대 부모, 형제 또는 남매를 살인한 경우에는 사형이 내려졌으며 자녀를 살인한 부모는 1년의 징역형과 함께 참회형[68]이 선고되었다. 부모에 대한 심한 언행이나 폭력은 태형으로 다스려졌다.

4. 형 법

90 1649년 울로제니예에 있어서 형법은 여러 측면에서 이전보다 많이 발전된 모습을 보여주었다. 우선, 범죄의 개념이 보다 구체화되었다. 러시

68) 교회에서 참회하는 내용의 형벌을 가리킨다.

아 법제사상 처음으로 일정한 체계에 따라 범죄가 분류되었다:[69] ① 반교회범죄; ② 반국가범죄; ③ 반통치질서범죄;[70] ④ 신분범; ⑤ 개인에 대한 범죄; ⑥ 재산에 대한 범죄; ⑦ 반윤리적범죄 등. 둘째, 형법은 민사적 불법행위법과 구분되기 시작하였다. 비록 양자의 개념이 확립되어 있던 것은 아니지만 양자의 법적 성격이 달라지게 되었다.[71] 셋째, 형벌은 고의, 범죄인과 피해자의 사회적 지휘, 범죄가 행하여진 장소에 따라 결정되었다. 특히 고의가 중요한 구성요건으로 발전하게 되었다. 반국가범죄에 있어 고의가 증명되면 나이와 무관하게 책임능력이 인정되었다.[72] 이 밖에도 살인에 대한 형벌을 결정하는 데 있어 울로제니예는 고의가 증명되는 경우에는 사형을, 그 반대의 경우에는 사형보다 가벼운 형벌을 규정하였다. 과실에 의한 살인의 경우에 범죄인의 사회적 지위에 따라 그 형벌이 달라지는 것과 달리[73] 고의에 의한 살인의 경우에는 일률적으로 사형이 부과되었다. 넷째, 범죄는 단계별로 세분화되었다. 즉 범죄는 계획, 기도, 범죄행위로 나누어졌다.

형벌에 있어 울로제니예는 60가지가 넘는 종류를 규정하고 있으며 가장 기본적인 것으로는 다음을 들 수 있다: ① 사형; ② 신체형; ③ 자유형; ④ 명예형; ⑤ 벌금. 형벌은 경우에 따라 감형되거나 무거워질 수 있었다. 즉 음주 또는 극도의 흥분 상태의 경우에는 감형이 고려되었으나, 재범, 피해자의 사회적 지위, 결합범 등의 경우에는 그 반대의 결과를 가져왔다.

5. 절 차 법

(91) 울로제니예는 종래와 마찬가지로 형사소송과 민사소송을 확실하

---

69) 보다 자세한 내용은 Толстая, *op.cit.*, pp.92~95 참조.

70) 화폐위조, 가족 증서 위조, 재판에서의 거짓 선서 등이 있다.

71) Белковец/Белковец, *op.cit.*, p.50 참조.

72) 형사책임능력에 대한 설명은 이 책 (103) 참조.

73) 드보랴닌은 자유형인 징역이 부과된 반면, 홀로쁘는 신체형인 태형이 부과되었다.

게 구분하지 못하였고, 또한 사법부와 행정부의 분리가 이루어지지 않았다. 그러나 울로제니예에는 다음과 같은 면에서 발전된 모습을 보였다. 첫째, 사법기관을 3심제로 확립시키고 교회법정의 관할권을 축소하는 등 소송법을 정비하였다. 둘째, 재판과정을 서면으로 기록하는 등 재판절차를 보다 세부적으로 규정하고 재판관을 제척할 수 있는 제도를 마련하는 등 소송절차의 제도화를 이루었다.

(1) 3심제의 확립

92 우선 울로제니예에 따라 제1심은 지방의 자치기관[74](*gubnyie izby*, губные избы)과 보예보다[75]가, 제2심은 쁘리까즈, 제3심은 보야르 두마와 대공법정이 담당하였다.[76] 특히 제1심법정의 경우 이반 뇌제의 지방개혁으로 인하여 나메쓰뜨니끄와 볼로쓰쩰 법정을 대신하여 점차 지방자치기관이 사법권을 행사하기 시작하였다. 그러나 지방개혁의 실패로 이러한 모습은 오래 지속되지 못하였으며, 그 결과 지방에서의 사법권은 중앙에서 파견된 보예보다가 행사하게 되었다. 제2심법정을 담당하던 쁘리까즈는 가장 중요한 법정으로 발전하였으며 제1심법정인 지방자치기관의 활동을 감독하였다. 그리고 제3심법정은 대공법정과 보야르 두마 법정으로 확정되었다.

한편, 세속법정 외에도 짜르정부는 교회법정을 인정하였다. 비록 대주교법정을 종교와 관련된 사건에 있어 최고심법정으로 인정하였으나 관할권의 일부를 계속해서 제한하였다. 정부는 수도원 쁘리까즈(Monastic *prikaz*, Монастырский приказ)를 새로 설립하여 성직자에 대한 민사소송과 형사소송의 일부를 교회의 관할권으로부터 신설된 정부기구에 이전하였다. 이와 같이 국가와 교회 사이의 관계에 있어 조금씩 국가의 우위가 확립되어갔다. 이러한 관계는 표

74) 모스크바 공국의 지방자치기관 중 하나로서 1630, 40년대부터 18세기 초까지 존재하였다. 현지에서 선출된 구성원은 주로 형사소송을 담당하였다.

75) 이 책 (68) 참조.

76) Усанов, *op.cit.*, p.145 참조.

트르 대제 하에서 확정되었다.[77]

(2) 재판절차의 제도화[78]

93 울로제니예에 따르면 서기의 보좌관(*podyachii*, подъячий)은 소송 사건을 기록하도록 되어 있었다. 이렇게 작성된 재판기록(*sudnyi sipsok*, судный список)은 쁘리까즈의 기록보관소에 보존되었다. 재판기록에는 증인들의 증언, 수사의 내용, 판결문 등이 포함되었다. 판결이 선고되면 재판관과 법정당국자들이 서명한 선고문이 증서의 형식으로 소송당사자들에게 주어졌다. 재판관의 비리 또는 제척사유가 있거나 소송에 절차적인 하자가 존재하면 소송당사자는 보야르 두마 법정 또는 대공법정에 상소할 수 있었다. 문제가 없는 경우에는 선고된 판결이 최종적인 것으로 확정되었다.

재판기록 외에도 재판절차의 제도화를 위하여 다양한 정책이 도입되었다. 울로제니예는 재판관의 제척제도를 규정하였다. 이에 따르면 재판관이 소송당사자와 친척관계에 있거나 사건에 이해관계를 가졌다면 소송당사자는 재판의 개시 전에 제척을 요구할 수 있었다. 이 밖에 재판절차가 부당하게 연기되거나 지연되는 것을 방지하기 위한 조치도 명시적으로 규정되었다.

6. 농노제의 확립

94 앞에서 언급하였듯이[79] 모스크바 공국을 거치면서 농민의 지위는 계속해서 악화되었다. 증가하는 지대와 부역에 시달리던 농민들은 사실상 지주들에게 예속되어 농노로 전락하였으며 이러한 상태를 벗어나고자 하는 농민들의 탈주가 증가하였다. 대공이 지주들을 지원함에 따라 농민의 농노화가 촉진되었는데, 채무를 청산한 농민들에 대해서도 자유롭게 지주를 떠나지 못

---

77) 이 책 (97) 참조.

78) Белковец/Белковец, *op.cit.* p.56 참조.

79) 이 책 (69) 참조.

하도록 여러 제한을 두었다. 울로제니예는 기존의 조치들을 더욱 강화하여 농민들을 지주들에게 확실하게 예속시킨 것이다.[80] 새 규정에 따르면 탈주 농노를 주인에게 되돌려주는 기간이 5년에서 무기한으로 연장됨으로써 농노의 신분자유화가 철저하게 봉쇄되었다. 또한 울로제니예는 탈주 농노를 보호하거나 도피시키는 행위를 형법상 무겁게 처벌하여 농노들을 엄격하게 억압하였다. 결과적으로 울로제니예에 따른 농노제의 확립은 농민들을 사실상 노예와 크게 다르지 않게 만들었다.

V. 울로제니예 이후의 입법활동

95 1649년 울로제니예는 약 200년 동안 법원(法源)으로서 기능하였으며 1830년대에 편찬된 러시아제국법률전집(*Polnoe sobranie zakonov*, полное собрание законов)에 포함되었다. 그러나 이와는 별도로 몇 년 안 지나서 새로운 법령이 반포되었고 이들은 법전의 규범을 보완해 나갔다. 알렉세이 미하일로비치 시대부터 짜르 표도르(*Fyodor*, Фёдор)를 거쳐 표트르 대제가 즉위할 때까지 1,500건이 넘는 짜르칙령, 법규증서(*ustavnaya gramota*, уставная грамота) 등 많은 법규범들이 반포되었다.[81] 이러한 법규범들을 신법령규정(*novoukaznye statyi*, новоуказные статьи)이라고 부른다. 대표적인 신법령규정으로는 1669년의 절도, 강도행위 및 살인 행위에 관한 신법령규정(Новоуказные статьи о татебных, разбойных и убийственных делах 1669 г.), 1667년의 신상법(新商法)규정(*Novotorgovyi Ustav*, новоторговый устав), 1677년의 뽀메쓰찌예와 봇치나에 대한 법령(Указ о поместьях и вотчинах), 1684년의 토지대장규정(*pistsovyi nakaz*, писцовый наказ) 등을 들 수 있다. 이 중

80) 니꼴라이 V. 랴자노프스키 저 / 이길주 옮김, 앞의 책 『러시아의 역사 I(고대~1800)』, 261~265면 참조.

81) Усанов, *op.cit.*, p.147 참조.

특히 신상법규정은 그 제정과정에 있어 상인들이 직접 참여하였으며 외국과의 무역에 관한 규범을 성문화한 것이었다. 외국상인들의 권리가 제한되는 등의 내용으로 보아 자국의 상인들에 대한 보호무역이 이루어진 것으로 판단된다.[82] 많은 경우 17세기 말에 제정된 법규범은 1649년 울로제니예를 완화하였다. 예를 들면, 절도의 경우에 울로제니예가 손가락 절단의 형벌을 과한 것과 달리 1683년에 제정된 규정은 귀를 자르고 추방하는 형벌을 부과하였다. 남편을 살인한 여성의 경우 울로제니예가가 목만을 땅위로 내민 채 매장하는 형벌을 과한 것과 달리 1689년에 제정된 규정은 참수형을 부과하였다.

82) 외국 상인들은 러시아 국가의 영토 내에서 도매하거나 농촌의 큰 시장을 방문하여 점포를 두는 것 등이 금지되었다. 이 밖에 외국인과의 무역을 위하여 몇 개의 도시만이 지정되었다. 대표적으로 아르한겔스크(*Arkhangelsk*, Архангнльск), 프스코프, 노브고로드, 아스트라한(*Astrakhan*, Астрахан), 뿌띠블(*Putivl*, Путивль) 그리고 스몰레스크가 국제무역의 장이 되었다(Усанов, *op.cit.*, p.147 참조).

제 5 장

제정(帝政)러시아

05

제1절 18세기 전반의 제정러시아

제1관 국가 · 정치적 배경

I. 정치상황의 개관

96 17세기 말 18세기 초는 모스크바 공국의 시대에서 제정러시아 시대로 옮겨가는 시기이다. 중앙집권화에 성공한 모스크바 공국의 짜르들은 계속해서 권력을 자신들에게 집중시켜 나갔다. 동란시대[1]의 혼란을 극복한 모스크바 공국은 이전과 다른 모습을 보였다. 우선 보야르 두마는 구성에 있어 보야르가 아닌 드보랴닌이 다수를 차지하게 되었으며, 표트르 대제 시기에는 보야르 두마가 아예 폐지되기에 이르렀다. 그 동안 중요한 정치적 기능을 수행해오던 전국회의 또한 더 이상 소집되지 않았다. 이는 모두 짜르를 중심으로 하는 군주권 강화의 결과이다. 이 밖에 문벌제도가 폐지되면서 사회는 이전보다 능력을 중시하게 되었다. 한편 드보랴닌 계층이 주류가 되면서 이들은 끊임없이 다양한 특권을 요구하였으며 피지배층인 농노들을 더욱더 착취해 나갔다.

이러한 배경을 안고 등장한 인물이 표트르 대제이다. 그는 어머니의 섭정과 공동짜르로 통치하던 친형이 사망한 1696년부터 최고 군주로서 실질적인 권력을 행사하였다. 그는 서양에 비해 후진성을 면치 못하는 러시아를 개혁하기 위하여 서유럽식 개혁을 강력하게 밀고 나갔다. 특히 표트르 대제는 자신의 통치기간 동안 단 1년(1724년)만을 제외하고는 주변국들과 전쟁을 치르지 않은 해가 없을 정도로 외세와의 끝없는 정치 · 군사적 대립을 겪었

1) 이 책 (5) 참조.

다.[2] 또한 가명을 사용하면서까지 오랫동안 외국을 여행한 표트르는 그 누구보다도 러시아 사회에 대한 변화의 필요성을 인식하였다. 표트르 대제는 개혁의 재정적 기반을 마련하기 위하여 인구조사를 실시하여 인두세를 비롯한 각종 세금을 징수하는 등 정부 재원을 확보하는 데 성공하였다. 이 밖에 중상주의를 신봉한 표트르 대제는 대외적으로 무거운 관세를 부과하고 자국 산업을 보호하는 등 많은 기업들을 설립·육성하였다. 또한 육군과 해군을 각각 재정비하고 창설하여 러시아를 강대국으로 성장시켰다. 결국 1721년에는 자신을 황제로, 러시아를 제국으로 선포하여 전제정치를 확립하기에 이르렀다.

II. 국가·사회의 제도

97 표트르 대제는 강도높은 개혁을 단행하였는데 그 주요내용은 다음과 같다: ① 보야르 두마의 폐지와 원로원의 설립; ② 드보랴닌 중심으로의 지배층 통합; ③ 지방개혁; ④ 교회조직 개혁. 아래에서는 이들에 대하여 살펴보기로 한다.

첫째, 보야르 두마의 폐지와 원로원의 설립이다. 표트르 대제가 가장 먼저 시행한 개혁 중 하나는 보야르 두마의 폐지였다. 이는 귀족정치의 종료와 관료주의의 발전을 의미하였다. 키예프 공국 시대부터 가장 중요한 국가기구였던 보야르 두마를 대신하여 1700년에는 장관회의(*konziliya* of ministers, Конзилия министров)를 설립하였으며 다시 1711년에는 원로원으로 이를 대체하였다. 원로원의 구성원을 표트르가 직접 임명하여 최고 행정권과 사법권을 부여하였다. 이 밖에 점차 쁘리까즈를 대신하여 스웨덴을 모델로 한 새로운 행정부처인 콜레자(*collegia*, коллегия)를 설립하고 프랑스를 모델로 하여 검찰총장

---

2) 니꼴라이 V. 랴자노프스키 저/이길주 옮김, 앞의 책 『러시아의 역사 I(고대~1800)』, 319면 참조.

제도(Procuracy, Прокуратура)를 도입하였다. 특히 검찰총장은 원로원의 원장직을 겸하면서 모든 국가기구를 감시하는 권한을 보유하였다. 보야르 두마의 폐지는 세분화되고 전문화된 관료조직의 출현을 가능하게 만들었다.[3)]

둘째, 드보랴닌 중심으로의 지배층 통합이다. 보야르 두마와 함께 소멸한 것은 보야르 계층이다. 보야르는 이미 16세기에 짜르의 전폭적인 지원을 받는 드보랴닌에 의해 점차 권력의 중심에서 밀려났다. 결국 표트르는 1714년에 '단일상속에 대한 법령'(Указ о единонаследии)을 반포하였으며 이에 따라 드보랴닌과 보야르는 법적으로 통합되었다. 두 계층의 결정적인 차이는 상반된 경제적 기반에서 비롯되었는데, '단일상속에 대한 법령'이 봇치나와 뽀메쓰찌예를 통합함으로써 드보랴닌과 보야르의 차이가 제거되었다.[4)]

표트르의 아버지인 표도르가 문벌제도를 폐지한 데 이어 아들은 지배층의 신분구분을 철폐하여 오직 드보랴닌만 인정하였다. 표트르 대제는 이 밖에도 새로운 임명제도(Table of Ranks, Табель о рангах)를 도입하였다. 그는 프랑스, 프러시아 등의 왕실에서 적용되고 있던 임용제도를 참조하여 모든 공직자들을 3봉직 14계급으로 나누었다.[5)] 공직자들의 봉직은 군사, 관료, 궁전의 3봉직으로 구분되었으며 새로운 임명제도에 따르면 모든 계급은 능력과 경력에 의하여 결정되었다. 그러므로 모든 공직자들은 가장 낮은 계급부터 실력에 따라 승진하게 되었다. 이는 종래 혈통에 기초하여 임명이 결정되던 제도와 크게 다른 것이었다. 실제로 표트르 대제는 인사에 있어 매우 개방적이어서 외국인을 비롯하여 신분이 미천한 사람들을 대거 등용하였다.[6)] 한편, 농민들은 개혁의 직접적인 대상에서 제외되어 농노로서 그 지위가 계

---

3) И.А. Исаев, *История государства и права России*, <http://rushistory.stsland.ru/Books.html>, 검색일: 2월 21일, глава 22 참조.

4) 법적인 통합이 이루어지기 전에도 봇치나와 뽀메쓰찌예는 사실상 상호유사한 점이 많았다. '단일상속에 대한 법령'은 양자의 통합을 법적인 차원에서 확립시킨 것이다.

5) Усанов, *op.cit.*, p.31 참조.

6) 니꼴라이 V. 랴자노프스키 저/이길주 옮김, 앞의 책 『러시아의 역사 I(고대~1800)』, 306~307면 참조.

속 악화되는 등 노예와 다름없는 생활에서 벗어날 수 없었다. 표트르 대제는 오히려 세법을 개정하면서 기존의 가구세와 경작지에 대한 세금 대신 무거운 인두세(*podushnaya podat*, подушная подать)를 부과하였다. 이로써 경제적 기반이 취약한 계층이 농노로 전락하는 현상은 가속화될 수밖에 없었다.

셋째, 지방개혁이다. 표트르는 1699년부터 지방에 대한 개혁도 추진하였다. 우선 지방자치가 증진되었다. 자치기관들이 설립되었으며 그 구성원은 무역・상업 계층에서 선출되었다. 그 숫자에 있어 상인이 많은 것은 아니었지만 자치기관의 설립은 농노들과 대비되는 상인들의 사회적 지위를 반영한다. 중앙에는 부르미스테르스까야 빨라따(*burmisterskaya palata*, бурмистерская палата)라는 기구가 설립되었는데 이는 지방재정을 담당하는 동시에 자치기관에 대한 감독권을 행사하는 중앙기관이기도 하였다. 표트르 대제의 지방개혁에 대한 적지 않은 노력에도 불구하고 이러한 자치기관들은 그 사회적 기반이 약하여 성공적이지 못하였다. 무엇보다도 표트르 대제가 강력한 중앙집권화를 추구하였던 만큼 그의 지방개혁은 처음부터 일정한 한계가 있을 수밖에 없었다.

이 밖에 보다 효율적인 세금징수 등 정책적인 이유에서 행정구역이 재편되었다. 전국이 8개(이후 11개)의 구베르니야(*guberniya*, губерния)로 구분되었으며 구베르니야는 다시 프로빈시야(*provincia*, провинция)로 나뉘었다. 특기할 만한 점으로는 프로빈시야가 구베르니야와 병렬적인 관계에 놓였다는 사실이다. 즉 프로빈시야는 구베르니야가 아닌 중앙의 직접적인 통제를 받았으며 이 행정구역의 장으로 이곳에 주재한 관료가 보예보다이다.

넷째, 교회조직 개혁이다. 국가와 교회의 관계도 표트르 대제의 개혁 대상이 되었다. 총대주교를 대신하여 설립된 신성종무원은 그 원장(*ober-procuror*, обер-прокурор Синода)직에 세속인이 임용되면서 교회는 국가의 통치를 받게 되었다. 신성종무원은 교회와 관련된 일에 대한 자문기관 역할을 하였으며 무엇보다도 광활한 교회 토지를 감독하였다. 이는 신성종무원의 산하로 들어온 수도원 쁘리까즈를 통해서 이루어졌다. 이로써 교회 토지에서 발생하는 수입은 국고로 이전되었다.

제2관 법 제 도

98 러시아가 전제주의로 발전하면서 규범화 작업은 가속화되었다. 이는 황제가 인민의 생활을 모든 면에서 규율하려고 한 사실과도 관련이 있다. 표트르 대제의 서유럽식 개혁은 유럽법의 수용 및 연구를 의미하였으며 실제로 이 시기에 외국법의 영향이 그 어느 때보다 지대하였다. 또한 이 시기에는 관습법보다는 성문법에 기하여 권리·의무가 발생하는 것이 일반적인 현상이 될 만큼 법문화가 보다 성숙해졌다.[7] 그럼에도 불구하고 실질적인 법치주의와는 거리가 멀었으며 오히려 전제정치를 통한 피지배층에 대한 탄압과 억압이 심화되었다.

표트르 대제는 자신의 개혁과 방향을 같이 하는 다수의 새로운 법규범을 채택하였다. 이 시기에 있어 가장 중요한 법원으로는 다음을 들 수 있다: ① 칙령(*ukaz*, указ); ② 규칙(*ustav*, устав); ③ 선언문(*manifest*, манифест); ④ 관청에 관한 법규(*reglament*, регламент).

아래에서는 황제의 칙령 등과 같은 개별법규를 통해 발전한 민법과 형법 그리고 절차법에 대하여 살펴보기로 한다.

I. 민법과 친족법

1. 물 권 법

99 민사법에 있어 18세기 초에 가장 중요한 사안 중 하나는 토지소유권에 대한 규범이었다. 이는 지배층의 지위를 비롯한 사회구조와 직접적으

---

7) Исаев, *op.cit.*, глава 24 참조.

로 관련되기 때문이다. 토지소유에 있어 가장 중요한 규범 중 하나는 1714년의 '단독상속에 관한 칙령'이다.[8)] 이 칙령에 따라 봇치나와 뽀메쓰찌예의 차이가 법적으로 제거되었고 부동산이라는 새로운 개념 아래 통합되었다. 무엇보다도 새 칙령에 따라 부동산소유권의 이전이 까다로워졌다. 부동산은 담보의 목적물이 될 수 없었고 매매계약을 통한 소유권의 이전도 극히 예외적인 경우에만 허용되었다. 이와 더불어 아래에서 살펴볼 토지에 대한 장자상속권 규정[9)]은 상속 과정에서 토지가 분산되는 것을 방지하는 등 토지소유에 있어 소유권자에게 안정적인 권리의 보존 및 행사를 보장해 주었다.

이러한 일련의 조치들의 목적은 토지소유권자의 권리를 보호해주는 것에만 있지는 않았다. 부동산소유권의 이전이 힘들어진 것은 정부의 입장에서 세금을 보다 용이하게 징수할 수 있음을 의미하였기 때문이다.[10)] 이 밖에 토지소유권자에 대한 다른 제한으로는 지하매장물의 사용권과 관련된 규정을 들 수 있다. 1719년부터 지하매장물에 대한 소유권은 정부가 향유하게 되었다. 소유권자는 지하매장물로부터 발생하는 수익의 극히 일부분(1 / 32)만 받을 수 있었고, 지하매장물 채굴권을 제3자에 비해 우선적으로 보장받을 뿐이었다.[11)]

이 시기는 또한 담보물권법이 많은 발전을 보인 시기이다. 담보설정은 동산과 부동산 모두에 가능하였다. 단, 부동산의 경우 '단독상속에 대한 칙령'으로 인하여 1714년부터 이에 대한 금지가 해지되는 1731년까지 담보의 대상이 될 수 없었다.

---

8) 이와 관련된 내용은 Исаев, *op.cit.,* глава 24 참조.

9) 이 책 (101) 참조.

10) J. T. Kotilaine, "Property rights and the economic development of early modern Russia," The National Council for Eurasian and East European Research, TITLE VIII PROGRAM, 2004, <http://www.ucis.pitt.edu/nceeer/2004_817-05_2_Kotilaine.pdf>, 검색일: 2009년 2월 23일

11) Кузнецов, *op.cit.,* p.257 참조.

2. 계 약 법

100 표트르 대제의 전면적인 개혁에 따른 러시아 경제의 급속한 발전은 계약법의 구체화를 가져왔다. 이에 따라 다음과 같은 변화가 있었다. 첫째, 계약체결능력에 일정한 제한이 가해지면서 계약체결무능력자로서 피후견인이 되는 자들이 상세하게 나열되었다:[12] ① 미성년자; ② 금치산자; ③ 한정치산자. 후견인은 계약을 체결하는 데 있어 이들을 대리할 수 있었다. 둘째, 계약체결 방식은 세 가지로 나뉘었다:[13] ① 크레포스뜨나야(*krepostnaya*, крепостная) 방식에 따르면 관청 사무실에서 공식문장이 새겨진 종이(*gerbovaya bumaga*, гербовая бумага)에 계약내용이 작성되었고 2~5명의 증인이 이를 확인하였다; ② 야보치나야(*yavochnaya*, явочная) 방식에 따르면 계약당사자들이 직접 계약을 작성한 후 관할 관청에서 공인을 받아 특별 대장에 보관하였다; ③ 도마쉬냐야(*domashnyaya*, домашняя) 방식에 따르면 계약당사자들이 직접 계약을 체결하고 서명하면 증인들이 확인하였다. 이러한 방식의 차이는 계약내용의 성격에 따라 구분되었던 것으로 보인다. 다시 말해, 계약이 중요한 내용을 포함할수록 보다 공식적인 절차를 거치는 크레포스뜨나야 방식이 적용되고, 간단한 것일수록 도마쉬나야 방식이 활용되었다.

이 밖에도 매우 다양한 종류의 계약이 상세하게 규정되었다.[14] 이 중 특기할 만한 계약으로는 조합계약(*partnership*, договор товарищества)을 들 수 있다. 1698년부터 실무에서 활용되었던 조합계약은 18세기부터 보편화되었으며, 이는 제조업 콜레쟈(Manufacture *collegia*, Мануфактур-коллегия)와 상사 콜레쟈(Commerce collegia, Коммерц-коллегия)에 의해 관리·감독되었다. 같은 해에 상인들은 계약을 통하여 영업양도를 할 수 있게 되었는데, 이와 같은 사법의 발전은 법인과 법인에 의한 소유의 개념 등을 발전시켜

12) Толстая, *op.cit.*, p.106 참조.

13) Белковец / Белковец, *op.cit.*, p.69 참조.

14) 자세한 내용은 Кузнецов, *op.cit.*, pp.257~258 참조.

나갔다.

3. 상 속 법

(101) 상속법에 있어 가장 큰 변화는 장자상속권(entail, майорат)이 규정되었다는 점이다. 이는 부동산의 상속에 있어 오로지 장자만이 상속권을 보유하였으며 나머지 자녀들은 동산만을 균등한 비율에 따라 상속받은 것이다.[15] 장자는 부동산을 상속하는 대신 자신의 동생들에 대한 후견인이 되었다. 장자상속권은 표트르 대제가 많은 반대에도 불구하고 영국의 상속제도를 도입한 것으로서, 무엇보다도 상속의 과정에서 토지가 분할되는 현상을 방지하였다. 이는 국가통치에 있어 중요한 결과를 가져왔다.[16] 장자를 제외한 나머지 아들들이 뽀메쓰찌에에 의존할 수 없는 관계로 이들을 장교 또는 관료로 진출하게 만든 것이다. 이는 관료주의를 지향하는 표트르 대제 정권의 인적 자원을 마련해 주었으며 무엇보다도 토지를 소유하지 못하는 드보랴닌 계층의 관료들을 국가에 의존하도록 만들었다. 특히 표트르 대제의 통치 기간 중에 드보랴닌들의 국역은 보다 무거워지고 정연해졌는데 그들은 15세가 되는 해부터 사망할 때까지 역을 담당하였다.[17]

4. 친 족 법

(102) 표트르 대제는 친족법과 관련하여 상당한 변화를 가져왔다. 우선 혼인연령을 남성과 여성 각각 20세와 17세로 인상하였다. 이는 스또글라브에서 각각 15세와 12세로 규정되었던 것에 비해 크게 상승한 것이다. 1722

---

15) Толстая, *op.cit.*, p.108 참조. 아들이 없는 경우 기혼의 딸에게 부동산을 상속할 수 있었으나 이 경우 사위는 아내의 성(姓)을 따르도록 요구되었다.

16) Исаев, *op.cit.*, глава 22 참조.

17) 평생봉직의무는 이후 축소·폐지된다. 이 책 (106) 참조.

년에는 정신지체자와의 혼인 및 근친혼이 금지되었다. 혼인요건에 있어서는 혼인당사자의 자유의사가 계속해서 가장 중요한 요건으로 유지되었으며, 표트르 대제는 이를 보장하기 위하여 법적 혼인연령을 인상시키는 것 외에도 다양한 규범을 제정하였다. 그는 1724년 칙령에 의해 부모의 강압에 의한 자녀의 혼인을 금지시켰다. 또한 혼인절차를 변경하여 특별한 제한이 없던 약혼[18]의 시기를 최소한 결혼 6주 전으로 규정하였다. 약혼 이전에 서로 대면을 한 적이 없는 두 당사자가 결혼하기 전에 상대방에게 건강상 문제가 있거나 성격이 난폭하다는 사실을 알았다면 당사자는 혼인계약을 해제할 수 있게 되었다.[19]

혼인요건으로서 혼인당사자의 자유의사가 중요하였지만 정책적인 이유에서 일정한 제한이 가해지기도 하였다. 군사 봉직과 관료 봉직에 있는 공직자들은 혼인하는 데 있어 상사의 동의를 받도록 규정하였다. 이러한 입법은 당시 군인들 중 중혼을 하는 자가 적지 않았던 사실을 비롯하여, 혼인을 할 경우 군복무에 대한 열의와 관심이 감소한다고 생각한 표트르 대제의 입장에서 비롯되었다.[20] 이 밖에 가장 흥미로운 혼인요건으로는 드보랴닌의 경우 혼인이 성립하기 위하여 수학과 기하학에 대한 지식이 요구되었다는 것이다.[21]

이혼사유로는 간통, 불치병, 배우자에 대한 살인미수 및 영구유배 등이 있었다. 이혼 외에도 부부생활에 문제가 발생하면 일정 기간 동안 별거를 할 수 있도록 허용하였으며, 이 경우 부부는 생각을 정리하고 마음을 다스리기 위하여 각각 수도원으로 보내졌다.

---

18) 약혼은 키예프 공국 시대부터 혼인에 있어 하나의 절차로 확립되어 있었다.

19) 당사자들이 약혼하기 전에 서로를 알았던 반대의 경우에는 혼인계약을 취소할 권리가 없었다.

20) Белковец / Белковец, *op.cit.,* pp.70~71 참조.

21) Толстая, *op.cit.,* p.106 참조. 이는 당시 다양한 특권을 누리며 자기개발을 소홀히 하던 많은 드보랴닌의 교육 수준이 심각하게 낮았음을 보여주는 예로서 드보랴닌에 대한 표트르 대제의 개혁 및 계몽의지를 잘 반영한다.

기혼 여성의 법적 지위는 남편의 사회적 지위에 의해 결정되었다. 남편은 아내에 대하여 우월한 지위에서 아내를 처벌할 수도 있었다. 반면, 남편은 일정한 의무도 부담하였다. 가족뿐만 아니라 혼인외 자녀와 그 모(母)에 대해서도 보호할 책임이 주어졌다.

5. 형　법

(103) 18세기 초기에 형법의 가장 중요한 법원은 울로제니예 및 신법령 규정[22]이었다. 이후 1715년에 표트르 대제는 군사법전(Military Code, Артикул воинский)을 통하여 형사법을 개정・보완하였다. 이 법전은 스웨덴을 비롯한 유럽 국가들의 형법으로부터 상당한 정도의 영향을 받은 것으로서 총 24개의 장(章), 209개의 조(條)로 구성되어 있다. 새 법전은 군인들을 규율하였으나 일반시민들에 대해서도 함께 규정하였기 때문에 그 의미가 적지 않았다.[23]

무엇보다도 형벌의 최우선 목적은 일반예방 및 특별예방이었으며, 형벌은 매우 잔인한 성격을 띠었다. 122가지의 범죄에 대하여 사형이 선고되었으며 사형집행 방식도 다양해졌다:[24] 황제에게 해를 끼치고자 계획하였던 자 또는 이를 알았으나 보고하지 않은 자는 사지를 찢는 형을 선고받았다; 독살을 하거나 부모, 장교 또는 미성년자의 살인 역시 사지를 찢는 형으로 다스렸다; 구두에 의한 황제 모욕에 대해서는 참수형이 내려졌다; 요술행위로 인하여 타인에게 해를 끼친 경우와 위조화폐를 제조한 경우는 화형에 처했다; 신에 대한 모욕을 한 자는 혀를 절단한 후 참수형이 부과되었다; 근친상간 또한 사형의 대상이 되었다; 자살의 경우에는 그 시체를 끌고 다니고 난 후 치욕스러운 장소에 묻어버리는 형에 처했다; 결투도 엄격하게 금지되

---

22) 이에 대해서는 이 책 (95) 참조.

23) Белковец/Белковец, *op.cit.*, p.72 참조.

24) Усанов, *op.cit.*, p.150 참조.

어 결투의 결과와 무관하게 참가자와 입회인 그리고 증인들 모두 재산이 몰수된 후 사형에 처했다. 그러나 실제에 있어서 일반적으로는 사형 대신 강제노동 등과 같이 생명을 보존시키면서 노동력을 제공하도록 하는 형벌이 내려졌다.[25)]

군사법전에 따른 중요한 변화로는 우선 연좌제의 도입을 들 수 있다. 이는 일부 반국가범죄에 대하여 선고되었으며, 이 경우 배우자와 자녀가 함께 형벌을 받았다. 형사책임능력의 연령이 법적으로 명확하게 규정되어 있지 않아 10세부터 태형을 선고받을 수 있었다.[26)] 이 밖에 특기할 만한 것으로 정신이상자에 대한 형벌을 들 수 있다. 이전과 달리 정신이상은 형벌감경요건이 아닌 면제요건으로 바뀐 반면, 알코올로 인한 의사무능력에 대해서는 오히려 형을 무겁게 하였다.[27)]

군사법전은 최초로 범죄(*prestuplenie*, преступление)의 개념[28)]을 도입하였고, 울로제니예의 범죄유형을 수용하여 보다 더 세분화하였다. 또한 범죄는 고의범, 과실범 그리고 우연범[29)]으로 나뉘었으나 과실범과 우연범의 차이는 매우 미묘한 것이었다. 양자의 구분이 중요한 의미를 갖는 것은 우연범의 경우 위법성이 조각되었기 때문이다. 또 다른 위법성조각사유로는 정당방위와 긴급피난 등이 규정되었다.

---

25) Усанов, *op.cit.*, p.150 참조.

26) 형사책임능력의 연령이 17세로 규정된 것은 1765년이다.

27) 알코올로 인한 의사무능력이 형을 무겁게 하는 요건으로 작용하는 것은 이후 소련시대에서 이데올로기적인 이유로 부활한다. 1922년 러시아사회주의연방공화국 형법전 제17조, 1960년 러시아사회주의연방공화국 형법전 제12조 참조.

28) '범죄'개념이 도입되기 이전의 개념인 '오비다' 개념과 '리호예 델로' 개념은 각각 이 책 (51)과 (73)을 참조.

29) 우연범으로는 가축이 물건을 훼손하거나 사람을 사망하게 하는 경우를 들 수 있다.

Ⅱ. 사법제도

1. 법 정[30]

104 기존의 3심제도는 표트르 대제에 의해서 조금 더 복잡해졌다. 우선 최고심 법정은 짜르가 직접 담당하였으며 짜르의 사법권에는 어떠한 제한도 따르지 않았다. 짜르는 국가적으로 가장 중요한 사건을 다루었으며 여기에는 정치적으로 민감한 사안들이 주를 이루었다. 짜르는 혼자 재판을 하였으며 사건의 심사를 위해 임시심문기구(временная концелярия розыскных дел)가 황제를 보좌하였다.

황제법정 다음으로는 보야르 두마를 대체한 최고의 행정·사법기관인 원로원이 있었다. 원로원은 최고위 공직자들에 대한 인적 관할권을 행사하였으며 콜레자 법정에 대한 상소법정의 기능도 수행하였다.

법무 콜레자(Justice *collegia*, Юстиц-коллегия)는 뒤에서 설명하는 나드보르니 법정(надворный суд)의 상급심이었으며 전국의 법정들을 총괄하였다. 법무 콜레자 외에 다른 콜레자도 산하 공직자들에 대한 인적 관할권과 행정권을 행사하는 분야와 관련된 사건에 대하여 관할권을 행사하였다.[31]

하급심법정으로는 나드보르니 법정과 프로빈시야 법정(провинциальный суд)이 도입되었다. 나드보르니 법정은 1719년에 전국이 10개의 사법구역으로 나뉘면서 각 구역에 세워졌다. 이는 표트르 대제가 지방관료들이 행정권과 사법권을 모두 다 행사하는 것을 지양하기 위하여 사법권을 새로 설립된 나드보르니 법정에 이전한 것이었다. 나드보르니 법정은 장, 부장 및 배심판

---

30) Ю.Л. Проценко, *Образование и развитие абсолютной монархии в России (вторая половина XVII~XVIII век)*, ВолГУ, 2004, pp.130~135 참조.

31) 상사 콜레자(Commercial *collegia*, Коммерц-коллегия)는 무역에 관한 재판을 담당하였고 봇치나 콜레자(*Votchina collegia*, Вотчинная коллегия)는 토지에 관한 사건을 다루었다.

사(assessor, заседатель)로 구성되었다. 이 중 배심판사는 모두 12명이었는데 2그룹으로 나눠 한 법정에 6명을 배치하여 민사소송과 형사소송을 모두 다루도록 하였다. 이 밖에 나드보르니 법정에는 검찰이 주재하면서 재판절차를 감시하였다.

나드보르니 법정 밑에는 프로빈시야 법정이 있었다. 프로빈시야 법정은 프로빈시야 단위로 세워졌으며 보예보다와 배심판사들로 구성되었다. 프로빈시야 법정은 제1심법정으로서 간단한 소송을 관할하였으며, 사형 또는 유배를 형벌로 부과해야 하는 사건은 상급심인 나드보르니 법정으로 상소되었다.

이 시기는 군사법정도 발전을 보았다. 종래 부분적으로 존재하던 군사법정은 표트르 대제에 의해서 제도적으로 완성되었다. 1715년에 편찬된 '절차 또는 재판 소송에 대한 간략한 묘사'에 따르면 군사법정은 2심제도로 확립되었다. 제2심법정은 장군(將軍)전쟁법 법정(*general Kriegsrecht*, генеральный кригсрехт)[32]으로서 군의 최고위 장군들을 비롯하여 반국가범죄를 행한 군인들에 대한 관할권을 행사하였다. 장군전쟁법 법정의 모든 판결은 국방 콜레쟈의 확인을 받도록 되어 있었으며, 고위 장교들에 대하여 사형이 선고될 경우 황제의 비준이 필요하였다. 연대(聯隊)전쟁법 법정(regimental *Kriegsrecht*, полковой кригсрехт)은 제1심군사법정으로서 장군전쟁법 법정이 다루지 않는 나머지 사건에 대한 관할권을 행사하였다. 모든 군사법정에는 법무관(*arbitur*, арбитур)이 주재하였으며 그는 재판의 공정성을 감시하였다.

2. 재판절차

(105) 위에서 언급한 바와 같이[33] 재판절차는 대심제도와 1497년 쑤데

---

32) 'Kriegsrecht'는 독일어로 전쟁법을 의미하며 이에 대해서는 Nikolai P. Kovalev, "Trial by Jury in Russian Military Courts," *Military Justice*, Issue 8, 2008, <http://www.pipss.org/index1533.html>, 검색일: 2009년 2월 24일.

33) 이 책 (81) 참조.

브니끄에서 도입된 '로지스크'라고 불리는 심문제도로 나뉘었다. 로지스크 재판절차는 1550년 쑤데브니끄와 1649년 울로제니예를 거치면서 점차 대심제도에 비해 그 비중이 증가하였다. 로지스크 재판절차의 적용이 늘어난 이유는 정치상황과 밀접하게 관련된다. 중앙집권화와 전제정치의 확립은 인민, 특히 농노에 대한 탄압을 수반하였고 이것이 재판절차에도 반영된 것이다. 로지스크 재판절차의 증가는 사법제도를 통한 지배층의 피지배층에 대한 억압의 표현이다.[34)]

이러한 배경 하에서 표트르 대제는 1697년 칙령[35)]을 통해 대심제도를 아예 폐지하고 로지스크 재판절차를 확립시켰다. 그러나 1715년에 군사법전에 첨부되어 편찬된 '절차 또는 재판소송에 대한 간략한 묘사'(Краткое изображение процессов или служебных тяжеб)는 대심제도를 다시 부활시켜 두 제도를 모두 적용하였다. 얼마 지나지 않아 1723년에 반포된 '법정의 형식에 관한 칙령'(указ 5 ноября 1723 года о форме суда)은 반대로 로지스크 제도를 폐지하고 대심제도를 재확립시켰다.

이러한 극단적인 재판절차의 급격한 변경의 배경은 다음과 같이 설명할 수 있다.[36)] 우선 이 시기에 있어 대심제도와 로지스크 제도는 실제에 있어서 그리 큰 차이가 존재하지 않았다. 특히 '절차 또는 재판소송에 대한 간략한 묘사'에서 나타난 두 재판절차를 비교해 보면 대심제도는 로지스크 제도의 요소를 내포하고, 반대로 로지스크 제도는 대심제도의 특성을 보유하였다. 또한 1723년에 반포된 '법정의 형식에 관한 칙령'은 본래 군사재판이 아닌 민간재판을 규율하였기 때문에 이 시기에 있어 중요했던 군사재판은 여

---

34) Проценко, *op.cit.*, pp.135~136 참조.

35) 칙령의 공식 명칭은 다음과 같았다: указ 21 февраля 1697 года «Об отмене в судных делах очных ставок, о бытии вместо оных распросу и розыску, о свидетелях, об отводе оных, о присяге, о наказании лжесвидетелей и о пошлинных деньгах».

36) Проценко, *op.cit.*, pp.135~155 참조.

전히 로지스크 제도 외에도 대심제도를 활용하였다. 이 밖에 성문법의 규정과 달리 실제에 있어서는 대심제도가 완전히 소멸하지 않고 여전히 유지되었다는 점도 양 제도 사이에 일어났던 급격한 변화를 설명해 준다.

제2절 18세기 후반의 제정러시아

제1관 국가·정치적 배경

I. 정치상황의 개관

1. 표트르 대제로부터 예까쩨리나 2세 이전까지

106 1725년 표트르 대제가 사망한 이후 러시아는 짧은 기간 동안(1725년~1762년) 여러 명의 황제가 통치하는 혼란의 시대를 겪었다.[37] 표트르 대제 이후부터 후계자는 황제 자신에 의한 지명을 통하여 결정되었는데 많은 경우 나이 또는 정신건강 면에서 적절하지 못한 인물들이 황제 자리에 올랐다.[38] 그러므로 이 시기는 황제 자리를 놓고 끊임없는 투쟁이 벌어졌으며 음모와 테러가 만연하였다.

이 시기에 주목할 변화는 바로 드보랴닌 계층의 특권지향주의 및 보수화를 들 수 있다. 드보랴닌은 보다 더 계급의식적이며 배타적으로 변해갔고 이 시기의 황제들은 그들에게 많은 특권을 부여하였다. 특히 드보랴닌 계층의 봉직의무 기간은 무기한에서 25년으로 축소되었다가, 1762년에는 예까쩨

37) 예까쩨리나 1세(Ekaterina I, 1725~1727), 표트르 2세(Peter II, 1727~1730), 안나(Anna, 1730~1740), 이반 6세(Ivan VI, 1740~1741), 엘리자베따(Elizaveta, 1741~1762), 표트르 3세(Peter III, 1762).

38) 니꼴라이 V. 랴자노프스키 저 / 이길주 옮김, 앞의 책 『러시아의 역사 I (고대~1800)』, 340면 참조.

리나 여제의 전임자이자 남편이었던 표트르 3세에 의해 완전히 철폐되었다. 이와 정반대로 농노의 지위는 끊임없이 하락하였다. 농노는 1741년에 군주에게 충성을 맹세할 수 있는 계급에서 제외되었고 1754년 형법규범에 따르면 드보랴닌의 소유재산 항목에 올려지기까지 하였다.[39]

2. 예까쩨리나 2세의 통치시기

107 예카테리나 2세는 본래 안할트-제르프스트(Anhalt-Zerbst)라는 작은 독일 공국의 공주로 태어나서 16세에 표트르 3세와 결혼하였다. 표트르 대제의 손자인 표트르 3세는 난폭한 성격과 정신분열성이 있었고, 즉위한 지 불과 반 년 만에 반대세력에 의해 쿠데타로 하야하였다. 그를 이어 황제가 된 자는 쿠데타 세력의 추대를 받은 예까쩨리나 2세였으며, 그녀의 즉위는 제국러시아 역사에 있어 큰 전환기가 되었다. 계몽주의사상에 심취해 있었던 예까쩨리나 2세는 후진성을 극복하지 못하고 있는 제국러시아를 계몽하려고 하였다. 통치 초기에 그녀는 이러한 목표를 실현하기 위하여 법전편찬준비위원회인 입법위원회를 창설하는 등 개혁에 대한 상당한 의지와 열정을 보였다. 입법위원회의 지침서가 된 훈시를 통하여 예까쩨리나 2세는 정부가 오직 절대적 전제주의에 기초해야 하고 사회의 계층은 엄격하게 유지되어야 한다고 선언하였다.[40]

이러한 예까쩨리나 2세의 사상은 그녀를 계몽군주인 동시에 매우 보수적인 통치자로 만들기도 하였다. 그녀는 드보랴닌 계층에게 농노를 분배하고 더 많은 특권을 인정해 주는 등 농노를 더욱 철저하게 억압하였다. 이로 인하여 농민봉기가 전국적으로 일어나게 되었으며 그 대표적인 것이 푸가초프의 난(*Pugachev* Rebellion, Восстание Пугачева, 1773~1775)이다.[41] 이 밖에 예

---

39) 니꼴라이 V. 랴자노프스키 저 / 이길주 옮김, 앞의 책 『러시아의 역사 I(고대~1800)』, 352면 참조.

40) Толстая, *op.cit.*, p.118 참조.

까쩨리나 2세가 주도한 법전편찬은 자신의 의지 부족과 이해관계가 걸린 드보랴닌들의 강력한 반대에 부딪혀 결국 2년 만에 입법위원회가 해산되면서 없던 일로 끝나버렸다.[42] 게다가 그녀의 통치 중에 서유럽 대륙에서 일어난 1789년 프랑스 대혁명은 그녀를 더욱 더 억압적인 지도자로 만들었다.

II. 국가・사회의 제도

1. 국가기구

108 이 시기의 통치구조는 기존의 모습을 어느 정도 유지하였으나 예까쩨리나 2세의 치세 중 가장 큰 변화로는 최고 행정기구인 원로원의 격하와 황제 중심의 권력 집중을 들 수 있다. 원로원은 표트르 대제 때에 설립된 이래 최고의 행정권과 사법권을 행사하였으나 18세기 후반에 이르러서는 최고의 사법기관으로만 남았다. 입법권은 황제가 사실상 독점하였으며, 특히 예까쩨리나 2세는 한 달에 평균 22건의 법규범을 반포할 정도로 매우 적극적인 입법활동을 보여주었다. 행정권의 경우 예까쩨리나 2세의 내각과 상서(尙書, stats-secretary, статс-секратарь)[43]들에 의해 국정운영이 사실상 결정되었다.

예까쩨리나 2세는 새로운 기관을 설립하기도 하였는데 가장 중요한 역할을 하게 된 기관 중 하나가 경찰청(Управа Благочиния)이다. 전제정치의 중요한 도구로 활용되었던 경찰청은 치안유지, 감옥관리를 비롯하여 윤리도덕 보호 및 가정평화 유지의 광범위한 행정권을 부여받았다.

41) 『러시아와 독립국가연합을 아는 사전』, 한길사, 1992, 749면 참조.

42) 김경목, 『이야기 러시아사』, 청아출판사, 2004, 182~183면 참조.

43) 황제의 구수(口授)칙령을 선포할 수 있는 고관을 총칭한다.

2. 지방개혁

(109) 예까쩨리나 2세의 개혁 중 가장 중요하게 꼽히는 것으로는 지방행정구역의 개혁이었다. 그녀가 정비한 지방행정구역은 제정러시아가 붕괴할 때까지 유지되었다. 아래에서 그 구체적인 내용을 살펴본다.

1775년 '전제정러시아 구베르니야 통치를 위한 기관'(Учреждения для управления губерний Всероссийской империи)에 관한 칙령에 따라 전국을 50개의 구베르니야로 나눴다. 새로운 행정구역의 구분은 지리적, 인종적 요인이 배제된 채 재정적·경찰통치적 기준에 따라 계획되었다.[44] 각 구베르니야의 남성 인구는 대략 30~40만 명이었다. 구베르니야는 우예즈드(*uezd*, уезд)로 다시 구분되었으며 우예즈드의 남성 인구는 약 3만 명 정도였다.

구베르니야 지사는 황제에 의해 지명되어 파견되었으며 그는 한 명의 구베르니야 검찰과 2명의 구베르니야 재판소 감독관(*stryapchii*, стряпчий)에 의해 행정 및 통치 전반에 대한 감시를 받았다. 감시를 담당하는 이들은 모두 자치기구에서 선출되었다. 지사는 부지사를 두었고 그에게 세무감독국(*kazyonnaya palata*, казенная палата)을 담당하게 하였다.

우예즈드에 있어서는 자치기구에서 선출된 드보랴닌이 경찰서장(*zemskii ispravnik*, земский исправник)으로서 행정책임을 맡았다.[45]

3. 사회계층의 재조정·확립[46]

(110) 18세기에 제국러시아의 사회계층은 4개의 분류로 확립되었다: ①

---

44) Исаев, *op.cit.*, глава 26 참조.

45) 도시의 경우에는 경찰행정을 감시하는 고로드니치(*gorodnichii*, городничий)관료가 정부에 의해서 임명되었다.

46) Белковец / Белковец, *op.cit.*, pp.63~66 참조.

드보랴닌(*dvoryanin*, дворянин); ② 성직자계급(*dukhovenstvo*, духовенство); ③ 소시민(*meshchanin*, мещанин); ④ 농민(*krestianin*, крестьянин). 아래에서는 각 사회계층을 살펴보기로 한다.

첫째, 드보랴닌이다. 이들은 대부분 다양한 봉직에 있는 사람들로 구성되었으며 점차 귀족화되어 특권지배층으로 변화해 나갔다. 특히 표트르 대제 이후 적용되었던 14계급의 새로운 임명제도에 따르면 드보랴닌은 지주로서 토지와 여기에 예속된 농노들을 소유함으로써 상당한 경제력을 보유하였다.

둘째, 성직자계급이다. 성직자계급은 18세기에 들어서 폐쇄적・배타적인 계층으로 자리잡았는데, 이는 성직자들의 혼인이 엄격하게 동일계층 내에서만 허용되었기 때문이다. 성직자계급은 백(白)성직자(белый)와 흑(黑)성직자(черный)로 나뉘었으며 백성직자는 교구사제들을 가리키는 것이었고 흑성직자는 수도사제를 의미하였다. 이 중 흑성직자는 혼인이 금지되었기 때문에 후손을 가질 수 있는 백성직자가 사회계층으로서 의미가 있었다. 이 밖에 고위 사제직은 흑성직자가 차지하였다.

셋째, 소시민이다. 소시민은 러시아 사회에 있어 새로운 계층이었다. 본래 러시아의 전통적인 사회구조는 귀족과 농민으로 이루어진 2계층이었으며, 중산층은 노브고로드와 프스코프 공국의 소멸 이후 특별히 존재하지 않았다.[47] 소시민계층은 '제3계층'으로서 표트르 대제에 의해서 형성되었으며 이는 유럽의 중산층을 모델로 삼았다. 여기에는 하급관료와 모스크바 공국 시대의 도시 상공 계층(*posadskie lyudi*, посадские люди), 대상인(*gosti*, гости) 등이 주를 이루었다. 특히 예까쩨리나 2세에 의해 반포된 1785년 칙령(Жалованной грамоте на права и выгоды городам Российской империи)에 의해 소시민계층이 확립되었다 소시민에게는 무역과 수공업에 종사할 수 있는 배타적인 권리와 더불어 자치기구를 설립할 수 있는 권리가 인정되었다. 반면 소

---

47) 이 책 ⑹⑼ 참조.

시민은 연공(年貢, *podati*, подать)[48]과 병역의무를 부담하였다.

넷째, 농민이다. 농민은 크게 국유지 농민과 사유지 농민으로 나뉘었다. 본래 소작료를 국가에 내던 자유농민층과 현물세를 바치던 시베리아 지방의 현주민들이 국유지 농민으로 확립되었다. 반면, 사유지 농민은 농노 및 노예와 같이 지주들에게 예속되어 있었다. 국유지 농민은 사유지 농민보다 상대적으로 억압을 덜 받았으며 제한적이기는 하였으나 소유권도 인정받았다. 사유지 농민은 농노로서 지주들의 착취에 시달렸으며 인격체가 아닌 주인의 소유물로 전락하였다. 사실상 사유지 농민들에 대한 지주들의 권력은 무제한적이었으며 오직 살해하지 않을 의무만을 부담하였다.

농노의 지위는 악화되어 갔지만 농노가 되는 길 역시 제한되었다. 본래 전쟁포로, 농노와의 혼인, 혈통에 의한 승계, 일정한 경우의 채무불이행 등 농노로의 전락은 다양하게 이루어졌으나, 예까쩨리나 2세에 이르러서는 혈통주의와 황제에 의해 지주에게 하사되는 토지에 예속된 농민들만 농노가 되었다.

제2관 법 제 도

I. 예까쩨리나 2세의 훈시와 입법위원회

(111) 앞에서 살펴본 것처럼 18세기 후반에 통치한 예까쩨리나 2세는 1649년 울로제니예를 발전시키기 위하여 활발한 규범화 활동을 펼쳤다. 그러나 그녀는 무엇보다도 새로운 종합법전의 편찬이 절실하다고 생각하였으며, 이를 위하여 법전편찬위원회를 소집하였다. 이는 1766년 12월 14일 예까쩨리나 2세가 신법전안 편찬위원회를 위한 성명서를 반포하면서 발족되었

48) 국가에 바치는 일종의 세금이었다.

다. 위원회의 회원들은 콜레자, 원로원, 신성종무원을 비롯하여 드보랴닌, 상인 그리고 농노를 제외한 농민계층에서 총 564명이 선출되었다. 예까쩨리나 2세가 위원회의 지침서로 작성한 훈시(*Nakaz*, Наказ)는 22개의 장과 655개의 조항으로 구성되었으며, 그 중 469개 조항은 몽테스키외(Montesquieu)의 '법의 정신'(De l'esprit des lois, 1748)과 베카리아(Beccaria)의 '범죄와 형벌'(Dei delitti e delle pene)을 비롯한 디드로(Diderot)와 달랑베르(d'Alembert)의 백관전서(Encyclopedia)에서 대부분 직접적으로 수용한 것이었다.[49] 예까쩨리나 2세의 훈시는 법률, 재판, 무역, 교육 등 국정 전반에 관한 포괄적인 내용으로 되어 있다. 그녀는 특히 훈시에서 제정러시아의 광활한 영토를 신속하고 확실하게 통치하기 위해서는 전제적 정권이 절대적으로 필요하다고 주장하였다.

비록 입법위원회의 해산으로 종합법전 편찬의 시도가 결실을 맺지는 못하였지만 그녀가 2년 가까이 준비한 훈시와 입법위원회의 준비활동은 19세기의 법전화 과정에 있어 소중한 자료가 되었다.

II. 법정제도

(112) 예까쩨리나 2세에 의해 법정제도는 큰 변화를 보였으며[50] 그 특징을 정리하자면 다음과 같다: ① 사법권과 행정권의 분리 시도; ② 신분별 법정제도의 도입; ③ 혼합적 재판관 임용제도(선출과 임명). 이러한 특징을 법정제도의 기분구조 및 한계를 통해서 살펴보겠다.[51]

---

49) Исаев, *op.cit.*, глава 23 참조.

50) 법정제도와는 달리 재판절차는 표트르 대제 시대에 자리잡은 제도가 큰 변화 없이 유지되었다. 그러므로 여기서는 법정제도만 다루고 재판절차가 크게 개혁되는 1864년의 사법개혁을 논하면서 구체적으로 다루겠다. 1864년의 사법개혁에 대해서는 이 책 (133) 참조.

51) 아래의 구체적인 설명은 Белковец / Белковец, *op.cit.*, p.74 참조.

1. 법정제도의 기본구조

113 법정제도의 기본 구조는 지방행정구역의 변화에 따라 크게 변경되었다. 원로원이 계속해서 최고 사법기관으로 남아 있는 상황에서 가장 많은 사건을 다뤘던 제1심법정과 제2심법정은 우예즈드 법정과 구베르니야 법정이 맡았다. 대부분의 사건은 우예즈드 법정이 맡았으며 상소 또는 재심의 경우에만 구베르니야 법정이 사법권을 행사하였다. 이러한 구조는 모든 신분별 법정에 공통적이었다. 가령 드보랴닌의 경우 제1심은 드보랴닌 우예즈드 법정이, 제2심은 고등자치법정이 소송을 맡았다. 제1심법정은 자치기구에서 선출된 드보랴닌 출신 재판관 1명과 2명의 배석판사로 구성되었던 반면, 제2심법정은 원로원의 제청으로 황제가 임명하였으며 자치기구에서 선출된 5명의 배석판사로 이뤄졌다. 특히 제2심법정은 형사부와 민사부로 구분되었는데 이는 모든 제2심법정의 공통적인 특성이 되었다.

도시민의 경우 제1심법정은 선거제 시회(市會, городовой магистрат)였으며 2명의 시참사회장(*burgomistr*, бургомистр)과 4명의 시참사회원(*ratman*, ратман)으로 구성되었다. 이들은 모두 상인과 소시민들이 선출한 인물들이었다. 제2심법정은 선거제 구베르니야 회(會)(губернский магистрат)로서 재판장은 원로원이 임명하였으며 3명의 상인・소시민 출신의 선출배석판사가 같이 재판하였다.

국유지 농민들도 그들만의 법정이 있었다. 제1심법정은 하등농민법정(lower *rasprava*, нижняя расправа), 제2심법정은 고등농민법정(higher *rasprava*, верхняя расправа)이었다. 전자는 구베르니야에서 정하는 공직자가 재판관을 맡았고 8명의 배석판사가 농민들에 의해 선출되어 함께 재판하였다. 제2심법정은 재판장을 원로원이 임명하고 5명의 선출배석판사가 그를 도왔다.

신분별 법정들 위에는 형사 항소법정(抗訴法廷, палата уголовного суда)과 민사 항소법정(抗訴法廷, палата гражданского суда)이 설립되었다. 각 항소법정의 재판장은 황제가 직접 임명하였으며 그를 보좌하는 2명의 배석판사와 2명의 고문은 원로원이 임명하였다.

이 밖에도 모든 구베르니야에는 형평법정(*sovestnyi sud*, совестный суд)이 설립되었다. 재판장은 임명직이었으며 총 6명의 배석판사가 드보랴닌, 소시민 그리고 농민계층에서 각각 2명씩 선출되어 재판하였다. 형평법정은 화해를 위한 법정이었던 관계로 대부분 민사소송을 담당하였으며 미성년자 범죄를 비롯한 일부의 형사소송도 맡았다. 이 법정의 가장 큰 특성으로는 법률에 기한 판정 외에도 형평성에 근거한 사건의 해결이 가능하였다는 점을 들 수 있다.

이 밖에 중요한 변화로는 사건심리의 기능이 경찰청으로 이전되었다는 점과 검찰청이 모든 제2심법정에 주재하고 있는 검찰들을 통해서 재판과정을 감시하였다는 점이다. 예까쩨리나 2세는 검찰의 역할을 특별히 중요하게 여겼으며 이를 통하여 법질서를 유지하고자 하였다.

2. 법정제도의 한계

114 예까쩨리나 2세는 사법권과 행정권을 분리하려는 시도에 있어 상당한 성과를 달성했으나 여전히 완전하지는 못하였다. 특히 구베르니야 지사는 형평성 차원에서 재판에 문제가 있다고 판단할 경우 재판절차를 중단시킬 수 있는 권한을 계속 보유하였다. 게다가 사형의 선고가 필요한 경우 구베르니야 지사의 허가가 요구되었다. 그럼에도 불구하고 예까쩨리나 2세에 의한 법정제도의 개혁은 이전과 비교해서 상당한 변화를 가져왔고 그녀의 손자인 알렉산드르 1세에 의해서 사법권과 행정권이 완전하게 분리될 수 있는 기반을 마련해주었다.

예까쩨리나 2세가 진두지휘한 사법개혁의 사각지대에 머문 계층은 바로 농노들이다. 국유지 농민들과 달리 사유지 농민들인 농노들에게는 자신들을 위한 법정이 설립되지 않았다. 농노들은 여전히 지주들에 의한 재판을 받았으며 많은 경우 지주들이 자의적인 사건 처리를 통하여 농노들을 억압하고 착취하였다. 특히 칙령에 의한 입법은 농노의 지위를 악화시키는 방향으로 흘러갔다. 이 시기에 반포된 칙령들에 따르면 지주들은 재판 없이 자신들의 농노를 유배보낼 수 있었으며, 자신의 지주를 고소하는 농노는 태형을 선고받은 후 영구적으로 유배되었다.

III. 형　법

115 예까쩨리나 2세의 계몽주의 사상이 법제도적으로 가장 큰 영향을 미친 영역은 형법이다. 그 결과 형벌의 감경 등 형법의 민주화가 이루어졌으며 이후의 형법 발전방향을 결정하였다.[52] 그녀의 입장은 입법위원회를 위해 작성한 훈시에서 찾아볼 수 있다. 특히 훈시에서 국가통치에 대한 부분과 더불어 가장 많은 조항에서 형법을 비중 있게 다룬 사실은 그녀의 계몽의지를 엿볼 수 있게 해준다.

무엇보다도 예까쩨리나 2세는 형벌의 목적을 기존과 다르게 받아들였다. 형벌은 범죄로부터 사회를 보호하는 데 그치지 않고 "타락한 자들을 정도(正道)로 되돌리기 위하여 필요하다"는 것이었다.[53] 그녀는 훈시 제222조에서 다음과 같이 규정하였다: "범죄에 대한 가장 확실한 억제는 형벌의 엄격함에서 비롯되는 것이 아니라 사람들이 범법자에게는 반드시 형벌이 부과된다는 사실에서 비롯된다."[54] 형벌에 대한 이러한 태도는 그녀로 하여금 형벌을 완화하게 하는 등 보다 인도적인 요소를 수용하게 만들었다. 그 결과 예까쩨리나 2세는 무죄추정의 원칙을 최초로 도입하였다.

52) Белковец / Белковец, *op.cit.*, p.73 참조.

53) Усанов, *op.cit.*, p.152 참조.

54) "Самое надежнейшее обуздание от преступлений есть не строгость наказания, но когда люди подлинно знают, что преступающий законы непременно будет наказан."

또한 예까쩨리나 2세는 사형제도의 필요성에 대해 회의적인 모습을 보이며 새 법전에는 무정부 상황 등의 극히 예외적인 경우를 제외하고는 사형을 규정하지 말도록 선언하였다. 그녀는 이러한 원칙을 실제에 있어서 잘 지켰는데 푸가초프의 난[55]과 관련해서도 5명만을 사형시켰을 뿐 다른 가담자들에게는 다른 형벌이 부과되었다. 사형 대신 노동형을 도입하고자 한 그녀의 입장은 19세기에 들어 더욱 발전하고 확고하게 자리잡아 1830년에 편찬된 러시아제국법률전서에까지 영향을 미쳤다.

이 밖에 1782년에 제정된 경찰법규(*Ustav blagochinia*, Устав благочиния)에 따르면 연좌제가 폐지되었으며, 소액절도 또는 경범죄는 경찰의 관할로 이전되었다.

IV. 민 사 법

116 이 시기에 있어 민사법은 표트르 대제의 치하에서 제정·개정된 민사법규범을 계속 발전시켰다. 예까쩨리나 2세 치하 중에 반포된 법규정이나 훈시의 내용을 통해서 알 수 있듯이, 그녀는 민사관계보다는 형사관계에 보다 많은 관심을 가졌던 것으로 보인다. 그러므로 18세기 후반에 있어 민사법의 변화는 표트르 대제의 통치기에 비해 상대적으로 제한적이었다. 오히려 민법에 있어 가장 중요한 변화 중 하나는 표트르 대제의 1714년의 '단독상속에 관한 칙령'에 규정되어 있던 드보랴닌에 대한 제한의 폐기이다. 예까쩨리나 2세는 1785년 4월 21일의 '드보랴닌의 법률, 자유 및 특권에 대한 헌장'(Грамота на права, вольности и преимущества благородного российского дворянства)에서 '장자상속권에 관한 1714년 칙령'으로 인하여 상실되었던 토지소유지에 대한 자유로운 처분권을 인정해주었다. 이는 드

55) 이 책 (107) 참조.

보랴닌에 대한 예까쩨리나 2세의 귀족화 정책의 일환으로서 드보랴닌 계층의 부동산소유권을 보장해준 것이다.

이 밖에 예까쩨리나 2세 치하에서 혼인과 관련된 규범이 다소 개정되었다.[56] 신성종무원의 1775년 칙령에 따라 약혼은 별개의 절차가 아닌 혼인과 동시에 이뤄지는 의식의 하나로 격하되었으며, 부모들에 의한 자녀들의 중매(*sgovor*, сговор)는 법적 효력을 상실하게 되었다. 또한 같은 칙령에 따라 지참금의무가 폐지되었다.

제3절 19세기 전반의 제정러시아

제1관 국가·정치적 배경

I. 정치상황의 개관

117 1801년에 예까쩨리나 2세의 손자인 알렉산드르 1세가 즉위하였다. 그의 아버지는 짧은 통치기간이었으나 폭정을 행한 빠벨(*Pavel*, Павел)이었다. 알렉산드르 1세는 할머니의 계몽주의 사상과 당시 대륙으로부터 불어온 프랑스 혁명의 자유주의 바람에 영향을 받으며 자랐고 이는 그의 정치노선에 영향을 주었다. 제정러시아 사회의 개혁을 위하여 그는 자신의 친구들과 함께 '비공식위원회'를 조직하였다. 그러나 특권적 지위를 유지하기 위한 드보랴닌의 반대와 황제 자신의 의지부족으로 개혁은 성공하지 못하였다. 무엇보다도 농노에 대한 착취가 극에 달하면서 농노제의 개혁이 시급하였으나 이는 반세기를 더 기다려야만 하였다. 그럼에도 불구하고 이 시기의 입법활동은 상당히 활발하게 이루어졌으며 근대적인 관료제의 도입과 같은 적지 않

56) Белковец / Белковец, *op.cit.*, p.70 참조.

은 성과도 있었다. 특히 이 시기의 입법활동은 황제의 보좌역이었던 미하일 스페란스키의 주도로 진행되었다. 그는 알렉산드르 1세의 후계자인 니꼴라이 1세 치하에 편찬된 러시아제국법률전서의 작업을 진두지휘하였다.

1825년에 알렉산드르 1세가 사망하면서 형과는 정치관이 전혀 다른 니꼴라이 1세가 황제의 자리에 올랐다. 그는 알렉산드르 1세가 자란 후기 계몽주의 분위기가 아니라 나폴레옹 전쟁과 반동의 분위기 속에서 성장하였다.[57] 이로 인하여 니꼴라이 1세는 보수·반동 노선을 취하게 되었다. 그의 즉위식 날 일어난 데카브리스트[58]들의 반정부 반란을 비롯하여 절대군주를 부정하는 1848년 2월혁명은 이러한 정치태도를 더욱 확고하게 만들었다. 그가 내세운 정치독트린인 관제국민주의는 보수적 황제의 통치를 잘 묘사해준다. 정교신앙(Orthodoxy, православие), 전제주의(Autocracy, самодержавие) 및 인민주의(Nationality, народность)의 세 원칙에 기반한 관제국민주의는 기존 체제의 유지를 위한 이데올로기로서 무엇보다도 황제에 집중되는 강력한 전제권력을 강조하였다. 이러한 현상유지 정책은 그의 치세 중 완성되었던 러시아제국법률요람의 성격을 결정짓기도 하였다.[59]

II. 국가·사회 제도

1. 국가기구

118 19세기 전반에 있어 가장 중대한 변화로 꼽히는 것은 사법권과 행정권의 분리를 통한 근대적 관료제의 확립이다. 이는 표트르 대제 때부터 시도되었던 것으로 한 세기의 노력 끝에 달성되었다. 1802년에 '부(府)의 설

57) 니꼴라이 V. 랴자노프스키 저/김현택 옮김, 앞의 책 『러시아의 역사 II(1801~1976)』, 37면 참조.

58) 이 책 8 참조.

59) 이 책 120~124 참조.

립에 관한 선언문'(манифест "Об учреждении министерств")이 채택되었으며, 이에 따라 새로운 행정기구는 기존의 꼴레쟈를 대신하게 되었다. 부는 특정 영역에 있어 최고행정권을 행사하였으며, 몇 년 동안 한 부서를 동일한 장관이 책임을 지도록 하여 현재의 관료체제와 유사한 모습을 갖추게 되었다.[60)]

1810년에는 프랑스 국사원(Conseil d'Etat)을 모델로 하여 입법 및 법자문 기관으로서 국가평의회(Council of State, Государственный Совет)를 설립하였다. 국가평의회는 모든 법규와 칙령 등의 입법행위를 심의하였고 이를 황제가 승인하면 효력을 가졌다. 국가평의회의 입법활동에 있어 가장 중요한 목표는 현존하는 모든 법규범을 통일시키는 것이었다.

1820년대까지는 국가평의회가 입법에 대하여 독점적 지위를 행사하였으나 그 후에는 황제폐하특별청[61)](His Imperial Majesty's Own Chancery, Собственная Его Императорского Величества канцелярия), 특별위원회 그리고 부 등이 활발한 입법활동을 하였다. 특히 황제폐하특별청의 제2부서가 입법을 담당하였는데 통일적인 성문화가 이루어지도록 감독하는 기능을 수행하였다.[62)] 법률전서를 준비하는 데 앞장섰던 스페란스키가 책임자로서 성문법 통일 작업을 한 곳이 바로 황제폐하특별청 제2부서이다.

이 밖에 중요한 변화로는 경찰권력의 강화를 들 수 있다. 18세기 말에 설립되었던 원로원의 산하조직인 비밀경찰(secret police, тайная экспедиция)을 대신하여 1810년에는 내무부가 경찰권을 행사하게 되었고 1826년 니꼴라이 1세 치세 중에는 황제폐하특별청의 제3부서가 생기면서 경찰권을 이전받았다. 특히 1837년에는 특별 헌병대가 창설되어 황제폐하특별청의 제3부서

---

60) 김경목, 앞의 책 『이야기 러시아사』, 196면 참조.

61) 이 기관은 빠벨 1세에 의해서 처음 설립되었으며 궁내청의 성격을 띠었다. 니꼴라이 1세에 의해서 확대개편되어 중요한 행정기관으로 발전하였다. 명칭 그 자체에서부터 권위적인 성격이 강하게 느껴진다.

62) Кузнецов, *op.cit.*, p.274 참조.

의 산하조직으로 편입되어 전국적인 조직망을 갖추게 되었다. 헌병대는 사법기관의 관할권과 무관하게 구속, 감금 또는 추방할 권한을 보유하는 등 그 재량권이 광범위했던 관계로 정치경찰의 기능을 하였다.[63] 이는 특히 니꼴라이 1세의 반동정치에 있어 중요한 역할을 하였다.

2. 교회개혁

(119) 표트르 대제에 의해서 결정적으로 축소되었던 교회[64]는 19세기 전반에 이르러 황제・교회 관계가 정리되면서 국가의 하위조직으로 더 확실하게 자리 잡았다. 이를 정리하면 다음과 같다.[65] 첫째, 표트르 대제에 의해 폐지된 총대주교 자리를 사실상 황제가 차지하였으며 그 결과 황제는 러시아교회의 수장 역할을 하였다. 둘째, 황제는 교회에 대한 통치를 국가의 공식적인 입법행위를 통하여 수행하였다. 제국의 전체 행정구조상 하나의 부처로 기능을 하게 된 교회조직은 이로써 전적으로 국가에 의존하게 되었다.

제2관 법 제 도

I. 러시아제국 법률요람의 편찬 및 구성

(120) 모스크바 공국의 알렉세이 대공이 1649년에 편찬한 울로제니예 이후 종합법전의 편찬 시도는 여러 차례 있었으나 모두 성공적이지 못하였다. 기존에 설립되었던 모든 입법위원회들이 결실을 맺지 못한 중요한 이유 중의 하나는 법전편찬의 성격이 명확하게 정해져 있지 않았다는 것이었다.[66]

---

63) Толстая, *op.cit.*, pp.135~136 참조.

64) 이 책 (97) 참조.

65) Кузнецов, *op.cit.*, p.276 참조.

다시 말해, 입법자들은 새로운 법전이 기존의 법률을 단순히 집대성하는 것인지 아니면 새로운 법을 제정하여 구성할지 하는 문제에 대하여 결단을 내리지 못한 것이다. 그러는 동안 개별 법규범의 입법활동은 매우 활발하게 진행되었으며 그 결과 19세기에 들어서 법규범 사이의 충돌이 매우 심각한 수준에 이르렀다. 이러한 사정은 러시아 법률의 법전화를 위한 강한 동기를 부여하였다. 이는 울로제니예의 채택 이후 1세기 반이 훨씬 지난 시기였다.

법전화의 작업은 알렉산드르 1세가 즉위한 첫 해인 1801년부터 시작되었으며, 니꼴라이 1세는 자신의 형을 이어 스페란스키를 총책임자로 임명하였다. 스페란스키는 프랑스민법전의 영향을 강하게 받았던 관계로 법전화 작업에 있어 기존의 법을 집대성하는 것이 아닌 새로운 법전의 편찬을 추진하였다.[67] 특히 민법전의 경우 스페란스키는 프랑스민법전의 편별방식을 따라[68] 민법전안을 마련할 정도로 이에 대해서 적극적인 모습을 보였다. 그러나 니꼴라이 1세는 법전편찬 작업에 있어 기존의 법률을 집대성하여 정리하는 목표를 채택하였는데 이는 바로 앞에서 언급한 그의 보수·반동 정치노선과 관계가 있는 것으로 보인다. 결국 프랑스민법전을 모델로 한 법전편찬 작업은 중단되었다. 스페란스키가 총괄하던 황제폐하청 제2부서는 우선 1830년에 러시아제국법률전집(Полное собрание законов Российской империи)을 편찬하였다. 이는 총 46권으로 이루어진 방대한 자료집이었다. 8만 개가 넘는 법규범을 연대순으로 정리한 법률전서는 울로제니예를 시작으로 알렉산드르 1세의 치세가 끝나는 1825년 사이의 법률을 포괄하였다.

2년 뒤인 1832년에는 당시 효력이 있는 법률만 간추려 15권으로 구성된 러시아제국 법률요람(*Svod Zakonov*, Свод законов)을 간행하였다. 법률요람은 법률대전과 달리 법규범이 연대순이 아닌 테마별로 규정되었다. 그 주요

---

66) Кузнецов, *op.cit.*, p.285 참조.

67) Маковский, *op.cit.*, "CODE CIVIL Франции и кодификация гражданского права в России" 참조.

68) 이 책 ⑮⑤ 참조.

구성을 살펴보면 다음과 같다: 제1권 제1편 국가 전반에 대한 기본 법률; 제1권 제2편 중앙의 국가기구; 제2권 지방의 국가기구; 제3권 공직에 관한 법; 제4권~제8권 군복무자 및 지주들의 부역 및 납세 의무에 대한 법규 및 국가 수입과 재산에 대한 규칙; 제9권 신분과 관련된 권리(право состояния)에 대한 법률; 제10권 민법과 토지경계측정; 제11권~제12권 공공복지에 대한 법규; 제13권~제14권 경찰법규; 제15권 형법.[69]

II. 법률요람의 민사법

121 앞에서 언급하였듯이 법률요람은 기존의 법률을 집대성한 것이다. 그러므로 법률요람에 정리된 규범은 전(前)근대적인 요소와 근대적인 요소를 모두 포함하고 있다. 전근대적 요소로는 법률요람의 법규범이 여전히 신분적 불평등에 기초하고 있었다는 점을 들 수 있다. 그 결과 물권법·채권법에 있어 여러 가지 제한이 따랐다.[70] 근대적 요소로는 민사법이 구체화되고 세분화되어 보다 발전적인 모습을 보이고 있다는 점이다.

법률요람은 모두 4권으로 구성되었으며 그 내용은 다음과 같다: 제1권 친족법상의 권리와 의무; 제2권 물건에 대한 권리의 취득 및 변동 일반; 제3권 물건에 대한 권리의 취득 및 변동 각칙; 제4권 계약채무.

이하에서는 물권법, 계약법, 상속법 그리고 친족법을 구체적으로 살펴보고자 한다.

---

69) 나중에 추가된 것으로는 재판규칙에 관한 제16권이 있다. 법률전서는 1842년과 1857년에 재출판되었으며 그 이후에는 권별로 새롭게 인쇄되었다.

70) Исаев, *op.cit.*, глава 32 참조.

1. 물 권 법[71]

(122) 법률요람에 따라 물권은 소유권, 점유권, 타인의 소유물을 사용·수익할 수 있는 권리 그리고 담보물권으로 구분되었다. 이하에서는 각각의 권리를 구체적으로 살펴보고자 한다.

첫째, 소유권이다. 러시아 법제에 있어서 법률요람은 소유권의 정의를 처음으로 규정하였다. 이에 따르면, 소유권은 "타인으로부터 물건을 독립적이고 배타적으로 지배·사용 또는 처분할 수 있으며 상속의 대상이 되는 권리"였다. 또한 소유권은 유형에 따라 구분되었다. 우선 소유권은 크게 국가소유와 개인소유로 구분되었다.[72] 이 중 개인소유는 다시 토지 및 물건에 대한 완전한 권리와 불완전한 권리로 구분되었다. 토지에 대한 완전한 소유권은 소유권자에게 지표뿐만 아니라 그 상하에까지 효력이 미치는 완전한 권리였다. 완전한 소유권자의 토지에 매장물이 있을 경우 그 매장물은 토지소유권자의 소유로 인정되었다(제430조). 그러므로 그의 동의 없이는 사인이든 관료이든 누구도 그 매장물에 대한 소유권을 방해할 수 없었다. 반면, 불완전한 소유권은 타인의 소유물을 사용·수익할 수 있는 권리에 의하여 그 소유물[73]에 대한 권리가 제한된 소유권이다(제432조). 한편 러시아 역사상 최

---

71) Толстая, *op.cit.*, pp.137~139 참조.

72) 국가소유와 개인소유의 중간적 성격을 띤 것으로는 황실 가족원의 소유권을 들 수 있다(*Ibid.*, p.137 참조).

73) 소유물은 동산과 부동산으로 구분되었으며 동산으로는 선박, 서적, 필사본, 그림, 가재도구, 농기구, 마차, 도구와 재료, 말과 기타 가축, 곡물, 철과 광물, 금전증서 그리고 금전이 있었다. 부동산의 경우에는 토지, 농장 부속지(угодье), 농촌, 건물, 공장, 작은 상점, 건축물 등이 해당되었다. 부동산은 자력으로 얻은 것(благоприобретенный)과 조상으로부터 전래된 것(родовое имение)이 있었다. 전자에는 다음의 소유물이 포함되었다: 근무에 대한 보수로 받거나 황제로부터 하사된 토지; 매입하거나 증여 받은 토지; 배우자의 사망으로 상속받은 토지 등. 조상으로부터 전래된 토지는 법정상속을 통하여 받은 재산을 가리켰다. 특히 조상전래의 토지가 매도된 경우 3년의 기간 내에 전래되었던 가(家)의 구성원 또는 성(姓)을 가진 자는 이를 매입할 권리가 있었다(제1363조).

초로 지적재산에 대한 권리 개념이 등장(제2권 제2편 제8장)하여 저작권 등을 보호하게 되었다.

이 밖에 소유물에 대한 권리를 행사하기 위한 재산처분능력은 21세부터 인정되었다(제221조). 그러나 이에 대한 예외로서 처분하려는 재산을 상속받은 경우, 소유권자는 17세부터 후견인의 동의를 받아 그 재산을 처분할 수 있었다(제220조). 이 밖에 외국인, 러시아 정교회의 신자가 아닌 사람, 여성, 농민 그리고 도시인에 대해서는 다른 제한이 추가적으로 따랐다. 특히 유태인은 유태인 정착지역을 벗어나 부동산을 매입할 수 없었다. 농민의 경우에는 자유신분을 획득한 경우에도 촌락공동체로부터 독립할 수 없었다. 이 밖에 상업증서(торговые свидетельства)[74]와 부동산을 소유하고 있지 않은 농민은 어음을 발행할 수 없었다.

둘째, 점유권이다. 법률요람은 적법한 점유와 불법점유를 구분하였다. 불법점유라 하더라도 이에 대한 사법적 판결이 있기까지는 점유를 계속할 수 있었다(제531조). 이 당시의 법규범은 이미 점유권의 문제와 소유권의 문제를 구별하였으며 후자와는 독립적으로 점유권을 파악하였다.

셋째, 타인의 소유물을 사용·수익할 수 있는 권리이다. 이 권리 역시 두 가지로 구분되었다: ① 공공의 목적에 의한 권리의 제한(право участия общего); ② 타인의 권리를 보호하기 위한 제한(право участия частного). 전자에 해당하는 것으로 가령 큰 도로와 수로(水路)에 있어서 소유권자 이외의 사람들에게 통행권이 보장되었다(제434조). 후자의 예로는 제445조를 들 수 있다. 이에 따르면, 집주인은 이웃집의 지붕이 마당 쪽으로 침범하지 않도록 하거나 쓰레기를 투척하지 못하도록 주장할 수 있었다. 이처럼 법률요람은 상린관계(相隣關係)[75]를 상세하게 규정하였다.

---

74) 상업증서란 상업에 종사할 수 있도록 국가에서 이에 대한 자격을 허용하는 증서이다.

75) 인접토지의 소유자가 서로 자신의 권리를 행사할 경우 각자의 소유권행사가 충돌하는 것을 방지하고 이를 조정하기 위하여 소유권이 제한 또는 확장되는 관계를 말한다. 보다 자세한 내용은 명순구, 『민법총칙』, 법문사, 2005, 278~279면 참조.

넷째, 담보물권이다. 법률요람에 따르면 담보설정은 동산과 부동산 모두에 대해 가능하였다. 형식에 있어 동산에 대한 저당권설정은 서면으로 이루어졌으며 방식으로는 야보치나야 방식과 도마쉬나야 방식 등이 적용되었다(제1667조).[76] 담보의 목적물이 된 물건은 다시 저당권을 설정할 수 없었다.

2. 계 약 법

(123) 러시아 법제도에 있어 자유의사는 계약체결에 있어 가장 중요한 요건이었다(법률요람 제1530조 참조). 계약의 목적은 물건, 특정한 행위 또는 일정한 결과 등 다양하였다. 그러나 계약의 목적은 법률 또는 사회질서에 반할 수 없었고 이 경우에 계약은 무효이다.

19세기에 이르러 제국러시아에서는 다양한 유형의 계약이 활용되었다. 대표적인 계약들로는 다음을 들 수 있다: 교환계약, 매매계약, 매매예약, 증여계약, 도급계약, 납품공급계약, 금전소비대차계약, 보험계약, 고용계약, 임대차계약, 화물운송계약, 회사설립계약(*tovarishchestvo*, товарищество) 등.

계약의 체결방식에는 앞에서 언급한 크레포스뜨나야 방식, 야보치나야 방식 및 도마쉬나야 방식 외에 공증인이 보증하는 체결방식(нотариальный)이 인정되었다(제1531조). 부동산매매계약 등과 같은 계약이 이 방식에 따라 체결되었다.

몇 가지의 개별 계약유형에 대하여 살펴보자.[77]

우선, 부동산임대차계약에 있어서 임차인보다는 임대인이 보호되었다. 부동산임대차계약은 그 기간을 최대 12년까지 정할 수 있었으며 이 기간 중에 부동산의 소유권자가 변경되면 새로운 소유권자가 일방적으로 계약을 해지할 수 있었다. 그 결과 임차인은 새로운 소유권자가 요구할 경우 이사를

---

76) 이 책 (100) 참조.

77) Толстая, *op.cit.*, pp.139~140 참조.

갈 수밖에 없었다.

금전소비대차계약의 경우 약정이율이 정해지지 않았다면 법정이율인 연 6%가 적용되었다(제2021조). 또한 다음과 같은 경우에는 금전소비대차계약을 체결하는 것이 명시적으로 금지되었다(제2014조): ① 사기; ② 사해행위를 목적으로 하는 계약; ③ 도박을 하는 경우; ④ 채무자가 무자력 상태에서 계약을 체결한 경우. 차용증서(заемные письма)의 작성방식은 크레포스뜨나야 또는 야보치나야 방식을 따랐다. 관청의 개입이 없는 도마쉬나야 방식의 배제는 금전소비대차에 있어 공시의 기능이 중요하였음을 보여준다.

회사설립계약의 종류로는 다음의 네 가지가 있었다(제2128조): ① 무한책임사원으로 이루어진 합명회사(полное товарищество); ② 합자회사(товарищество по вере или по вкладам); ③ 주식회사(товарищество по участкам или компания на акциях); ④ 협동조합(артель). 회사의 설립은 신고주의를 원칙으로 하였으나 주식회사에 대해서는 허가주의가 적용되었다(법률요람 제2131조 참조).

3. 상 속 법

124 상속은 이전과 동일하게 유언상속과 법정상속으로 구분되었다. 유언상속에 있어 유언의 자유가 중요시되면서 원칙적으로 상속인 또는 상속재산에 대한 제한이 없었다. 다만 금치산자, 미성년자, 수도사, 자살한 자 등은 유언을 통한 상속을 할 수 없거나 일정한 제약을 받았다(제1017조~제1025조). 이 밖에 유태인, 폴란드인[78] 그리고 외국인들은 지정된 지역 외에서 상속을 받을 수 없었다. 상속의 방식으로는 공증을 통한 방식과 도마쉬나야 방식이 적용되었으며(제1012조), 두 경우 모두 증인 앞에서 유언장을 작성하도록 요구되었다.

78) 폴란드는 제국러시아의 속령으로서 끊임없이 독립을 추구하였다. 자연히 러시아인과 폴란드인 사이에 깊은 감정적 골이 존재하였다.

법정상속은 유언을 하지 않고 사망한 자가 남긴 소유물을 비롯하여 권리와 의무 일체의 상속을 의미하였다.[79] 즉 상속인은 피상속인의 채무를 제한하지 못하고 모두 승계하였다. 또한 상속인이 없는 경우 또는 상속인이 있지만 나타나지 않은 경우에는 10년이 경과하면 상속재산은 국고로 몰수되었다.

법률요람은 상속순위를 상세하게 규정하였는데 법정상속 순위는 다음과 같았다. 우선 친족은 계(系)와 촌수로 나뉘었다(제1121조). 상속순위는 직계비속(нисходящая), 형제자매 및 그 직계비속(боковая), 직계존속(восходящая), 부모의 형제자매 및 그 직계비속(побочная)에 따랐다. 촌수는 동일한 계 내에서의 관계를 나타냈는데 자녀는 1촌, 손자녀는 2촌, 증손자녀는 3촌이었다. 촌수가 가까운 친족일수록 동일한 계 내에서 우선적인 상속순위에 있었다(제1122조). 상속법에 있어서 남성은 여성에 대해서 우월적 지위를 누렸는데 구체적 사례를 들어 살펴보기로 한다.

첫째, 피상속인에게 잔존배우자가 있는 경우이다(제1148조). 아내는 남편의 사망 후 부동산의 1/7, 동산의 1/4에 대한 상속권을 인정받았다.[80] 그러므로 아내가 상속받은 재산을 제외한 나머지 재산이 자녀들의 상속분으로 남았다. 물론 아내가 생존해 있지 않은 경우에는 피상속인의 재산 전부를 자녀들이 상속받았다.

둘째, 상속인이 딸인 경우이다(제1128조). 동산이 상속의 대상인 경우 여성과 남성의 상속권은 다르지 않았지만 상속의 대상이 토지인 경우 여성은 오빠 또는 남동생이 있는 경우 토지의 1/7을 받을 수 있었다. 이렇게 여성이 오빠 또는 남동생과 공동으로 상속을 받는 경우 딸이 아들보다 상속받을 재산이 많게 계산된다면 상속재산은 아들과 딸에게 각각 균등하게 나뉘었다. 여성에게 오빠·남동생 및 그 직계비속이 없는 경우에는 이러한 원칙이 적용되지 않아서 여성이 재산 전체를 상속받을 수 있었다.

---

79) Толстая, *op.cit.*, p.141 참조.

80) 이는 아내가 사망하여 남편이 상속인이 되는 경우에 준용된다(제1153조).

4. 친 족 법

125 친족법은 18세기에 확립된 법규범과 크게 다르지 않았다. 계속해서 교회법의 절대적인 영향 아래 놓였던 친족법은 교회혼인의 법적 효력만 인정하였다(제31조). 흥미로운 사실은 18세기 중반에 처음 제정된 혼인연령 상한선 규정이 법률요람에 포함된 점이다. 이에 따르면 혼인할 수 있는 자격은 80세 미만의 남녀에게만 인정되었다(제4조). 이 밖에 아내에 대한 남편의 우월적인 지위가 계속해서 유지되었다. 아내에게는 거주의 자유가 인정되지 않고 전적으로 남편에 의존하였다(제103조). 또한 아내가 간통을 하는 경우 징역형이 선고되었다. 그러나 이전과 다른 부분이 있다면 법률요람은 부부별산제를 확립시켰다는 점이다(제109조). 이는 기존에 부부공동재산제가 운영되면서 재산에 대해서 남편이 행사하는 사실상의 절대적 영향력으로부터 아내를 보호하자는 취지에서 비롯된 것으로 보인다. 지참금 이외에도 혼인 중에 증여 또는 상속에 의하여 취득한 재산에 대해서는 아내가 단독적으로 소유권을 행사하였다(제110조).

자녀들에 대한 아버지의 친권은 상당히 포괄적이었다.[81] 자녀들은 부모를 상대로 소송을 청구할 수 없었으나 그 반대의 경우는 허용되었다. 또한 성인인 자녀가 부모와 동거를 하는 경우에는 그러한 자녀에게 재산처분권이 인정되지 않았다.

III. 형　 법

126 법률요람 제15권은 기존의 형범규범을 집대성한 것이었으나 니꼴라이 1세는 1845년에 '형사형벌 및 교정형벌에 관한 법전'(Уложение о

81) Толстая, *op.cit.*, p.141 참조.

наказаниях уголовных и исправительных)[82]을 편찬하여 법률요람을 수정・보완하였다. 이는 12개의 장, 2224개의 조문으로 이루어진 매우 방대한 법전이었다.[83] 새 법전은 형벌에 있어서 신분에 기초한 차별적인 요소로부터 탈피하지 못하였으나 최초로 형법을 총론과 각론으로 구분하는 등 보다 체계적인 모습을 갖추게 되었다. 또한 전반적으로 표트르 대제 시대에 특히나 잔인했던 형법이 19세기 들어 점차 완화되는 모습을 보였는데 법률요람은 이러한 경향을 반영하였다.

1845년 형법전에 따르면, 범죄개념은 법률에 반하는 모든 행위로 정의됨에 따라 현대의 범죄개념과 유사하게 발전하였다. 범죄는 경범(*prostupok*, проступок)과 구분되었는데 경범은 '법주체의 권리와 안전을 보호하는 법규칙의 위반'으로 정의되었다. 경범에 대해서는 범죄의 경우와 달리 형사형벌이 아닌 교정형벌이 부과되었다. 1845년 형법전에 따르면 양자의 구별은 형벌의 경중이 아닌 침해대상의 성격에 의해 좌우되었다.

가장 특기할 점으로는 1845년 형법전에 따라 형벌이 11가지 부류로 통합・정리되었다는 사실이다. 법전의 명칭에서 볼 수 있듯이 형벌은 형사형벌과 교정형벌로 나뉘었다. 그 기본 내용은 다음과 같다.[84]

형사형벌은 우선 신분과 관련된 모든 권리의 상실을 가져왔다. 이는 신분에서 비롯되는 모든 특권의 상실뿐만 아니라 자녀에 대한 친권 및 배우자로서의 권리상실 그리고 재산몰수까지 포함하였다. 게다가 형사형벌은 사형, 강제부역, 시베리아로의 유배 또는 자카프카지예(Transcaucasus, Закавказье)[85]로의 유배를 선고하였다.

반면, 교정형벌은 신분과 관련된 권리의 부분적 상실을 가져왔다. 교정형벌을 받는 사람은 명예작위와 공무담임권 등을 잃었으며, 시베리아 또는

82) 이하에서는 '1845년 형법전'으로 약칭한다.

83) 1845년 형법전에 대해서는 Белковец / Белковец, *op.cit.*, p.82 참조.

84) Кузнецов, *op.cit.*, p.295 참조.

85) 아제르바이잔, 그루지야 및 아르메니아 3개국을 포괄하는 지역을 일컫는 지명이다.

다른 구베르니야로의 유배, 최고 16개월의 징역 또는 단순한 경고 등을 선고받았다.

IV. 헌 법

127 19세기에 이르면 헌법의 제정에 대한 논의가 이루어지기 시작한다. 이는 19세기 전반의 시대적 배경과 알렉산드르 1세의 자유주의 성향을 반영하는 중요한 흐름이다. 비록 그 어느 헌법안도 실현되어 결실을 맺지는 못하였으나 군주제에 대한 회의적인 시각은 점차 영향력을 발휘하게 되어 한 세기 후에 현실화되었다. 실제로 황제 자신도 헌법통치의 도입을 구상한 적이 있으며 데카브르스트들의 안(案)도 적지 않은 영향을 미쳤다. 아래에서는 황제의 입장이 반영되었던 노보씰쩨프(*Novosiltsev*, Новосильцев) 안(案), 입헌군주제를 주장한 무라브요프(*Muravyev*, Муравьев) 안 및 공화주의를 제시한 페스텔(*Pestel*, Пестель) 안을 살펴보겠다.[86]

첫째, 노보씰쩨프 안이다. 이 헌법안은 '국가헌장'(Государственная уставная грамота)이라는 명칭 아래 황제의 지인인 노보씰쩨프가 작성한 것이다. 황제 자신의 구상을 엿볼 수 있는 이 헌법안은 제목이나 본문 어디에도 '헌법'이라는 단어를 사용하지 않았는데 이는 러시아 귀족층인 드보랴닌을 사극하지 않기 위한 황제의 고려에서 비롯되었다. 노보씰쩨프 안은 일반적으로 헌법의 규율대상에 해당하는 국가기관의 권한을 비롯하여 국가와 인민의 관계를 규정하였다. 다만 주권에 관해서는 당시의 정치체제를 고려하여 인민주권 대신 황제주권이 강조된다. 1820년에 작성된 노보씰쩨프 안은 양원제 의회의 설립과 근내석인 행정체제를 포함하고 있으나 헌법에 대한 이해에 있어 전제주의적 군주제의 틀에서 크게 벗어나지 못했다. 드보랴닌의

86) Усанов, *op.cit.*, pp.156~159 참조.

반대와 황제의 의지 부족으로 헌법제정 계획이 철회되었음에도 불구하고 노보씰쩨프 안은 통치자인 황제의 입장이 직접 드러났다는 점에서 그 의의가 적지 않다.

둘째, 무라브요프 안이다. 러시아 자유주의 사상의 기반을 마련한 인물 중 한 명으로 평가되는 무라브요프는 본래 드보랴닌 출신으로 데카브리스트가 된 인물이다. 무라브요프 안의 명칭은 '헌법'(Конституция)이었다. 여기서 무라브요프는 전제정치의 청산과 입헌군주제의 도입을 주장하였다. 황제는 오직 최고 행정권만 행사하고 양원제의 민회(*veche*, вече)가 입법권을 행사하는 것으로 구상되었다. 그러나 삼권분리의 원칙은 엄격하게 지켜지지 않아 사법부의 재판관 임명은 황제에 의하여 이루어지는 것으로 규정되었다. 농노제를 비롯하여 표트르 대제 시대부터 유지되었던 임명제도의 폐지 등 다양한 개혁조치도 눈에 띈다. 무라브요프 안은 연방국가 형식의 국가구조를 제안하였다.

셋째, 페스텔 안이다. 페스텔은 장교 출신으로 나폴레옹 전쟁을 직접 경험한 데카브리스트였다. 러시아 최초의 법전인 루쓰까야 쁘라브다와 동일한 명칭을 가지는 그의 헌법안은 러시아 공화주의 전통의 뿌리가 되었다. 페스텔 안은 군주를 부정하고 공화주의를 주장하여 이 당시 가장 극단적인 헌법안이 되었다. 또한 제한적인 선거제도를 추구한 무라비요프와는 달리 모든 성인 남성에게 평등한 선거권을 부여할 것을 주장하였다. 입법권은 500인으로 구성된 민회가 행사하고 민회와 마찬가지로 선거를 통해 선출되는 의원들로 구성된 주권 두마(державная дума)가 최고 행정권을 행사하도록 구상되었다. 이 밖에 감시권 개념을 도입하여 120인의 종신 권한을 향유한 의원들로 이루어진 최고회의(верховный собор)를 만들고자 하였으며, 최고회의의 구성원은 국가의 가장 명예롭고 권위 있는 시민들 중에서 선출하는 방식을 채택하였다.

V. 절 차 법

(128) 19세기 전반에 있어 절차법은 심각할 정도로 후진성과 비효율성을 면하지 못하였다. 무엇보다도 이 시기에 있어 사법부의 부패는 매우 심각한 수준에 이르렀다. 변호사제도가 존재하지 않았으며 재판관들의 전문성 또한 매우 낮은 수준을 보였다. 19세기 전반의 재판절차와 법정제도를 각각 정리하면 다음과 같다.

첫째, 재판절차이다.[87] 1801년 알렉산드르 1세의 즉위 직후에 반포한 칙령에 의하여 심리과정에서 고문이 공식적으로 폐지되었으나 실제에 있어서는 이러한 관행이 유지되었다. 심리와 선고의 집행은 경찰이 담당하였다. 공정성을 위하여 검찰과 재판소 감독관이 심리절차를 감시하였다. 재판과정은 개방되지 않고 비공개로 진행되었으며 오직 서면으로 작성된 자료에 기초하여 소송이 이루어졌다. 즉 소송당사자와 증인들은 재판에 참석할 수 없었다. 재판관들은 단순다수결제도에 따라 판결을 내렸으며 상소를 하는 것은 극히 어려운 일이었다. 이러한 상황은 1864년 알렉산드르 2세에 의한 대대적인 사법제도 개혁의 단서를 제공하였다. 알렉산드르 2세의 개혁에 따라 러시아는 근대적인 재판제도를 도입하게 된다.

둘째, 법정제도이다. 앞에서 언급한 신분별 법정[88]의 제2심인 드보랴닌 고등자치법정, 구베르니야 회(會) 그리고 농민고등법정이 모두 폐지되었으며, 이를 대신하여 민사항소원과 형사항소원이 신분과 무관하게 제2심법정으로 기능하였다. 그러나 이는 신분적 요소의 배제가 아닌 드보랴닌 계층의 특권 확대의 결과로 보인다.[89] 제2심법정을 비롯하여 양심법정과 우예즈드 법정 등의 재판관에 대한 선출권을 드보랴닌들이 녹점하였기 때문이다.

---

87) Толстая, *op.cit.*, p.144 참조.

88) 이 책 (113) 참조.

89) Кузнецов, *op.cit.*, pp.295~296 참조.

제4절 19세기 후반의 제정러시아

제1관 국가·정치적 배경

I. 정치상황의 개관

129 니꼴라이 1세를 이어 알렉산드르 2세(1855~1881)가 황제의 자리에 올랐다. 알렉산드르 2세가 26년간 통치하였던 이 시기에 표트르 대제의 대대적인 개혁 이후 가장 규모가 크고 역사적으로 깊은 흔적을 남긴 개혁이 이루어졌다. 이러한 변화는, 알렉산드르 2세가 적어도 통치 초기에는 자신의 보수주의적 성향에도 불구하고 시대적 요구를 받아들였기 때문에 가능했던 것이다. 그는 즉위한 다음 해인 1856년에 러시아가 크림전쟁에서 서유럽의 연합군에 패배하면서 제국러시아의 후진성을 확실하게 인식하게 되었으며, 특히 이 시기에 확산된 시장경제는 기존의 농노제를 비롯한 구제도의 비효율성과 모순을 명백하게 드러냈다.

19세기 후반은 농노들의 반란이 잦았던 시기로 억압받는 피지배층의 분노가 끊임없이 분출되었다. 이 시기의 인구분포를 살펴보면 전체 인구 1억 2천만 명 중 농민이 71%를 차지한 반면, 온갖 특권과 막대한 토지를 소유하던 드보랴닌의 비중은 0.55%에 불과하였다.[90] 농민 중 농노의 비율이 절대적이었던 현실을 고려하면 사회 피라미드의 붕괴 조짐은 19세기 후반의 가장 큰 특징 중의 하나였다.

이러한 배경 위에서 등장한 것이 러시아의 급진주의 세력이다. 체르느이셰프스키(Чернышевский, *Chernyshevsky*), 삐싸레프(Писарев, *Pisarev*) 등으로 대표되는 이 움직임은 기성세대의 관념철학과 낭만주의에 대비되는 실용주의,

90) Толстая, *op.cit.*, p.147 참조.

실증주의를 비롯하여 개인주의와 무정부적 허무주의의 기치를 내걸었다.[91] 또한 인텔리겐치아[92]라는 개념이 널리 통용되기 시작한 것도 이 시기에 이르러서였다. 특히 가장 중요한 사조로는 인민주의(*narodnichestvo*, народничество)를 들 수 있는데, 인민주의는 19세기 후반 러시아의 소시민적 인텔리겐치아의 사회·정치 사조로서 인민과의 일체성을 중요시하였다. 농촌의 인민들을 교육하고 자신들의 사상을 전파하기 위하여 인민주의자들은 '인민 속으로'라고 해석되는 '브 나로드'(*v narod*, в народ)운동[93]을 펼치면서 적극적인 선전활동을 벌였다. 이 밖에 러시아의 젊은 급진주의자들은 심지어 과격한 면모를 보이면서까지 기존의 질서를 뒤엎으려고 하였으며 결국 1881년 알렉산드르 2세를 암살하는 데 성공하였다.

급진주의자들이 행한 테러의 희생양이 된 알렉산드르 2세에 이어 알렉산드르 3세(1881~1894)가 즉위하였다. 그는 아버지의 죽음을 지켜보면서 받은 충격으로 황제가 되는 순간부터 강도 높은 반동정치를 펼쳤다. 전제정치를 확고하게 하기 위하여 그는 경찰과 헌병대를 강화하였으며, 혁명을 비롯한 반정부 운동을 강하게 탄압하였다. 즉위한 해에 '절대군주의 견고함'(О незыблемости самодержавия)에 대한 선언문을 비롯하여 '임시법규'[94]을 반포한 알렉산드르 3세는 절대군주권에 대한 가장 사소한 위협도 용납하지 않았으며, 반(反)개혁을 통해 전임자들에 의해 달성된 결실들을 거꾸로 되돌려 놓았다. 지방자치제도에 있어 선거적 요소를 제한시키고 검열을 강화하여 교육기관에 대한 압력을 확대하는 등 시대착오적인 정책을 펼쳤다.

---

91) 박재만, "계몽의 이데올로기－1830년대 사상논쟁에서 인민주의 이전까지－," 『러시아어문학연구논집』 제18권, 한국러시아문학회, 2005, 519~526면 참조.

92) 이 책 ㉓ 참조.

93) '브 나로드' 운동은 우리나라의 역사에도 영향을 미쳤다. 일본 식민지하 현실 속에서 일부 독립운동가들이 실력을 통한 독립을 주장하였는데 그 중 동아일보의 '브 나로드' 운동이 여기에 해당한다. 이는 지식인인 학생층이 민중 속으로 들어가서 문맹들에게 글을 가르치자는 것이 취지였으나 일제의 방해로 1934년 금지되었다.

94) 이 책 ⑨ 참조.

이러한 통치방식은 계속해서 사회의 불만을 가져왔으며 이는 사회적 불안정성을 더욱 키우는 결과를 가져왔다. 1860, 70년대에 확산되었던 인민주의를 비롯한 반정부 급진주의는 알렉산드르 3세의 통치 아래 그 영향력을 조금 잃었는데, 정부의 강력한 탄압 외에도 여전히 황제에게 충성을 다하는 농민들이 알렉산드르 2세의 암살에 대한 충격으로 등을 돌린 점이 크게 작용하였다. 그러나 그 사조는 계속 이어져서 이후 사회혁명당, 노동당 등에 의해 계승되었으며 결국 혁명(즉 1917년 '10월혁명')으로 이어져 기존의 질서를 무너뜨리는 데 성공하였다.

II. 국가 · 사회제도

(130) 19세기 후반에 있어 알렉산드르 2세의 대개혁의 일환으로 진행된 대표적인 변화로는 농노제를 폐지한 농민개혁, 사법제도를 전면적으로 근대화시킨 사법개혁 및 신분적 요소를 상당부분 배제시킨 지방행정개혁 등을 꼽을 수 있다. 이들 개혁조치들이 당시 존재하던 사회문제들을 근본적으로 해결하는 데까지 미치지는 못하였으나 러시아 사회에 엄청난 충격을 가져다 주었다. 아래에서는 농민개혁과 지방개혁을 구체적으로 살펴보기로 한다.[95)]

1. 농민개혁

(131) 러시아 사회의 후진성의 가장 큰 원인 중 하나는 중산층의 부재였다. 러시아 역사에서 중산층의 형성을 막았던 대표적인 요인은 바로 농노제였다. 앞에서도 살펴보았듯이[96)] 농민의 지위 악화로 인하여 이미 후기 키예프 시대에 농노들이 출현하기 시작하였으며, 속령러시아 시대를 거쳐 모스

---

95) 사법개혁은 법제도를 다루는 부분에서 논의하기로 한다. 이 책 (133) 참조.

96) 이 책 (39), (69) 참조.

크바 공국 시대에 이르러 정부에 의한 정책으로 인하여 하나의 계층으로 확립되었다. 인구의 대다수를 차지하면서도 소유권을 비롯하여 가장 기본적인 권리조차 보장받지 못하였던 농노들은 러시아 사회의 발전에 있어 발목을 잡을 수밖에 없었다. 계속되는 반란과 사회적 불안정은 농노제도의 폐지가 절실하다는 점을 보여주었다. 그 결과 현실적으로 선택의 여지가 없는 것을 깨닫게 된 알렉산드르 2세는 결국 '1861년 2월 19일 선언문'(Манифест 19 февраля 1861г.)을 비롯하여 같은 날 반포된 '농노지위에서 벗어난 농민의 일반적 지위에 대한 법규'(Общее положение о крестьянах, вышедших из крепостной зависимости)를 통하여 농노제의 폐지를 선언하였다. 이 법규에 따르면 농노제도는 영구적으로 폐지되었고 모든 농민들은 자유인 신분을 갖게 되어 소유권의 주체가 될 수 있었다.

농노제도가 공식적으로 폐지되었음에도 불구하고 농민들의 사정은 크게 좋아지지 않았다. 그들은 여전히 다음과 같은 면에 있어서 진정으로 자유롭지 못하였기 때문이다.[97] 농민들은 계속해서 농노에게 부과되었던 인두세를 일정한 기간 동안 내도록 되어 있었다. 또한 농노들은 그들의 공동체로부터 자유롭지 못하고 관습법에 따라 재판을 받는 등 법에 의한 보호를 제대로 받지 못하였다. 무엇보다도 가장 큰 문제는, 본래 자신들이 경작하던 토지의 작은 일부분만 받았으며 그나마 이에 대한 대가로 지주들에게 상환금[98]을 지불해야만 된다는 점이었다. 경제적으로 취약한 농민들이 상환금을 완납하기 어려웠기 때문에 그들은 상환금을 다 지불하기 전까지 지주들의 '감독' 아래 놓이는 경우가 많았다. 이는 사실상 농노의 예속을 연기해 주는 것과 다를 바 없었다. 이러한 문제점을 해결하기 위하여 국가는 공채를 발행하는 방식으로 지주들에게 상환금을 대납하고 농민들로부터 구상을 받는 제도를

97) 니꼴라이 V. 랴자노프스키 저/김현택 옮김, 앞의 책 『러시아의 역사 II(1801~1976)』, 92면 참조.

98) 농노들이 자유 신분을 취득하면서 토지가 유상분배 되었기 때문에 그들은 지주들에게 토지에 대한 대가를 상환금으로서 지불하여야만 했다.

시행하였다. 그러나 어떤 경우에도 농민들이 경제적으로 종속되어 있다는 사실에는 변함이 없었다. 무엇보다도 농민들은 여전히 개인적인 차원에서 토지 소유권이 인정되지 않았으며 그들이 할당받은 토지는 그들이 속해 있는 농촌공동체[99](*mir*, мир)를 통해 공유하도록 되어 있었다.[100]

2. 지방행정개혁

132 모든 유럽국가에서 자본주의로의 전환은 풀뿌리 민주주의(즉 지방자치)의 발전과 함께 진행되었다. 그러나 러시아의 경우 지방행정개혁(Zemskii reforms, Земская реформа)이 밑에서부터의 개혁(상향식 개혁)이 아니라 위로부터의 개혁(하향식 개혁) 방식으로 진행되었다.[101] 이는 지배층의 이해관계를 어느 정도 보호하는 선에서 부분적으로 개혁이 이루어졌음을 의미하였다. 1864년 1월 1일 알렉산드르 2세에 의하여 반포된 '구베르니야와 우예즈드의 지방행정기관에 대한 법규'(Положение о губернских и уездных земских учреждениях от 1 января 1864г.)에 따라 최초로 농민이 포함된 전(全)계층적 대표기관이 선거를 통해 탄생하였다. 비록 토지의 소유비율에 따라 1표의 비중에 차별을 둠으로써 지주들에게 지극히 유리하였지만 농민계층 전체에게 선거인 자격이 주어진 사실만으로도 의미가 컸다.

지방자치기관의 재량권은 상대적으로 제한되어 있어 지방자치회 소속 건물의 건립 및 관리, 식품공급, 현지 상업 및 산업의 발전 원조 등에 국한

99) 농노제도 폐지의 또 다른 결과로 농민자치활동이 활발하게 이루어지게 되었는데 이러한 자치활동의 기반은 19세기의 미르(또는 *obshetva*, общество)라고 불리는 농민공동체가 되었다. 혁명 이전의 시기까지 농민공동체 안에서 일어나는 사안은 관습법에 의하여 규율되었다. 농민공동체의 중요한 기관으로는 촌회(村會, сельский сход) 그리고 촌장(村長, староста)이 있었다. 농민공동체의 주요 기능으로는 토지의 분배, 조세와 부역의 할당 그리고 제한적인 행정권과 사법권의 행사였다(Усанов, *op.cit.*, p.44 참조).

100) Исаев, *op.cit.*, глава 35 참조.

101) Усанов, *op.cit.*, p.45 참조.

되어 있었다.[102] 그 밖의 중요한 사안에 대해서는 중앙에서 파견된 관료들이 행정권을 행사하였기 때문이다. 이 밖에도 지방행정기관에서는 드보랴닌이 지도적 역할을 하였던 관계로 드보랴닌이 없는 시베리아 등 변방에는 설립되지 않았으며, 러시아인이 드보랴닌 계급을 형성하지 않았던 폴란드나 리투아니아 지역에서도 마찬가지였다. 마지막으로, 지방행정기관의 재정적 유지는 대부분 농민들로부터 징수되는 추가적 과세에 의존하였기 때문에 농민들이 적지 않은 부담을 받았다.

1870년에는 지방행정개혁에 따라 도시행정개혁도 추진되었다.[103] 이에 따라 시(市)두마(*city duma*, городская дума)라고 불리는 도시자치기관이 생겨났으며, 선거에 의하여 4년의 기간 동안 구성되었다. 여기에서 선거권과 피선거권은 부유한 시민계층만이 보유하였다.

19세기 후반에 이루어진 행정개혁은 얼마 지나지 않아 반동정치를 추진하던 알렉산드르 3세에 의해서 적지 않게 퇴색되었다. 그럼에도 불구하고 지방자치의 요소를 어느 정도 도입하여 사회의 모든 계층이 행정에 참여할 수 있는 기회가 마련되었고, 그들이 자신들의 목소리를 낼 수 있는 기회를 부여받은 점에서는 의미가 있었다. 이는 이후 혁명으로 이어지는 데 있어 러시아 인민의 의식을 깨우는 촉진제 역할을 하였다.

제2관 법 제 도

I. 1864년 사법개혁

133 예까쩨리나 2세에 의한 사법개혁 이후 러시아의 사법제도는 심각할 정도로 비대하고 비효율적인 모습으로 변해갔다. 이와 함께 만연한 부

102) Толстая, *op.cit.*, p.150 참조.

103) Усанов, *op.cit.*, p.51 참조.

패를 해결하기 위하여 알렉산드르 2세는 자신이 수행한 개혁 중 가장 진보적이며 부르주아적인 성격을 띠었다고 평가받는 사법개혁을 단행하였다. 러시아 사법제도를 근대화시킨 1864년 사법개혁[104]의 대표적인 특성을 정리하자면 다음과 같다:[105] ① 사법권과 행정권의 완전한 분리; ② 재판관의 독립성과 신분보장; ③ 신분별 법정의 폐지 및 전(全)계층적 재판소의 설립; ④ 재판절차의 공개, 구두주의 및 대심주의; ⑤ 합의제 재판방식. 아래에서는 재판소구조, 변호사제도, 검찰제도, 배심제도 및 재판절차를 차례대로 살펴보고자 한다.[106]

1. 재판소구조

134 '재판소의 설립에 대한 법규'(Учреждение судебных установлений)에 따라 크게 달라진 재판소 구조는 원로원을 최고 사법기관으로 하고, 지방재판소(местные суды)와 일반재판소(общие суды)가 병존하는 이원적 제도를 갖추었다.

우선 지방재판소의 경우 미르 재판소(мировой суд) 및 미르 재판소 재판관들의 합의부(съезд)가 있었는데 이 중 미르 재판소가 가장 중요하였다. 미르 재판소는 영국의 법원[107]을 모델로 삼아 부분적으로 수정하여 설립한 것으로서 재판관들은 자치기구에서 선거를 통하여 선출되었다. 미르 재판소의 관할권은 비교적 제한적이었며 소송당사자들 사이의 화해를 달성하는 것이 주된 목적이었다. 미르 재판소가 갖는 관할권의 구체적인 기준은 소송액

---

104) 1864년 11월에 반포된 일련의 법규는 다음과 같다: 'Учреждение судебных установлений'; 'Устав гражданского судопроизводства'; 'Устав уголовного судопроизводства'; 'Устав о наказаниях, налагаемых мировыми судьями'.

105) Белковец / Белковец, *op.cit.*, p.92 참조.

106) 아래의 내용은 Белковец / Белковец, *op.cit.*, pp.92~96 참조.

107) 영미법 국가에서 치안 판사 또는 민사·형사상 경범죄에 대해 판결을 내리는 하급재판소(magistrate court)이다.

에 의하여 결정되었다. 민사사건은 손해배상금이 500루블[108] 이하인 경우, 형사사건은 사회질서에 대한 경범, 개인의 명예회손 및 300루블 이하의 절도를 그 관할로 하였다. 미르 재판소는 경고, 300루블 이하의 벌금, 3개월 이하의 구속 및 1년 이하의 징역형을 선고할 수 있었다.

미르 재판소의 판결은 확정적이었으며 오직 징역형을 선고하는 경우에만 상소가 가능하였다. 상소는 미르 재판소 재판관들의 합의부에서 이루어졌다. 검찰의 감시 아래 3명의 미르 재판소 판사가 합동으로 판결을 내렸으며 이는 확정적이었다. 오직 원로원을 통해서만 상소가 가능하였다.

일반재판소로는 지구재판소(окружной суд)과 항소원이 있었다. 지구재판소는 전국을 104개의 사법지구로 나눈 구역에 설립된 재판소로서 하나의 구베르니야 또는 여러 우예즈드를 통합하였다. 지구재판소는 민사부와 형사부로 구분되고 각 부는 최소 3명의 재판관이 판결을 맡았다. 특히 형사부의 경우 재판관 이외에 배심원들이 참석하는 경우가 있었다. 배심제도는 신분과 관련된 모든 권리의 상실이라는 가장 무거운 형벌이 선고되는 사건에 있어 적용되었다.

일반재판소에서 제2심재판소는 항소원이 담당하였다. 여러 개의 구베르니야를 통합하여 하나씩 설립되었는데 총 11(이후 14)개가 있었으며 민사부와 형사부로 나뉘었다. 일반재판소는 지구재판소에서 소송당사자 또는 검찰의 청구에 의하여 상소된 사건을 맡았으나, 반국가범죄와 신분범의 경우에는 제1심재판소의 기능도 하였다. 1880년대 말에는 정치범죄와 테러범에 관한 사건들이 항소원의 관할권에서 배제되었다. 이는 반동정치를 펼친 알렉산드르 3세와 연관이 있는데 이와 같은 사건들에 대한 심리는 헌병이 맡고 재판은 최고 사법기관인 원로원이 담당하였다. 특히 폭력이 동반되었거나 고위관료의 암살사건은 군사재판소가 관할권을 행사하였다.

원로원은 최고 사법기관으로서 역시 형사부와 민사부로 나뉘고 하급심

108) 1828년 현재 1루블은 금 3.451그램과 동일한 가치를 가졌다.

재판소들의 판결에 대한 법률심을 맡았다. 이 밖에 원로원은 판결만 내릴 뿐 아니라 전국에 있는 모든 종류의 재판소에 대하여 감독권을 행사하였다.

사법개혁을 통한 변화는 재판소의 구조뿐만 아니라 재판관의 지위에도 중요한 영향을 미쳤다. 사법개혁이 결실을 맺기 위해서는 무엇보다도 재판관의 독립성이 전제되었기 때문에 알렉산드르 2세의 사법제도 근대화 노력에는 재판관의 신분보장이 포함되었다. 재판관의 파면은 오직 형사소송을 통해서만 이루어질 수 있었다. 이 밖에 재판관은 연령에 따른 제한도 적용되지 않았다.

2. 변호사제도

135 19세기 후반 이전의 러시아 사법제도에 있어 가장 큰 특징 중 하나는 바로 변호사제도(присяжные поверенные)의 부재였다. 이를 개선하기 위해서 러시아는 독일・오스트리아의 변호사제도를 모델로 삼아 선진화를 추구하였다. 그 결과 러시아 변호사들은 재판과정에서의 변론과 아울러 소송과 관련된 준비의 일체를 도맡아서 해결해 주었다. 또한 변호사제도는 조직의 구조에 있어서 프랑스의 제도를 따랐는데 모든 지구의 항소원에는 변호인단이 설립되었다. 변호인단 회의는 변호사 선정 방식과 변호사의 전문성을 발전시키기 위한 다양한 정책을 결정하였다.

변호사의 선임은 재판에 있어 필수적인 요소로 확립되었으며 소송당사자가 변호인을 선임할 경제력이 없는 경우 국선변호인이 사건을 맡았다. 변호사 역시 선서를 하였으며 이를 어길 경우 변호인단 회의로부터 제척되거나 처벌을 받을 수 있었다.

3. 검찰제도

136 이전과 달리 검찰은 더 이상 사법기관에 대한 감시 기능을 수행

하지 않았다. 이는 사법권과 행정권의 분리 현상에 기인한 것이다. 프랑스의 1808년 법전과 마찬가지로 러시아에서의 검찰은 형사사건에 있어 범죄를 수사하는 기관으로 탈바꿈하였다. 1902년까지는 법무부장관이 검찰총장을 겸직하였으며 그 이후에 양자는 법무부장관직으로 통합되었다. 검찰의 주요 기능으로는 범죄의 수사 이외에도 재판상 고발조치의 유지 및 사건에 대한 상소가 있었다. 이후 검찰은 경우에 따라 감옥을 감시하는 업무까지 인정받기도 하였다. 이 밖에 검찰 조직의 특성으로는 엄격한 서열주의와 독립성을 들 수 있다. 특히 검찰은 독립적인 국가기관으로서 지방 현지의 행정청 또는 관료들의 간섭을 전혀 받지 않으며 활동할 수 있었다.

4. 배심제도

137 사법개혁을 통한 가장 큰 변화 중 하나는 바로 배심제도의 도입이다. 무엇보다도 배심제도의 채택은 재판절차에 있어 민주적 요소가 도입되었음을 의미하였다. 이는 프랑스의 배심제도를 따른 것으로 바로 앞에서 언급한 바와 같이 중대한 형사사건에 적용되었다. 3명의 재판관과 함께 12명의 배심원이 재판에 참여하였다. 배심원은 현지의 인구 중에 제국러시아 국적을 향유하며 25~75세 사이의 인민 중에 선출되었다. 중요한 사실로는 배심원의 자격요건에서 신분요건이 배제되었다는 점이다. 성직자 또는 현직군인처럼 예외적인 경우에만 배심원 자격이 인정되지 않았다. 배심원 인명부는 지방자치기구가 세운 우예즈드 단위의 특별위원회가 맡았으나 구베르니야 지사는 인명부에서 특정 인물을 배제할 권한이 인정되었다. 이 인명부를 기초로 연간배심원명부와 회기배심원명부가 작성되었다. 회기배심원명부는 30명의 배심원을 포함하였는데 소송당사자들은 각각 6명의 배심원을 배제시켰다. 이렇게 해서 남은 18명의 배심원 중 최종 12명의 배심원과 2명의 예비배심원은 재판관의 제비뽑기를 통해서 선출되었다. 이와 같이 배심원의 선출방식에 있어서 공정성과 형평성을 보장하기 위한 방식이 채택되었음을 알

수 있다.

배심원의 유죄 또는 무죄의 판결은 단순다수결제도에 의해서 이루어졌으며 확정적이었다. 배심원이 판결을 하는 데 있어 명백한 잘못을 한 경우 재판관들은 잘못을 수정하거나 다시 재심을 청구할 수 있었다. 또한 원로원에 상소할 수 있는 것은 3명의 재판관이 내린 판결에 한정되었다. 즉 배심원에 의하여 이루어진 판결은 상소의 대상이 되지 않았다.

배심제도는 1864년 도입된 이후 1870년대에 들어 유럽 지역의 제정러시아 대부분의 구베르니야로 확산되었다. 이후 반동정치로 인하여 그 확산이 멈칫하였으나 1890년대에 다시 활성화되어 총 44개의 구베르니야에서 배심제도가 시행되었다.

5. 재판절차

138 1864년에 사법개혁의 일환으로서 민사소송절차 법규와 형사소송절차 법규가 제정되었다. 이에 따라 개정된 재판절차의 가장 큰 특징은 본래의 지배적이었던 심문제도인 로지스크 제도가 대심제도로 다시 대체되었다는 점이다. 이는 무엇보다도 소송당사자들이 진정한 의미에서 재판받을 권리를 되찾았음을 의미하였으며 이로써 그들은 공개재판을 통해 소송에 직접 참여하고 변호를 받을 수 있게 되었다. 이 밖에 무죄추정의 원칙에 따라 피고인은 유죄의 확정판결이 있기 전까지는 형사책임을 지지 않게 되었다. 그러나 유죄를 증명할 수 있는 증거가 완전하지는 못하지만 부분적으로 존재할 경우 피고인은 의심의 대상으로 남았다. 이런 경우 피고인은 속죄선서(очистительная присяга)를 하거나 제3자가 피고인에 대하여 보증을 하도록 하였다. 또한 형사소송은 재판절차가 단계별로 세분화되어 다음과 같이 구분되었다: ① 신문(дознание); ② 예심(предворительное следствие); ③ 심리(судебное следствие); ④ 판결의 이행. 이러한 재판절차의 구체적 명문화는 이전에 만연했던 재판관의 재량에 의한 자의적 재판으로부터 소송

당사자들을 보호하는 데 효과적이었다.

II. 민 법

139 19세기 후반에도 계속해서 법률요람의 민법규정들이 가장 중요한 법원으로 효력을 유지하였다. 법률요람은 시간이 지남에 따라 조금씩 수정·보완되었으나 이 시기는 이전에 비해 상대적으로 큰 변화를 보이지 않았다. 그러나 이 시기 역시 입법활동이 매우 활발하게 이루어졌으며 이를 잘 보여주는 것으로는 1863년부터 간행된 정부법률규정집(Собрания узаконений и распоряжений правительства)을 들 수 있다. 이는 원로원의 감독 아래 정부가 제정한 입법행위를 주기적으로 편찬한 것으로서 이 당시의 민법규범을 비롯하여 여러 법규의 내용을 확인할 수 있다.

19세기 후반에 수정·보완된 법률요람의 규정 중 민법 분야에 관련된 것을 살펴보기로 한다.

우선, 법인의 개념이 완전하게 확립되었다.[109] 본래 법인의 범위에는 국가, 수도원 및 교육기관 등이 포함되었으나 이 시기에 이르러 다양한 종류의 회사 등도 법인의 개념으로 편입되었다. 법인의 권리능력은 법인의 목적에 따라 좌우되었으며, 이에 대한 판단은 원로원이 내렸다. 민법은 법인을 공법인, 사법인으로의 구분하고 또한 사단과 재단으로 구분하였다.

물건의 개념 역시 세분화되어 있었다. 우선 물건은 동산과 부동산의 구분을 비롯하여 자력으로 얻은 것(благоприобретенный)과 조상으로부터 전래된 것(родовое имение)이 있었다. 이 밖에 물건은 융통물과 비융통물, 가분물과 불가분물, 대체물과 비대체물, 소비물과 비소비물 등 세부적으로 분류되어 규정되었다.

---

109) Исаев, *op.cit.*, глава 41 참조.

소유권과 관련된 규정도 발전하였으나 여전히 봉건적 토지소유제도의 요소가 많이 남아 있었다.[110] 전체 토지에 있어 그 면적을 살펴보면 개인이 직접 소유할 수 있는 토지는 많지 않았기 때문이다. 대표적으로 조상으로부터 전래되는 토지의 한 분류인 세습영지(заповедное имение)를 들 수 있다. 세습영지는 드보랴닌 계층이 조상으로부터 물려받은 토지로서 신분적 요소를 강하게 내포하였다. 면세의 대상이기도 하였던 세습영지는 분할이 불가능하였으며 소유권 이전이 상속에 의한 방법을 제외하고는 불가능하였다. 그러므로 소유권 이전이 이루어진 경우 본래 그 소유권을 향유하던 가족원은 3년의 시효기간이 경과하기 전에 소유권회복청구권을 행사할 수 있었다(법률요람 제1363조).

또한 소유권을 제한하는 것으로는 타인의 소유물을 사용·수익할 수 있는 권리[111]가 있었다. 이 밖에 1893년에는 농민의 토지에 대한 제한이 확대되었다. 새로운 규정에 따르면 농민은 자신의 토지에 대해 담보를 설정할 수 없었다. 마지막으로, 이 시기에 취득시효제도가 인정되었는데 시효기간은 10년이었다.

계약법의 경우 확대되는 상업활동에 의하여 다양한 종류의 계약이 발전하였다. 계약의 자유가 계속해서 강조되었으나 이와 함께 계약의 목적이 중요한 요인으로 작용하였다. 그러므로 계약체결의 동기가 위법한 목적을 구성한다면 계약은 무효로 되었다. 무효사유를 구분하면 다음과 같다:[112] ① 법정의 이혼사유[113] 외의 사유를 들어 합법한 혼인을 파기하는 내용의 계약; ② 채권자로부터의 집행을 피하기 위하여 채무자가 재산을 은닉할 목적으로 체결되는 계약; ③ 자신의 이름으로 취득할 수 없는 권리를 타인의 명의를 빌려 계약을 체결하는 경우; ④ 국고에 손실을 입히는 경우. 한편, 계약의 이행

110) Усанов, *op.cit.,* p.166 참조.

111) 이 책 (122) 참조.

112) Усанов, *op.cit.,* p.169 참조.

113) 이 책 (140) 참조.

을 보장하기 위한 제도로는 선금 또는 계약금(задаток), 위약금(неустойка), 보증(поручительство) 및 담보(залог и заклад) 등이 있었다.

부동산의 매매계약에는 부동산 등기증권(купчая крепость)이 요구되었는데 이는 공증인이 보증하는 체결방식이 필요했음을 의미한다. 부동산 등기증권에는 매도인이 어떠한 방식으로 소유물을 매입하였으며 그 소유물이 금지의 대상이 아니라는 사실을 표기하도록 하였다.[114] 이 외에도 부동산 등기증권에는 소유물에 대한 자세한 설명이 기재되어야 했다. 반면, 동산의 매매계약은 서면으로 체결될 것이 요구되지 않았다. 구두계약을 통한 동산의 매매는 필요한 경우 증인에 의하여 확인할 수 있었다. 한편, 19세기에 등장한 매매예약의 경우도 공시의 요인이 중요하였기 때문에 반드시 공증인이 보증하는 형식을 갖추어야 하였다.

러시아민법은 그 목적물에 따라 임대차계약을 다양하게 규율하였다.[115] 동산의 임대차계약은 원칙적으로 구두로 체결할 수 있었다. 물론 선박과 같은 동산의 경우에는 서면 형식이 요구되었다. 반면, 원칙적으로 부동산의 임대차계약은 서면으로 이루어졌다.

III. 친 족 법

140 19세기에 들어 도입된 부부별산제의 실시는 확고하게 이루어졌으며 이로써 여성에 대한 보호가 다소 개선되었다. 그럼에도 불구하고 남편에 대한 아내의 절대적 복종은 많은 경우 아내의 지위를 매우 불안정하게 만들었다.[116] 이는 남편에 대한 복종과 아내 재산의 독립성 원칙이 서로 충돌할 여지가 많았기 때문이다. 이 밖에 교회는 혼인과 이혼에 있어 여전히

114) Усанов, *op.cit.*, p.170 참조.

115) *Ibid.*

116) Исаев, *op.cit.*, глава 41 참조.

중요한 역할을 하였으며 이혼의 경우 교회법원인 주교 관구 감독국(*consistoryia*, консистория)이 재판을 담당하였다. 오직 중대한 원인(간통, 신분과 관련된 모든 권리의 상실, 배우자의 장기부재 등)만이 이혼사유로 인정되었기 때문에 이혼은 쉽게 허용되지 않았다.[117)]

IV. 형 법

141 1845년 형법전인 '형사형벌 및 교정형벌에 관한 법전'은 각각 1857년, 1866년, 1885년에 수정·보완되었다. 특히 1885년 개정을 통해 형법전은 새로운 규정을 적지 않게 포함하였는데, 산업규칙을 위반한 경우와 관련한 장(章)의 신설이 그 한 예이다. 생산과 관련된 비밀협정을 체결한다든가 공장주가 근로자를 학대하는 경우에 이를 처벌할 수 있는 명문규정이 마련되었다. 이 밖에도 1864년 '미르 법원 재판관이 선고하는 형벌에 대한 법규'(Устав о наказаниях, налагаемых мировыми судьями), 1875년 군(軍)형법전(Военно-уголовный кодекс) 등이 제정되면서 제국러시아의 형법은 한층 더 선진화되었다.

이 시기에 있어 범죄에 대한 4대원칙이 확립되었다:[118)] ① 법률에 의하지 않고는 범죄가 인정되지 않는다; ② 법률에 의하지 않고는 형벌이 선고되지 않는다; ③ 구성요건에 해당되는 경우에만 형사책임이 있다; ④ 무죄추정의 원칙. 또한 법원은 사건을 심리함에 있어서 당해 사건을 범죄의 주체, 객체, 위법성 및 책임으로 세분하여 살펴보았다. 10세부터 범죄의 주체가 될 수 있었으나 21세부터 완전한 형사책임능력이 인정되었다. 범죄의 모습에는 작위와 부작위가 있었으며, 책임이란 개념은 자신의 행위를 인식하거나 인식

---

117) Белковец / Белковец, *op.cit.*, p.97 참조.

118) *Ibid.*, p.98 참조.

할 수 있었던 상태를 가리켰다. 형벌은 범죄의 경중에 의하여 결정되었는데 양형은 종래의 원칙을 대체로 유지하였다:[119] 가장 중대한 범죄에 대해서는 사형・유배・이주가 선고되었으며, 일반 범죄에 대해서는 징역형(성, 감옥 또는 형무소)이 부과되었고, 경범에 대해서는 구속・벌금・경고 등이 내려졌다.

러시아 형법은 이 당시 사형 및 신체형의 집행에 있어 세계적으로도 매우 선진적인 모습을 갖추었다.[120] 사형은 형벌로서 규정되어 있었으나 일반 재판소와 군사재판소 모두 사형을 마지막으로 공식집행한 것은 1891년이었다. 신체형의 경우 농노제의 폐지 이후 사회의 일반 여론이 이를 더 강도 높게 반대하고 비판하였다. 결국 신체형의 폐지를 위한 특별위원회가 소집되었으며 신체형과 관련된 여러 문제를 연구하였다. 그 결과 칙령을 통하여 신체형이 상당 부분 제한되거나 폐지되었다.

V. 노 동 법

(142) 빠른 속도의 산업화와 농노제의 폐지로 인한 노동시장의 자유화는 많은 수의 노동자를 출현시켰다. 이는 자연히 새로운 법영역인 노동법에 대한 필요성을 가져왔고, 그 결과 상당한 수준의 법적 보호장치들이 마련되었다.[121] 1893년 '사용자의 책임법'(Закон 1893 г. об ответственности предпринимателей)이 제정됨에 따라 노동자가 작업 중에 사고로 인하여 불구가 되는 경우 이러한 노동자들에게 금전배상이 보장되었다. 이후 일련의 '노동자의 안전에 대한 법률'(законы об обеспечении безопасности рабочих)들이 채택되었다. 12세 미만의 어린이는 고용이 금지되었으며 12~15세의 청소년은 제한적으로만 인정되었다. 무엇보다도 특기할 만한 점으로는 이 시

---

119) 이 책 (126) 참조.

120) Белковец / Белковец, *op.cit.*, p.99 참조.

121) *Ibid.*, p.98 참조.

기에 근로시간에 대한 법적 제한이 설정되었다는 사실이다.[122] 1897년부터 도입된 최고근로시간제는 이 당시 서유럽과 비교하더라도 매우 발전된 모습을 보였다. 러시아 노동자의 하루는 프랑스의 12시간보다 적은 11.5시간의 근로로 제한되었으며, 다음 날이 공휴일인 경우에는 다시 10시간으로 제한되었다. 이는 당시 스위스의 10시간, 오스트리아의 11시간과 비교해도 큰 손색이 없는 규정이었다.

이 밖에 공무원들로 구성된 공장감시단(фабричная инспекция)이 고용인과 피고용인 사이의 분쟁을 해결하기 위하여 활동하였다. 공장감시단은 무엇보다도 노동자들이 노동착취의 대상이 되지 않도록 감시하였을 뿐만 아니라 사용자도 보호하였다.[123] 즉 노동자의 무단결근과 불법파업 등을 조사하여 벌금을 부과하였다. 벌금은 법적으로 노동자 월급의 1/3을 초과하지 못하였고 이렇게 징수된 벌금은 기금으로 형성되어 노동자들의 복지를 위하여 사용되었다.

---

122) Толстая, *op.cit.,* p.160 참조.

123) Белковец / Белковец, *op.cit.,* p.98 참조.

제 6 장

혁명기 러시아

06

제1관 국가·정치적 배경

I. 정치상황의 개관

143 1894년에 즉위한 니꼴라이 2세(1894~1917)는 제정러시아의 마지막 황제가 되었다. 그의 통치에 이어 부르주아적 성격이 강한 임시정부가 출범하였으나 약 8개월의 기간 동안 국정을 운영하다가 1917년 10월혁명으로 소비에트의 볼셰비키[1)]들에 의해서 밀려났다. 혁명기는 러시아 역사상 가장 급격한 변화의 시기였으며, 이는 크게 세 시기로 구분될 수 있다: ① 절대군주제를 유지하였던 1905년까지의 니꼴라이 2세 통치 전기; ② 1905년 입헌군주제로의 전환부터 1917년 2월혁명까지의 니꼴라이 2세 통치 후기; ③ 임시정부와 소비에트에 의한 이원적 체제.

1. 니꼴라이 2세 통치 초기

144 니꼴라이 2세는 아버지인 알렉산드르 3세를 이어 반동정치를 계속 이어갔다. 그는 '임시법규'를 유지하여 계엄령 상태를 지속시켰으며 언론의 자유를 제한하는 등 보다 억압적인 정책을 펼쳤다. 그 한 예로 지방지차기구의 관할권이 축소되어 그 일부가 관료행정조직으로 이전되었다. 심지어 당국은 공직을 정권에 충성하는 자들로만 채우려는 의도 때문에 선거를 통해 선출된 지방자치기구 상임위원회 위원들의 임명비준을 거절하기도 하였

---

1) 소련공산당의 전신인 러시아사회민주노동당 정통파를 가리키는 말로 과격한 혁명주의자의 뜻으로도 쓰인다. 본래 단어의 사전적 의미는 다수파(多數派)이며 이는 소수파를 뜻하는 '멘셰비키'에 대립되는 개념이다. 볼셰비키는 러시이사회민주노동당으로부터 1903년에 분열되어 나왔으며 1912년 독립적인 당으로서 선언하였다.

다.[2] 그러나 황제의 노력에도 불구하고 산업화와 자본주의화의 흐름은 거역할 수 없는 것이었다. 부르주아 계급과 프롤레타리아 계급이 동시에 성장했을 뿐만 아니라 정치세력이 결집되어 정당까지 만들어가기 시작하였다. 점차 반대의 목소리가 커져 갔으나 여전히 농민들을 비롯한 다수의 인민들은 황제를 국부(國父)로 여기며 니꼴라이 2세에게 충성하였다. 그러나 이러한 상황은 오래 지속되지 못하였고, 결국 황제는 자신의 정치적 오판에 의하여 정치체제의 변화를 불러온 혁명을 자초하였다.[3]

결국 '피의 일요일' 사건으로 인민 대다수의 신뢰를 잃은 황제는 의회 설립에 대한 대중의 요구를 받아들일 수밖에 없었다. 이로써 두마(*Duma*, Дума)가 '1905년 8월 6일 최고선언문'(Высочайший манифест от 6 августа 1905 г.)에 의하여 설립되었다. 그러나 당시 두마의 권한이 입법자문기관으로 애매하게 규정되는 등 이에 만족하지 못한 인민들은 역사상 가장 큰 규모의 총파업을 단행하였다. 또한 쌍트 뻬쩨르부르그의 노동자들은 10여 일 동안 계속되었던 전면적인 총파업을 지휘하기 위하여 평의회, 즉 소비에트(*Soviet*, Совет)를 결성하였다.[4] 결국 두마의 권한은 1905년 10월 17일 선언문(Манифест 17 октября 1905 г.)에 의하여 결정되었는데 이 선언문에 따라 두마는 최고 입법기관이 되었다. 즉 두마의 비준 없이는 그 어떤 입법행위도 효력을 발휘할 수 없도록 규정되었다. 이로써 제정러시아는 입헌군주제로 전환하게 되었다.

2. 니꼴라이 2세 통치 후기

(145) 제국러시아의 정체체제는 입헌군주제로 선포되었지만 이는 형식

---

2) 니꼴라이 V. 랴자노프스키 저 / 김현택 옮김, 앞의 책 『러시아의 역사 II(1801~1976)』, 121면 참조.

3) 이 책 (9) 참조.

4) 이 조직은 점차 확대되어 12년이 지난 후에는 볼셰비키 세력이 소비에트의 주세력이 되면서 제정러시아를 무너뜨리고 집권하게 된다.

적인 차원에 그쳤다. 실제로 니꼴라이 2세는 제1차 두마가 소집되기 직전에 기본법(Fundamental Laws, Основные Законы Российской Империи)을 공포하여 황제권을 대폭 강화하였다. 비록 두마에게 입법행위에 대한 비준권이 주어졌다고 하여도 두마를 통과한 법규범은 다시 황제의 최종 비준을 거쳐야 했기 때문에 사실상 입헌군주제의 요소가 많이 희석되는 결과를 가져왔다.

이러한 성격을 갖는 두마의 설립은 오히려 군주제를 반대하던 세력의 분열을 가져왔다.[5] 자유주의자들과 온건주의자들[6]이 현행 입헌군주제에 어느 정도 만족한 반면, 사회민주당과 같은 급진주의자들[7]은 실질적인 변화가 없다고 보고 정권에 대한 반대를 계속하였다. 그 결과 이들에 대한 억압정책이 강화되어 반대세력은 힘을 많이 잃게 되었다. 또한 황제는 두마의 소집권과 해산권을 향유하면서 자신의 이해관계와 정책에 부합하지 않는 두마를 몇 번씩이나 해산하고 재구성하였다.[8]

국가의 정치·경제적 상황은 제정러시아가 참전하고 있던 제1차 세계대전이 길어지면서 급격하게 악화되었다. 극심한 경기침체로 1916년 말에는 식량배급제까지 시행하기에 이르렀다. 황제에 대한 낮은 신뢰는 그가 내각을 비롯하여 주요 관료들을 지나치게 자주 교체하면서 더욱 떨어졌으며 이로 인하여 반정부세력이 크게 힘을 얻었다.

결국 1917년 3월 8일부터 수도에서 일어난 폭동과 시위가 극에 달하게

---

5) 니꼴라이 V. 랴자노프스키 저 / 김현택 옮김, 앞의 책 『러시아의 역사 II(1801~1976)』, 133면 참조.

6) 여기에 해당하는 대표적인 정당으로는 입헌민주당(Constitutional Democratic Party, Конституционная Демократическая партия), 진보당(Progressist Party, Прогрессивная партия) 등을 들 수 있다.

7) 앞에서 언급된 볼셰비키 외에 사회혁명당(Socialist-Revolutionary Party, Партия социалистов-революционеров) 등을 들 수 있다.

8) 제1차 두마(1906년 4월~6월), 제2차 두마(1907년 2월~7월), 제3차 두마(1907년~1912년), 제4차 두마(1912년~1917년).

되었고 이를 진압하기 위해 투입된 예비대대조차 반란자들 편에 서면서 상황은 돌이킬 수 없는 수준에 달했다. 3월 11일 황제의 해산명령을 무시한 두마는 다음 날인 3월 12일에 임시정부를 결성하였다. 3일 뒤 니꼴라이 2세는 동생인 미하일(*Mikhail*, Михайл)에게 왕좌를 넘겨주고 황제의 자리에서 퇴위하였으나 미하일은 다음 날 이를 거절하였고 이로 인하여 로마노프 왕조가 통치한 제정러시아는 역사 속으로 사라졌다.

3. 임시정부와 소비에트

146 2월혁명의 결과 진보연합을 중심으로 구성된 임시정부가 출범하였다. 국내외적으로 신속한 정부승인을 받았음에도 불구하고 임시정부는 정권을 장악하지 못하고 오히려 사회주의 세력이 주도하는 노동자와 군인 대표 소비에트(*Petrograd* Soviet of Workers' and Soldiers' Deputies, Петроградский Совет рабочих и солдатских депутатов)[9]의 강력한 도전을 받게 되었다. 실제로 소비에트는 노동자의 지지를 받았을 뿐 아니라 군대, 철도 및 공장을 통제할 정도로 실세를 쥐고 있었다. 임시정부는 니꼴라이 2세 정권이 취했던 것과 마찬가지로 제1차 세계대전에 대한 러시아의 참전을 한층 강하게 지원하였다. 이는 임시정부에 대한 민중의 지지를 감소시켰으며, 반대로 반전 입장을 취하던 소비에트를 키우는 결과를 가져왔다. 현실을 반영하여 임시정부는 온건 좌파가 주도하고 있던 소비에트의 몇몇 대의원을 포함시켜 연합정권을 형성하였으나 이는 오히려 임시정부 내에서 노선의 충돌 및 분열을 가져와 정책의 일관성을 크게 약화시켰다. 특히 정부는 그 '임시적' 성격이 중요한 약점으로 작용하면서 두마와 소비에트 사이에서 주도권을 행사하지 못하고 우왕좌왕하였다.[10]

---

9) 아래에서는 '소비에트'라고 약칭하겠다.

10) 니꼴라이 V. 랴자노프스키 저/김현택 옮김, 앞의 책 『러시아의 역사 II (1801~1976)』, 191면 참조.

한편, 소비에트 내에서는 점차 강경파인 볼셰비키 의원들의 목소리가 커져갔다. 특히 볼셰비키의 정신적 지주였던 블라디미르 레닌이 '4월 테제'(April Theses, апрельские тезисы)[11]를 발표하면서 부르주아 혁명의 다음 단계인 사회주의 혁명에 대한 필요성을 강력하게 주장하였다. 이와 함께 그는 "모든 권력을 소비에트로!"[12]라고 선언하면서 임시정부를 직접적으로 반대하였다. 6월에는 수도에서 제1차 전(全)러시아소비에트대회가 개최되었으며 수백 명의 지방 소비에트 대의원들이 참가하였다. 이렇게 소비에트는 지방에까지 확산되면서 확실한 기반을 마련해 나갔다. 드디어 각각 9월과 10월에 수도 소비에트와 모스크바 소비에트에서 다수를 차지하게 된 볼셰비키 당원들은 레닌의 주도 아래 볼셰비키의 군대인 적군(赤軍)을 앞세워 11월 초에 수도를 점령하고 소비에트 정부를 수립하였다. 사회주의 혁명이 성공한 것이다.

II. 국가 · 사회제도

1. 사회구성

147 20세기 초에 러시아 인민은 여전히 신분에 따라 구분되었다: ① 드보랴닌; ② 성직자; ③ 도시민; ④ 농촌인. 이러한 구분은 이전보다 그 의미가 감소하였으나 드보랴닌 계층은 여전히 다양한 특권을 누리며 요직을 차지하였다. 농노제 폐지 이후 인구의 1.5%를 구성하는 드보랴닌이 소유하는 토지의 비율이 크게 떨어졌으나 여전히 10~20%를 차지하였다.

이러한 신분의 구분과는 별도로 러시아 사회는 새로운 두 계급의 출현을 경험하게 되었는데 부르주아 계급과 프롤레타리아 계급이 그것이다.[13] 부

11) 2월혁명 이후 정세에 대한 분석과 사회주의 혁명에 대한 예견 등에 대한 볼셰비키의 기본적인 전술.

12) 원어로는 다음과 같다: "Вся власть Совету!"

르주아 계급은 기존의 상인계층과는 많이 달랐다. 특히 본래의 상인계급은 매우 제한적이었을 뿐 아니라 국가에 의해서 발급하는 특별증서[14]를 갖고 활동하였다. 그러나 1905년 이후부터는 이러한 제한이 사라졌고 상업에 종사하는 일이 자유로워졌다. 부르주아 계급은 엄청난 부로 인하여 가장 넓은 면적의 토지를 소유하게 되었으며 무엇보다도 정치적 세력으로 성장하였다. 이들은 대부분 우파를 구성하였으며 반정부 입장을 취하게 되었다. 한편, 프롤레타리아는 본래 농민이었던 자들이 산업화에 따라 노동자로 전환한 사람들이었다. 20세기 초에 900만 명 가까이 이르렀던 그들은 도시에 있는 공장으로 쏟아져 나오면서 도시의 인구수용 능력을 초과하게 되었다. 이는 경제위기와 더불어 노동자들의 극심한 불만을 가져왔고 결국 혁명의 촉진제 역할을 하였다.

2. 국가구조

(148) 1917년 2월혁명 이후 임시정부가 수립되기 전까지 국가구조는 두마의 설립을 제외하고 황제를 필두로 하는 기존의 질서를 크게 벗어나지 않았다. 황제는 제정러시아 시대 내내 유지되었던 국부와 러시아 정교의 수장 역할을 유지하였다. 무엇보다도 입헌군주제로 전환한 이후에도 황제는 입법권과 행정권에 있어 절대적인 권한을 유지하였다. 가령, 황제는 두마가 회기 중에 있지 않는 경우 비상시에는 칙령을 내릴 수 있었으며 두 달 내에 두마의 동의를 얻도록 되어 있는 동의를 받지 못하더라도 이는 소급하여 효력을 상실하지 않았다.

국정운영에 관한 주요 기관을 본다. 우선, 알렉산드르 1세에 의해 19세기 초에 설립된 국가평의회[15]는 계속해서 입법자문기관으로서 중요한 기능

13) Белковец / Белковец, *op.cit.*, p.103 참조.

14) 이 책 (100) 참조.

15) 이 책 (118) 참조.

을 수행하였다. 국가평의회는 입법을 위한 준비를 비롯하여 법규범을 입안하였으며, 이는 황제의 최종 비준을 받아 법으로서 효력을 발생하였다. 국가평의회는 두마의 창설 이후 입법기관으로 변경되었다. 최고 행정권은 장관회의(Совет министров)가 행사하였으며, 최고 사법권은 원로원이 계속해서 향유하였다. 1905년 이후에는 새롭게 창설된 두마가 '1905년 10월 17일 선언문'에 따라 입법권을 행사하였다. 그러나 두마는 민주주의 사회에서 볼 수 있는 일반적 의회와는 차이가 있다. 두마는 입법에 대한 최종 비준권을 가지고 있지 않았기 때문이다. 특히 '1906년 4월 20일 선언문'에 따라 국가평의회는 입법기관으로 변경되었다. 이로써 국가평의회는 상원의 역할을 하게 되었고 두마는 하원의 성격을 띠게 되었다. 결국 이 때부터 입법행위가 두마뿐만 아니라 국가평의회의 비준을 받도록 변경되었으며 최종 비준권은 여전히 황제가 보유하였다.

제2관 법 제 도

149 법제도, 특히 민사법은 혁명기에 들어 러시아법제사에 있어 매우 중요한 발전을 거치게 되었다. 혁명기의 법제도는 8개월 동안 정권을 잡았던 임시정부 시기에도 대체적으로 유지되었는데 이러한 이유로 임시정부 통치기를 따로 구분하지 않고 혁명기 전체의 법제도를 포괄적으로 살펴보겠다. 아래에서는 민법, 헌법적 성격의 기본법 및 형법을 차례대로 살펴보기로 한다.

I. 민법: 제정러시아 민법전안

150 20세기 초에 있어서 러시아 민법의 주된 법원은 러시아제국 법률요람이었다. 그러나 앞에서[16] 살펴본 바와 같이 러시아제국법률요람은 기

존의 법규범을 집대성한 것이었다. 급변하는 사회를 규율하기 위해서는 세밀히 검토되고 연구된 새로운 법전의 제정이 필요하였다. 이러한 배경에서 제정러시아 말에 민법전안(Проект Гражданского уложения) 제정작업이 공식적으로 이루어진 것이다. 그런데 안타깝게도 수년에 걸친 작업 끝에 완료된 민법전안은 제1차 세계대전과 1917년 볼셰비키 혁명 등으로 비준을 받지 못하고 말았다. 민법전안은 법으로서 효력을 갖지 못하고 안(案)으로 남게 된 것이다. 그러나 그 준비의 규모와 아울러 소련의 1922년 민법전 제정에 미친 절대적인 영향만으로도 높은 가치를 지닌다.[17] 특히 소련 붕괴 이후 러시아연방 민법전을 편찬하는 데 있어서도 제정러시아 민법전안의 내용이 매우 중요한 지침이 되었다. 민법전안의 구성은 다음과 같다: 제1권 총칙; 제2권 친족법; 제3권 물권법; 제4권 상속법; 제5권 채권법.

아래에서는 제정러시아 민법전안을 다음과 같이 세분하여 살펴보기로 한다:[18] ① 준비과정; ② 참고자료; ③ 새로운 특성.

1. 준비과정

(151) 민법전의 편찬을 위한 작업이 공식화된 것은 1882년이었다. 알렉산드르 3세는 1882년 5월 12일과 26일 날짜로 반포한 최고명령[19]에서 현존하는 민사규범의 고찰과 신법전의 편찬을 주문하였다. 이 최고명령에 기초하

---

16) 이 책 (120) 참조.

17) Маковский, *op.cit.*, “Гражданское законодательство в советской плановой экономике и в рыночной экономике России,” pp.8~9 참조.

18) 핵심내용은 В.А. Слыщенков, *Проект Гражданского уложения 1905 г. и его место в истории русского права*, Российская Государственная Библиотека, 2003, pp.92~137 참조.

19) 12 и 26 мая 1882 г., высочайшее повеление «Об общем пересмотре действующих гражданских законов и о составлении проекта гражданского уложения».

여 편집위원회(Редакционная комиссия)가 설립되었다. 이 위원회는 주로 원로원 의원이나 공직자들로 이루어졌는데, 편집위원들이 주어진 업무에 집중할 수 있도록 예외적인 경우를 제외하고는 본래의 의무로부터 면제되기까지 하였다. 편집위원회의 목적은 다음과 같이 설정되었다: ① 법률요람 제10권(민법편)과 법률요람 전반에 산재되어 있는 모든 민사규범의 집중·종합 및 원로원의 판례 등 실무활동의 정리; ② 러시아 민법을 다룬 현존하는 모든 서적 및 연구서의 검토 및 관련 서적의 목록작성; ③ 외국 민사규범의 번역. 특히 외국 민사규범의 번역작업은 매우 비중 있게 고려되었는데, 이는 러시아의 새로운 민법전을 제정하는 데 있어 서유럽 민사규범의 최신 경향을 참조하는 것을 무엇보다도 중요하게 여겼기 때문이다.

편집위원회는 민법전안을 준비하는 데 있어 많은 시간과 노력을 투자하였다. 민법전 초안의 일부가 1898년에 이르러서야 처음으로 완성되었는데, 이렇게 오랜 기간이 필요했던 데에는 상세하고 광범위한 연구 외에도 부족한 예산과 정치적 압력 등 부정적 외부요인도 작용하였다. 편집위원회가 가장 먼저 공개한 부분은 민법전 제5권을 구성할 채권법편이었다. 1899년에 편집위원회는 민법전안 제5권을 학계·실무계를 비롯하여 국가평의회에 배부하여 의견을 수렴하였다. 1901년에는 친족법을 다룬 제2권안과 물권법을 다룬 제3권안이 발간되었으며, 1903년에는 제4권안인 상속법과 제1권안인 총칙편이 배포되었다. 그리하여 1905년에는 다섯 편 모두를 포함한 민법전안이 완성되었다.[20]

1906년 그 임무를 다한 편집위원회가 해산되었다. 그러나 오랜 기간 동안 철저하게 준비된 민법전안은 다양한 정치적 이유로 인하여 국가평의회에 상정되지 못하다가 민법전안 제5권만이 1913년에 가서야 상정되었다. 이러한 부분적인 상정은 당시 계속 진행 중이었던 토지개혁[21]과 민법전안 내용

---

20) *Кодификация российского гражданского права*, Институт частного права, 2003, p.26 참조.

21) 이에 대한 구체적인 내용은 박상철, “새로운 농업개혁의 채택과 스톨리핀의 농업개혁사

의 충돌 가능성에서 비롯되었다. 한편 새로운 민법전안은 농민과 관련하여 예외적인 규정들을 제외하고 모든 민법의 주체들을 평등하게 규율하였다. 이런 이유로 농민들에 대한 차별정책을 펼치고자 하는 정치세력들의 입장에서는 민법전안은 받아들이기 어려운 것이었다. 또한 민법전안의 친족법편은 기존에 교회법 중심으로 운영되던 보수적인 규범체계와 많은 차이를 보임에 따라 비판의 대상이 되었다. 바로 이러한 이유로 논쟁의 여지가 상대적으로 적은 채무법편이 우선 상정된 것이다. 비록 다음 해인 1914년에 민법전안 전체를 두마에 상정하였으나 제1차 세계대전의 발발과 볼셰비키 혁명으로 인하여 민법전안은 법으로서 효력을 갖지 못하였다.

2. 참고자료

152 민법전안의 참고자료는 민법전안 부록에 모두 열거되어 있었다. 이 밖에도 민법전안의 조문마다 입법에 참고한 외국 민법조문을 모두 밝혀 놓았다. 그러므로 특정 조문의 연원을 이해하는 데 있어 매우 편리하였다. 민법전안은 제정러시아의 법률요람 및 관습법을 비롯하여, 외국 민법으로는 독일민법전(Bürgerliches Gesetzbuch), 프랑스민법전(Code civil des Français), 스위스채무법, 이탈리아민법전, 스페인민법전, 네덜란드민법전 및 미국의 캘리포니아 주 민법을 참고하였다. 한눈에 봐도 매우 치밀하고도 광범위한 조사가 이루어졌음을 알 수 있다. 아래에서는 주요 참고자료로서 제정러시아의 법률요람과 독일·프랑스의 민법전을 살펴보기로 한다.

(1) 법률요람

153 민법전안의 가장 중요한 참고자료로 우선 제정러시아 법률요람을 들 수 있다. 편집위원회는 민법전안이 기존의 법률요람의 핵심체계를 유지하

상," 『러시아연구』 제12권 제1호, 서울대학교 러시아연구소, 2002, 277~302면 참조.

면서 변화된 민사관계를 규율하기 위한 수정과 보완이 이루어졌다고 설명하였다.[22] 다수의 법규범이 법률요람의 규정들을 따른 것이 사실이지만 편집위원회의 입장표명은 객관적인 관점에서 평가할 때 실제보다 다소 과장된 것으로서 정치적인 발언에 더 가까웠을 것으로 보인다. 앞에서도 언급한 바와 같이 새로운 민법전안에 대한 정치적 반대 등을 고려한다면 편집위원들이 조심스러운 태도를 취한 것은 이상한 일이 아니다.

실제로 민법전안은 독일민법전이나 프랑스민법전을 참조하였음에도 불구하고 참조에 대한 설명으로는 법률요람을 표기하는 경우가 적지 않았다. 다음의 사례를 통하여 이를 살펴보기로 한다. 민법전안 제1584조[23]는 계약의 내용이 불능인 경우에 관한 규정이다. 그 규정에 따르면, 계약이 원시적 불능이면 무효이며 일방이 이러한 사실을 계약체결시에 알고 있었다면 상대방에게 신뢰이익을 배상할 책임이 부과되었다. 민법전안은 이 규정에 대한 참조조문으로 법률요람 제1528조를 들었다. 그러나 법률요람 제1528조의 내용을 자세히 살펴보면 이로부터 민법전안 제1584조를 이끌어 내는 데에는 무리가 있다. 법률요람 제1528조[24]는, 계약의 목적은 물건 또는 특정행위일 수 있으며 이는 법 또는 사회질서에 반할 수 없다는 내용이다. 민법전안 제584조는 오히려 독일민법전 제306조와 제307조를 참조한 것으로 판단된다.[25]

---

22) "…проект уложения без дей ствительной необходимости не отступает от начал действующего права, имея целью лишь исправить, дополнить и обновить закон соответственно потребностям современного гражданского оборота"(Слыщенков, *op.cit.,* p.106 참조).

23) 민법전안 제1584조: "Договор, имеющий своим предметом дей ствие невозможное, признается недействительным. Сторона, знавшая при заключении договора, что предметом его является действие невозможное, обязана возместить другой стороне убытки, понесенные ею вследствие того, что она рассчитывала на действительность договора."

24) 법률요람 제1528조: "Предметом (договора) могут быть или имущества или действия лиц; цель его должна быть непротивна законам, благочинию и общественному порядку."

독일민법전 제306조는 원시적 불능은 계약의 무효사유라는 취지를 정하고 있고, 제307조는 이와 같은 경우의 손해배상은 계약의 유효를 믿었음으로 인하여 발생한 손해(즉 신뢰손해)를 내용으로 한다는 취지이다.

(2) 독일민법전과 프랑스민법전

154 민법전안의 참고자료 중 가장 중요한 외국의 법전은 독일민법전 및 프랑스민법전이다. 여기에는 그 당시 두 나라의 민법전이 가장 영향력 있고 완성도 높은 법전이라는 사실 외에도 다른 중요한 요인이 작용하였다.

우선, 독일민법전이 민법전안의 중요한 참고자료로 작용할 수 있었던 요인으로는 독일민법전의 제정시기와 제정러시아 민법전안의 준비 시기가 거의 일치하였다는 점이다. 독일민법전은 1896년에 공포되어 1900년 1월 1일부터 시행되었다. 러시아 민법전안은 1882년부터 1905년까지에 걸쳐 입안되었는데, 그 당시 프랑스민법전보다 한층 체계적이고 세련된 독일민법전의 영향을 받았다. 이 밖에도 편집위원회 초기부터 비중 있는 위원으로 활동하였고 1900년부터 1904년까지 위원장을 역임한 크니림(*A.A. Knirim*, А.А. Книрим) 원로원 의원이 독일계였다는 사실도 중요하게 작용하였다. 그는 특히 독일민법을 신성시하던 인물이었다. 또한 제정러시아의 속령지였던 발트해안 지역에서 독일민법전이 절대적인 영향을 미치고 있었다는 점도 상당한 영향을 미쳤다.

프랑스민법전의 영향도 매우 컸다. 우선 19세기 초 알렉산드르 1세와 니꼴라이 1세 아래 제정러시아 법제도의 정비에 있어 가장 중요한 기여를 했던 스페란스키는 본래 프랑스민법전에 기반한 민법전을 편찬하려고 시도했었다. 앞에서 살펴본 바와 같이[26] 정치적 압박으로 인하여 민법전안이 채택되지는 않았지만, 그 당시 연구되었던 프랑스민법전은 계속해서 제정러시

25) 우리민법도 독일민법 제306조와 제307조를 참조하여 제535조(계약체결상의 과실)를 규정하고 있다.

26) 이 책 (120) 참조.

아에 큰 영향을 미쳤다.

이러한 배경 외에도 제정러시아의 속령지였던 폴란드 왕국에서 프랑스민법전이 민사규범을 규율하였다는 사실은 프랑스민법전의 영향을 잘 보여준다.[27] 폴란드 왕국의 경우 나폴레옹 전쟁 이후 유럽의 강대국들이 모인 비엔나 회의(1814~1815)의 결정에 의해 제정러시아로 편입되었는데, 폴란드 왕국은 나폴레옹의 지배를 받으면서 나폴레옹 법전을 수용하였다. 러시아는 폴란드 왕국이 제정러시아의 속령지가 된 이후에도 나폴레옹 법전의 효력을 유지시켰다. 프랑스와 마찬가지로 가톨릭 신앙을 공유하는 폴란드에 있어 굳이 러시아의 법체계를 적용시키지 않으려고 했던 것이 러시아의 기본입장이었다. 폴란드는 친족법 등 나폴레옹 법전의 일부를 바로 개정하였으나 기본적으로 1917혁명이 일어나서 러시아로부터 독립하는 순간까지 프랑스민법전이 폴란드 민사규범의 가장 중요한 법원으로 작용하였다. 이는 본토인 제정러시아의 민사규범에 영향을 미칠 수밖에 없었다.

3. 새로운 특성

(1) 일 반 론

155 편집위원회가 마련한 민법전안은 여러 면에서 기존의 제도를 개선시키고 한층 발전시켰다. 민법전안의 가장 중요한 변화로는 크게 두 가지를 들 수 있다. 첫째, 선진 외국법제의 영향으로 인하여 이전에 비하여 보다 체계적인 모습을 갖추게 되었다. 한편 그 내용에 있어서는 독자적인 요소를 포함하였다. 둘째, 앞에서 잠시 언급한 바와 같이 예외적인 경우를 제외하고는 평등과 형평성의 원칙이 중요하게 자리 잡았다. 다음에서는 이들 두 가지 사항에 대하여 좀더 구체적으로 살펴보기로 한다.

---

27) Маковский, *op.cit.*, “CODE CIVIL Франции и кодификация гражданского права в России” 참조.

첫째, 체계의 문제이다. 민법전안은 편별방식에 있어 19세기 초 스페란스키가 당시 민법전안을 위해 선택했던 프랑스민법전의 인스티투치온식 체계(Institutionensystem)가 아닌 판덱텐 체계(Pandektensystem)를 채택하였다.[28] 제정러시아 법률요람도 기본적으로는 판덱텐 체계를 따랐으나 체계의 일관성이나 통일성이 많이 부족하였다. 이와 달리 민법전안은 이 부분에 있어서 괄목할 만한 발전을 보였다. 그런데 민법전안의 판덱텐 체계는 독일민법전의 단순한 수용에 그치지 않고 독자적인 모습을 취하기도 하였다. 이와 관련하여 민법전안이 독일민법전의 체계보다는 그 당시 법안으로만 존재하던 스위스민법전에 더 가까웠다는 사실을 들 수 있다. 그러나 스위스민법전과 달리 제정러시아 민법전안은 총칙을 포함하고 있었다.[29] 한편, 민법전안의 총칙은 모두 130개 조문으로 구성되어 상대적으로 적은 분량이었다.[30] 그 결과 일반적으로 총칙에 포함되는 자연인의 행위능력에 관한 규정은 친족법(제2권)에, 법인과 관련된 다수의 규정은 채권법(제5권)에 포함되었다. 이 밖에도 민법전안의 체계와 관련하여 민·상법의 통일문제가 대두되었다. 이전에 스페란스키가 민법과 상법의 규범을 통일시키지 않은 것과는 대조적으로 편집위원회는 양자를 별도의 법전으로 편찬하는 데 반대하였다. 상법이 내용면에 있어 민법의 특별법이라는 생각이 강하였다. 무엇보다도 편집위원회는 독일민법전과 마찬가지로 구체적인 규범을 통하여 모든 경우를 규율할 수 있는 법조문보다는 스위스채무법과 유사하게 조금 더 일반적이고 추상적이지만 유연성을 잃지 않는 범규범을 선호하였다.

둘째, 평등과 형평성의 문제이다. 우선 평등과 관련하여 편집위원회는 신분 또는 인종에 기초한 차별을 제도에 의하여 최대한 배제시키려고 노력하였다. 농노제 폐지와 함께 배분되었던 토지에 대한 개인소유권 등에 따랐

28) 두 체계의 개념에 대해서는 명순구, 앞의 책 『민법총칙』, 9~10면 참조.

29) 당시 스위스민법안은 다음과 같은 체계로 구성되어 있었다: 제1편 인법; 제2편 친족법; 제3편 상속법; 제4편 물권법. 이와 같이 이 법안에는 총칙편이 없었다.

30) 민법전안의 전체 조문 수는 2640개이다.

던 제한은 여전히 부분적으로 유지되었으나 전반적으로 이를 제외한다면 기존과 비교했을 때 상당한 개선이 이루어졌다. 그럼에도 불구하고 민법전안은 제2조에서 성·종교 및 다른 요인으로 인한 권리능력의 제한가능성을 열어 놓음으로써 당시의 정치적 목소리를 완전히 무시하지는 않았다. 평등과 더불어 형평성 또한 매우 중요한 요소로 고려되었다. 그 한 예로 민법전안은 현저하게 불공정한 계약(кабальный договор)을 금지하였는데 이는 독일민법전의 영향을 받은 것이었다. 다만, 독일민법전 제138조는 궁박, 경솔 또는 무경험으로 인하여 현저하게 공정을 잃은 계약을 무효로 규정하였음에 반해,[31] 민법전안은 취소사유로 규정하였다(민법전안 제64조).

(2) 구체적 내용

156 민법전안의 구성체계는 다음과 같다.

제1권 총칙(제1조~제130조)
- 제1편 통칙
- 제2편 물건
- 제3편 권리의 취득과 소멸
- 제4편 권리의 보호

제2권 친족법(제131조~제739조)
- 제1편 혼인
- 제2편 부모·자녀와 친족
- 제3편 미성년자의 행위능력과 성년피후견인의 행위능력
- 제4편 후견
- 제5편 신분등록행위

제3권 물권법(제740조~제1341조)
- 제1편 통칙
- 제2편 소유권

31) 우리나라 민법 제104조도 같은 취지이다.

제3편 점유권
제4편 타인 소유물에 대한 물권
제5편 담보물권
제6편 토지소유권의 특수형태
제7편 저작권
제8편 발명, 상표, 상호에 대한 권리
제4권 상속법(제1342조~제1566조)
제1편 통칙
제2편 법정상속
제3편 유언상속
제4편 유류분
제5편 특수한 상속
제6편 상속권의 취득
제7편 상속재산의 분할과 분배
제5권 채권법(제1567조~제2640조)
제1편 통칙
제2편 계약채무
제3편 비계약채무

민법전안에는 외국 민법의 영향을 받아 기존의 법체계와 달리 새롭게 정한 규정이 상당히 많다. 아래에서는 외국 민법의 영향을 많이 받은 순서에 따라 우선 채권법을 살펴본 후 물권법과 총칙을 검토하겠다. 이후 상대적으로 외국 민법의 영향이 적었던 상속법과 친족법을 보기로 한다.

1) 제5권 채권법

157 제5권 채권법의 제정에 있어 외국의 민법자료는 절대적인 중요성을 띠었다. 제5권은 통칙(제1편)을 앞세운 후 계약채무(제2편)와 비계약채무(제3편)를 배치하였는데 이는 대체로 독일민법의 편별체계를 채택한 것으로 볼 수 있다. 다만 제3편에 사무관리(제2장), 부당이득(제3장), 불법행위(제4장)와

함께 현상광고(제1장)를 배치한 것이 이채롭다.[32]

제1편 통칙의 내용을 좀더 자세히 살펴보기로 한다. 통칙은 모두 157개 조문으로 구성되어 있으며 총 5개의 장으로 이루어졌다.

제1장 총칙(제1567조~제1568조)은 2개의 조문으로 구성되어 있다. 각각 채무에 대한 정의와 채무가 발생하는 원인의 유형을 규정하였는데 법률요람을 참고자료로 인용하였다. 제1장은 직접적으로 외국의 민법을 참고하지 않았다.

제2장 계약(제1569조~제1608조)은 40개의 조문으로 이루어졌으며 이 중 27개는 외국 민법을 참고하였다. 개정되거나 새롭게 도입된 조문은 다음과 같았다: 쌍무계약과 편무계약에 대한 정의(제1569조); 거래의 신고와 환・어음・수표의 인수(제1572~제1575조); 제3자를 위한 계약(제1589조~제1592조); 권리양도 포기의 대상금(제1596조~제1598조) 등.

제3장 채무의 이행(제1609조~제1678조)과 관련해서는 다음의 조문들이 외국 민법을 인용하였다: 불가분채권(제1612조); 다수당사자의 채권관계에서의 변제순서(제1613조~제1618조); 채무이행 비용의 채무자부담(제1621조); 변제기 전의 변제의 유효성(제1626조); 채권자지체(제1673조~제1678조) 등. 특기할 만한 규정으로는 제1655조를 들 수 있다. 이에 따르면, 채무자의 고의 또는 중과실에 의한 채무불이행은 정신적 손해에 대한 배상인 위자료를 지급할 의무를 가져온다. 이는 당시의 다수설을 받아들여 입법한 것으로 실질적인 금전적 손해가 발생하지 않았음에도 금전적 배상을 받을 수 있도록 하여 피해자를 한층 강하게 보호하기 위한 취지였다.[33]

제4장 채권・채무의 양도(제1679조~제1692조)에 관해서는 다음의 조문들이 외국 민법을 채용하였다: 채권양도가 금지되는 경우(제1681조); 채무자에 대한 항변요건으로서 채무자에 대한 통지(제1684조) 또는 채무자의 승낙(제

---

32) 독일민법은 현상광고를 전형계약의 하나로 규정하고 있다(독일민법 제657조~제661조의 a).

33) 혁명 이후 제정된 민법에서는 위자료가 인정되지 않았다. 이 책 (197) 참조.

1689조) 등.

제5장 채무의 소멸(제1693조~제1705조)과 관련해서는 제1694조를 제외한 상계에 관한 모든 조문들(제1695조~제1702조)과 혼동에 관한 조문(제1703조)이 외국 민법을 채용하였다.

제6장 연대채권과 연대채무(제1706조~제1723조)와 관련해서는 다음의 조문들이 외국 민법을 채용하였다: 연대채무(제1709조, 제1712조); 불가분채권(제1720조~제1723조).

2) 제3권 물권법

158 물권법의 경우도 외국 민법의 수용 정도가 매우 높은 편이다. 제1편 통칙의 규정 중 외국 민법을 참고한 것은 다음과 같다: 부동산등기에 관한 규정(제743조~제750조) 전체; 동산과 부동산에 대한 소유권의 취득에 관한 규정(제837조~제876조)의 약 반수; 용익물권(제917조~제926조)에 관한 규정 중 용익물권의 유형(제917조), 용익물권의 취득방법(제919조), 용익물권의 순위(제922조)를 제외한 나머지 규정 전체. 이 밖에도 동산에 대한 소유권 이전방식(제839조)과 무권리자로부터 이전 받은 동산과 부동산에 대한 소유권의 취득(제745조, 제751조)도 외국법을 참조하여 새롭게 제정된 것이었다. 특히 제751조는 독일민법의 선의취득 규정(독일민법 제932조, 제933조)을 반영한 규정이다.

3) 제1권 총칙

159 제1권 총칙의 첫 규정인 제1조는 자연인을 정의하고 있다: "모든 사람은 출생의 순간부터 사망에 이르기까지 인적 및 물적 권리를 취득·소유할 수 있다." 권리주체인 자연인에 관한 일반적 정의가 러시아 민법 역사에서 최초로 나타났다.

법인의 설립에 대해서도 외국법의 영향을 많이 받았으나 그 유형에 따라 보수적인 성격이 유지되기도 하였다. 재단의 설립은 인가주의를 따른 반면 주식회사와 같은 법인들에 대해서는 허가주의를 채택하였다. 합자회사 또는 합명회사는 준칙주의를 따랐다. 반면, 편집위원회는 비영리법인인 사단의 설립에 있어서 프랑스 또는 독일의 준칙주의와 달리 허가주의를 채택하였다.

권리의 취득 및 소멸 분야에 있어서 외국법의 수용은 다음의 규정에서 찾아볼 수 있었다: 계약체결에 있어서의 중대한 과실로 인한 착오에 대한 정의(제62조); 대리인의 월권행위의 효과(제70조); 조건부 계약(제72조~제76조). 이 밖에 소멸시효의 이익을 미리 포기하지 못한다는 규정(제107조)과 소멸시효의 임의적 변경에 대한 금지(제108조) 등 권리의 보호를 위한 규정들도 새롭게 수용되었다.

또한, 민법전안은 재판불능 상태를 방지하기 위한 규정도 마련하였다. 즉 민법전안 제18조는 법률 사이에 충돌이 있거나 규율이 불충분 또는 불명확한 경우 법의 기본원리(조리)에 따르도록 규정하였다. 이는 특히 스위스민법전 제1조의 영향을 받은 것으로 보이는데 스위스민법전 제1조는, 특정 사안에 대해서 법률 또는 관습법이 없는 때에는 조리를 원용하여 재판하도록 규정하였다.[34] 편집위원회는 해당 민법전안의 규정을 제정하는 데 있어 스위스민법전에 비해 보다 조심스러운 태도를 취하였다. 이는 사법기관이 판결을 통해 입법활동을 하는 것에 대한 우려가 작용하였던 것으로 보인다. 제18조에 이어 제19조는 법률이 불명확한 경우 원로원을 비롯한 기타 법원들의 판례를 따르도록 하여 제18조의 규범내용을 보충하고 있다.

4) 제4권 상속법

160 제4권 상속법은 제5권 채권법보다 외국 민법에 대한 의존도가 훨씬 적다. 이는 법률요람 등 제정러시아의 현행 법규범이 비교적 구체적으로 상속에 대해 규율하였기 때문이다.

상속법에서 외국 민법의 영향을 받아 그 내용이 변경된 것으로서 가장

---

34) 스위스민법 제1조의 관련 규정은 다음과 같다: ② 이 법에 규정이 없는 경우에는 법관은 관습법에 따르며 관습법도 없는 경우에는 그가 입법자라면 제정하였을 법칙에 의하여 재판하여야 한다; ③ 전항의 경우에 법관은 확증된 학설과 선례에 따른다.

중요한 것은 상속에 있어서의 남녀차별의 폐지를 들 수 있다. 민법전안 제1356조는 러시아 상속법의 역사에서 남성이 향유하던 우월한 상속지위를 배제시키고 있다. 상속의 장소(제1344조) 또는 상속자격의 박탈(제1347조~제1351조)에 대한 규정 역시 외국 민법을 참고하였다. 상속순위(제1357조)는 독일과 오스트리아의 상속체계와 동일한 모습을 보이지만 이는 외국법을 계수한 결과라기보다는 러시아 고유의 상속순위에 따른 것이다.

5) 제2권 친족법

161 민법전안의 규정 중 외국 민법의 영향을 가장 적게 받은 부분 제2권 친족법이다. 편집위원회는 친족법의 규정을 마련하는 데 있어 기존의 교회법을 상당부분 수용하였다. 이는 앞에서 언급한 바와 마찬가지로 정치적 요인 등이 작용하였을 것이라고 보인다. 그 결과 친족법은 민법전안의 전반적인 성격과 달리 보수적인 측면이 강했다. 혼인에 대한 교회법의 보수성을 특히 잘 보여주는 예로는 인종 또는 종교에 기초하는 혼인과 관련된 규정을 들 수 있다. 러시아 정교, 로마 가톨릭, 개신교 및 아르메니아 정교 등 같은 기독교 내에서도 혼인이 다르게 규정되었다.

그러나 친족법이 외국 민법의 영향을 완전히 배제한 것은 아니었다. 새롭게 수용한 규정 중 몇 개를 언급하자면, 부부동거원칙에 대한 예외적인 경우로서 아내와 남편의 별거를 허용하였고(제234조) 남편의 아내에 대한 지나친 요구는 가장으로서의 권한을 악용하는 것으로 규정되었다(제231조).

162 위에서 민법전안의 각 권별 특징을 살펴보았다. 그 결과 다음과 같은 사실을 확인할 수 있었다.

외국 민법의 수용 및 직·간접적인 영향이 적지 않았음을 알 수 있다. 그러나 이와 동시에 몇몇 사례가 보여주듯이 편집위원회는 독일과 프랑스 등 외국의 선진 민사규범을 맹목적으로 수입하지는 않았다. 어디까지나 민법전안의 규정들은 제정러시아의 정치·사회적 요인을 철저하게 연구하고 검토한 후에 입안되었기 때문이다.

외국 민법이 어느 정도의 영향을 미쳤는가 하는 문제보다 더 중요한 것은 러시아가 민법전안을 준비하는 과정에서 그 동안 서유럽과의 관계에서 존재하던 법문화의 격차 또는 이질성을 많이 극복하였다는 점이다. 종래 러시아 법제도는 키예프 공국 시대와 모스크바 공국 시대를 거치면서 로마의 직접적인 영향보다는 비잔틴법의 영향을 받으며 발전하였다. 제정러시아 시대에 들어 서유럽식 개혁이 단행되었으나 여전히 여러 측면에서 러시아법은 서유럽과 체계 또는 내용 면에서 차이를 보였다. 그러나 제정러시아 말에 이르러 편집위원회의 노력 덕분에 서유럽과 러시아의 수렴이 실현된 것이다.

민법 분야에 있어서 러시아와 서유럽 사이의 동질성은 사회주의 체제로 전환하여 법적 이데올로기가 변경된 후에도 어느 정도 유지되었다.[35] 일반적으로 생각하는 것만큼 사회주의 체제 하에서의 법제도가 로마법의 뿌리를 전면적으로 배제시킬 만큼 극단적인 변화를 가져오지 않았다는 사실에 유의할 필요가 있다. 정치·사회이념은 민법에 근본적·구조적 변화를 가져올 정도의 위력은 없었던 것이다. 결국, 20세기 초에 이루어진 법의 획기적인 발전은 러시아 법제사에 있어 가장 중요한 역사적 단계라고 평가할 수 있다.

II. 제정러시아의 기본법

(163) 제정러시아의 기본법(Основные Законы Российской Империи)은 1906년 4월 23일에 채택되었다. 본래 기본법은 1832년에 제정된 제정러시아 법률요람의 제1권을 구성하였으나 1906년 니꼴라이 2세에 의해서 크게 개정되었다. 이는 입헌군주제로의 전환 이후 새로운 정치체제를 정비하고 그 기반을 마련하기 위한 조치의 일환이었다. 1906년 기본법은 헌법이라는 명

---

35) 이 책 (175) 이하 참조.

칭을 사용하지 않았지만 그 내용에 있어서 국가의 최고기관을 비롯하여 인민의 기본권을 규율하는 등 러시아 최초의 헌법이라고 할 수 있다.[36)]

기본법은 총 17개 장과 223개 조문으로 이루어져 있다. 특히 기본법은 처음으로 인민들의 자유와 권리를 선포하였으며 이에 따라 개인의 불가침권인 신체의 자유(제30조), 거주지의 불가침권(제33조), 해외여행의 자유(제34조), 재산의 불가침권(제35조) 및 집회・언론・출판의 자유(제36조~제39조) 등이 명시적으로 규정되었다.

기본법은 가장 중요한 국가기관들에 대해서 규정하였다. 우선, 기본법은 황제에게 상당한 권력을 집중시켰다. 기본법 제4조에 따르면, 황제는 '최고의 절대권력'을 향유하였다. 물론 입헌군주제 하에서의 황제는 더 이상 종래와 동일한 수준의 권력을 행사하지 못하였다. 기본법 제7조에 따라 황제는 두마 및 국가평의회와 더불어 입법권을 행사하도록 규정되었기 때문이다. 또한 전제주의에 대한 보호장치로서 기본법을 개정할 수 있는 권리가 황제에게 주어지지 않았고 두마의 비준이 있는 경우에만 가능하도록 하였다. 그럼에도 불구하고 황제는 앞에서 언급한 바와 같이[37)] 비상시에 칙령을 선포할 수 있었던 관계로 사실상 입법권을 단독적으로 행사할 수 있었으며, 이 밖에도 행정, 군대, 외교정책, 전쟁선포권・강화권에 있어서 절대적인 권력을 행사하였다.

기본법에 따라 두마는 국가평의회와 함께 입법권을 부여받았다. 두마는 이 밖에도 예산확정권을 향유하였는데 이는 매우 제한적인 성격을 띠었다. 두마에게는 예산을 삭감하거나 인상할 권한이 없었으며 국가채무, 황궁예산, 전시특별예산 등에 대한 권한 역시 인정되지 않았다. 또한 두마에 의한 비준이 요구되는 예산이 두마를 통과하지 못했다 하더라도 특별한 문제가 되지 않았다. 왜냐하면 당해 연도에 예산이 두마를 통과하지 못했다 하더라도 그

---

36) Белковец / Белковец, *op.cit.*, p.106 참조.

37) 이 책 (148) 참조.

와 무관하게 전년도의 예산범위 내에서는 예산을 집행할 수 있도록 되어 있었기 때문이다.[38] 두마 의원은 비밀선거를 통하여 5년의 임기로 선출되었으며, 면책특권을 향유하였다. 두마의 정기회기는 황제의 소집명령에 따라 1년에 두 번 봄·가을에 열렸으며 일반총회는 공개적으로 이루어졌다.

국가평의회는 두마와 동일한 권한을 갖게 됨에 따라[39] 입법권을 행사하였다. 법안은 우선적으로 국가평의회를 거쳐 두마 그리고 마지막으로 황제의 비준을 받아야만 효력을 갖게 되었다. 이전과 달라진 점이 있다면 국가평의회의 구성원에 대한 임명권을 황제가 독점하지는 않았다는 것이다. 황제는 절반에 대한 임명권을 계속해서 보유하였으며 나머지 절반은 신성종무원 의원, 구베르니야 자치기구 선출인, 상인, 학자 등 다양한 대표들로 구성되었다. 국가평의회 의원은 9년의 임기가 보장되었으며 3년마다 1/3이 교체되었다.

III. 형 법

(164) 형법의 주요 법원으로는 계속해서 여러 차례 수정·보완된 1845년 형법전인 '형사형벌 및 교정형벌에 관한 법전'과 1864년 '미르 재판소 재판관이 선고하는 형벌에 대한 법규'가 있었다. 그러나 혁명기의 혼란은 형사법에 있어 특별법규에 대한 의존도를 증가시켰다. 이로써 형벌은 무거워지고 법에 의한 보호는 상당히 약화되는 결과를 가져왔다. 1906년 8월에는 '야전군법회의에 관한 규정'(Положение о военно-полевых судах)이 채택되면서 예심없이 48시간 내에 사건을 처리하였다.[40] 1912년에는 간첩활동에 대한 규정이 채택되었는데 간첩활동의 개념이 매우 넓게 해석되면서 악용의

38) 니꼴라이 V. 랴자노프스키 저 / 김현택 옮김, 앞의 책 『러시아의 역사 II(1801~1976)』, 134면 참조.

39) 이 책 (148) 참조.

40) Толстая, *op.cit.*, p.171 참조.

가능성을 낳았다. 이 밖에 제1차 세계대전 중에 군형법이 많이 개정되었다. 탈영 또는 기타 군사위계질서에 반하는 행위에 대해서 15~20년의 유배 또는 즉각적인 사형이 선고되었다.

요컨대, 혁명기에 있어서 형법은 반정부운동과 제1차 세계대전으로 인하여 그 성격이 가혹해졌다.

제 7 장

소비에트연방

07

제1절 전시공산주의(1917~1921)

제1관 국가·정치적 배경

I. 정치상황의 개관

165 볼셰비키는 10월 혁명으로 권력을 쟁취하였으나 아직은 이것이 볼셰비키에 의한 전국의 실효적 지배를 의미하지는 않았다. 오히려 볼셰비키의 집권에 반대하는 세력의 규모나 영향력이 새로운 정권에 상당한 위협으로 남아 있었기 때문에 볼셰비키는 몇 년에 걸쳐 이를 강압적으로 굴복시킬 수밖에 없었다. 이러한 상황에서 1917년부터 1922년 사이에 러시아 극동지역에서 백군(白軍)[1]이 완전히 소탕되는 순간까지 적군과 백군 사이에 내전이 계속되었으며, 이 시기를 전시공산주의라고 부른다. 혁명 직후에 시작된 내전은 러시아의 민주화를 희망하는 동시에 러시아의 혼란스러운 정치상황을 이용하여 국내정치에 간섭하고자 하는 미국과 서유럽 정부 등 연합국의 개입을 초래하였다. 연합국 군대는 직접 러시아 영토에 주둔하면서 해안선을 봉쇄하는 등 볼셰비키 정권을 압박하였다. 그러나 그들은 가능하면 직접적인 전투를 피하면서 멘셰비키의 백군을 지원하는 간접적인 방식을 선호하였다. 수적으로 우세했던 멘셰비키는 조직과 전략상의 우위를 보였던 적군에게 계속 밀리게 되면서 러시아 극동지역까지 후퇴하다가 결국 해산되고 말았다. 그리고 연합국 군대 역시 1920년 철수하였다.[2]

---

1) 백군은 볼셰비키와 적군에 대항하는 세력인 멘셰비키들의 군대였다. 멘셰비키는 소수파(小數派)라는 뜻을 가졌는데 사회민주노동당이 분열해 형성된 사회주의 우파였다.

2) 니꼴라이 V. 랴자노프스키 저 / 김현택 옮김, 앞의 책 『러시아의 역사 II(1801~1976)』, 218면 참조. 일본군대는 러시아 극동의 연해주에서 1922년까지, 사할린에서 1925년까지 주둔해 있다가 마지막으로 철수하였다.

혁명이 일어난 날인 11월 7일 저녁에 제2차 전러시아소비에트 대회가 소집되었다. 온건파 사회주의자들이 이 대회에 불참하였으며 그 결과 다수를 차지한 볼셰비키들은 10월 혁명을 승인하였다. 또한 임시정부의 해산에 대한 공식결정이 내려졌으며 세 개의 법령이 함께 반포되었다:[3] ① '평화에 대한 법령'(Декрет о мире); ② '토지에 대한 법령'(Декрет о земле); ③ '임시 노동자·농민정부에 대한 법령'(Декрет о Временном рабоче-крестьянском правительстве). 첫째, 평화에 대한 법령은 당시 진행되던 모든 종류의 분쟁의 종료 및 모든 민족과 정부들의 공평하고 민주적인 평화에 대한 논의를 요구하였다. 둘째, 토지에 대한 법령은 지주들 개인의 토지소유권을 박탈하였다. 농민들의 소유지는 무상몰수의 대상에서 배제되었다. 이와 함께 토지를 사용할 수 있는 권리는 개인적 노동을 통해 토지를 개발하고자 하는 모든 인민에게 인정되었다. 이러한 정책은 친농민정책으로서 러시아 농민들의 지지를 얻는 데 있어 중요한 역할을 하였다. 비록 정권을 장악하였으나 혁명 직후에 볼셰비키의 지배는 여전히 불안정하였다. 그러므로 이와 같은 정책은 볼셰비키에게 매우 중요한 일이었다. 셋째, 임시 노동자·농민정부에 대한 법령은 인민위원회(Совет народных комиссаров)를 창설하였다. 인민위원회는 제헌회의가 창설될 때까지 정부의 기능을 수행하였으며 블라디미르 레닌이 의장직을 차지하였다.

1918년 10월 제5차 전러시아소비에트 대회에서 소비에트 헌법이 채택되어 선포되었다. 이에 따라 러시아 소비에트 사회주의 연방공화국(Российская Советская Федеративная Социалистическая Республика)이 탄생하였다.

II. 국가·사회의 제도

166 사회주의 혁명으로 인하여 기존의 모든 제도는 부르주아적인 것

3) Толстая, *op.cit.*, p.177 참조.

으로 치부되어 전면 폐지되고 새로운 사회주의 체제가 확립되었다. 새로운 체제의 이념적 근본을 이루었던 것은 마르크스-레닌주의[4]이다. 국가를 부인하는 마르크스-레닌주의에 따라 설립된 새로운 체제는 어떤 모습을 하였을까? 본래 마르크스-레닌주의에 의하면 사회주의의 최고 단계인 공산주의 아래에서는 국가가 소멸할 수밖에 없었다. 국가 자체가 억압기제로서 작용하기 때문에 이는 폐지되어야만 하였다. 그러나 레닌은 혁명 직후 러시아에서 아직 공산주의 사회가 달성되지 않았으며 이러한 시점에서는 국가가 도구로서 일시적으로 필요하다고 주장하였다. 그는 이와 관련하여 소비에트 공화국의 형식으로 프롤레타리아 독재를 시행할 것을 주장하였다. 그의 이론의 핵심은 노동자·농민 계층이 권력을 독점한다는 것이었다. 이와 같은 이념에 맞추어 제2차 전러시아소비에트 대회에서는 전러시아소비에트 대회가 최고권력기관

---

4) 마르크스-레닌주의이론의 마르크스주의의 뿌리는 18세기 계몽주의, 고전 경제학, 유토피아 사회주의, 독일 관념 철학 등을 포함하는데 현실을 파악하는 열쇠 및 그 핵심으로는 변증법적 유물론을 들 수 있다. 마르크스주의는 인간의 생활, 사회조직 및 역사에서 경제적 요인이 우선함을 강조하였으며 물질적 생산수단의 생산양식은 사회적, 정치적 생활의 전체과정을 조건짓는다고 보았다. 또한 인간의 사회적 존재가 인간의 의식을 결정짓는다고 보았다. 모든 사회에서의 기본적 구분은 착취자와 피착취자 그리고 생산수단의 소유자와 생계를 유지하기 위하여 소유자에게 노동을 팔지 않으면 안 되는 사람들 사이의 구분이다. 마르크스주의자는 만물이 항상 변화하고 있다는 점을 강조하였고 이 변화를 변증법적 법칙의 엄밀한 정확성과 과학성을 띤 확고한 양식에 따라 해석하였다. 반면, 레닌주의는 레닌이 마르크스주의를 현실세계의 변화하는 조건과 러시아의 구체적 환경에 적용시키기 위하여 기본교의에 몇 가지의 중요한 보완과 수정을 가하여 형성되었다. 바로 이 수정이 소련에서는 진리가 되었으며 또한 이 이데올로기 전체가 마르크스-레닌주의로 불리게 되었다. 레닌은 당의 성격에 대하여 명확한 지도노선과 군대식 기율을 갖춘 꽉 짜여진 헌신적 직업혁명가의 집단으로 보았다. 또한 마르크스주의와는 달리 농민을 무시하고 소사산가로서 부르주아 진영에 넣는 대신 프롤레타리아와 당에 의해 적절히 지도되기만 한다면 빈농도 혁명적 세력이 될 수 있다는 결론에 도달했다. 이 밖에 레닌은 자본주의가 그 궁극적인 형태에 있어서 독점 및 세계를 지배하는 금융자본과 함께 제국주의가 된다고 결론을 내렸다(니꼴라이 V. 랴자노프스키 저 / 김현택 옮김, 앞의 책 『러시아의 역사 II (1801~1976)』, 197~200면 참조).

으로 선언되었다. 이와 더불어 대회가 열리지 않는 기간 동안 대회를 대신하여 그 권한을 행사하는 기구로서 전러시아 중앙집행위원회(Всероссийский Центральный Исполнительный Комитет 또는 ВЦИК)가 결성되었다. 그리하여 중앙위원회는 최고입법기관이 되었다.

정부의 경우 그 기능은 바로 앞에서 언급한 인민위원회가 수행하게 되었다. 본래 인민위원회는 제헌회의가 설립되기 전까지만 존재하는 임시기구로 세워졌다. 그러나 소비에트 정부가 권력을 장악해 나가자 볼셰비키들은 입장을 바꾸어 제헌의회의 설립과 동시에 이를 해산해 버렸다. 이로써 인민위원회는 최고행정권을 행사하는 기관으로 남았다. 특히 인민위원회는 1918년 1월 말에 열린 제3차 전러시아소비에트 대회를 통해 공식적으로 그 임시적 성격을 완전히 벗었으며, 입법권까지 부여받아 전러시아 중앙집행위원회와 함께 가장 중요한 입법기관이 되었다. 인민대의원대회 의장직은 블라디미르 레닌이 맡았는데, 그는 공산당의 전러시아 중앙집행위원회와 정치국을 겸직하면서 최고권력자의 자리에 오르게 되었다.

이 밖에 신분제도가 철폐되었으며 상류 및 중류계급은 마르크스-레닌주의 이념에 반하는 것으로 간주되어 재산몰수 또는 정부에 의한 억압을 받았다. 교회재산도 몰수의 대상이 되었으며 학교에서 이루어지던 종교수업이 사라지는 등 점차 마르크스-레닌주의의 유일사상화가 진행되었다.

제2관 법 제 도

I. 법적 특성

167 전시공산주의 기간 동안 법전편찬 작업은 이루어지지 못하였다. 법전편찬은 소비에트 국가가 어느 정도 안정을 찾고 신경제정책을 펼치기 시작하는 1920년대 초부터 가능해졌다. 1917~1920년 사이에는 판례법이 중

요한 역할을 담당하였다.[5] 법관은 혁명의식에 근거한 혁명적 정의를 집행할 것을 요구받았다. 사회체제의 급격한 변화로 인하여 종래의 법을 그대로 운용하는 것이 어려워짐에 따라 임시적인 방편으로 판례법 체계를 시행한 것이다. 이러한 판례법의 실험은 볼셰비즘 고유의 성격과는 어긋나는 방향이다. 볼셰비즘은 법정책에 있어서 입법을 통한 법실증주의의 특성을 보유하고 있기 때문이다. 이렇게 보면 비록 짧은 기간이기는 하나 이 시기의 판례법주의는 볼셰비즘의 고유특성으로부터의 일시적 이탈로 볼 수 있다.

이 시기에 있어 입법가들의 기초적 정책결정은 다음과 같았다.[6] 첫째, 모든 제정러시아 법률은 새로운 질서와 양립할 수 없는 한도에서 폐지되었다. 둘째, 새로운 법들의 공포를 연기하면서 혁명재판소의 법관들로 하여금 판례법을 형성하도록 유도하였다. 법관들은 물론 혁명의식과 사회주의 관습에 부응하는 방향으로 판례법을 형성해나갔다. 셋째, 소비에트 법전편찬의 기본방향은, 초기의 프랑스제국의 법전편찬과는 달리 영구적 또는 오랜 기간을 겨냥한 법전보다는 오히려 융통성 있고 시대적 변화에 적응될 수 있도록 하였다. 넷째, 일단 법전화되면 그 어떠한 경우에도 법관들은 그 법전을 적용하도록 하였다.

II. 헌 법

168 최초의 소비에트 헌법은 1918년 7월 10일에 제5차 전러시아소비에트대회에서 채택되어 선포되었다. 1918년 헌법은 전러시아 중앙집행위원회와 인민대의원대회 합작품이라고 할 수 있다. 이 헌법은 그 당시 세계적으로 존재하던 모두 헌법과 차이를 보였는데, 이는 마르크스-레닌주의가 그 이념적 근본을 이루었기 때문이다. 특기할 만한 것은 1918년 헌법은 한 국가의

5) 金徹, 『러시아 - 소비에트法』, 民音社, 1989, 64면 참조.

6) 金徹, 앞의 책 『러시아 - 소비에트法』, 65면 참조.

기본법으로서의 성질을 넘어 선다는 점이다.[7] 이 헌법은 전 세계의 사회를 그 대상으로 삼고 있었다. 제3조를 통하여 그 성격을 파악할 수 있는데 그 내용은 다음과 같다. "본 헌법은 다음과 같은 목표를 세운다: 사람에 대한 사람의 모든 착취의 제거; 사회의 계급 구분의 완전한 종료; 착취자의 무자비한 억압 그리고 사회주의 사회의 건설 및 모든 국가에서의 사회주의의 승리" 이러한 목표의 달성을 위하여 1918년 소비에트 헌법은 무력사용의 필요성도 직접적으로 규정하였다.

1918년 헌법은 러시아소비에트사회주의 연방공화국의 통치구조를 결정하였으며 이에 따라 헌법기관으로는 전러시아소비에트 대회를 비롯하여 전러시아 중앙집행위원회, 전러시아 중앙집행위원회 상임간부회(presidium of the VTsIK, Президиум ВЦИК), 인민위원회 및 지방 행정구역 단위별 소비에트가 규정되었다.

헌법상 선거권은 18세 이상의 성인에게 인정되었으며 남성뿐만 아니라 여성에게도 주어졌다. 또한 헌법은 제3조에서는 노동의무를, 제19조에서 병역의무를 규정하였다. 제18조에서는 "노동하지 않는 자는 먹지 못한다"라는 슬로건이 선언되었다. 그러나 1918년 헌법은 그 이후의 개정 헌법과는 달리 아직 교육, 노동 그리고 휴식의 권리를 규정하지 못하였는데 이는 그 당시의 어려운 사회・경제상황을 반영한다.[8]

이상으로 알 수 있는 바와 같이 러시아연방공화국의 1918년 헌법은 같은 시기의 다른 나라 헌법과는 달리 계급적 방향성을 보여주고 있다.

III. 민 법

169 생활관계 전반에 대한 국가적 차원의 통제는 민법의 영역을 상

7) Усанов, *цит.*, p.219 참조.
8) *Ibid.*, p.220 참조.

당히 축소하는 결과를 가져왔다.[9)] 또한 새로운 정치체제에 따라 사회주의적 법체계가 형성되어 있지 않은 상황에서 가장 중요한 법원은 혁명적 가치와 정의였다. 이전과 다른 새로운 모습은 소유권의 개념변화에서 가장 잘 드러난다. 앞에서 언급한 토지에 대한 법령은 전러시아소비에트 대회가 가장 먼저 반포한 법률 중 하나였을 만큼 중요하였다. 이에 따라 사회주의적 소유의 개념이 탄생하였다. 이를 통하여 사유가 폐지되었으며 토지를 비롯한 지하매장물이 개인으로부터 사회인민 전체에게로 이전되었다. 그 결과 오직 국가만이 토지에 대한 처분권을 갖게 되었다.

1918년부터는 외국과의 모든 무역에 대한 국가의 독점권이 선언되었다. 국내시장에서도 일부의 품목은 거래금지 또한 제한적 거래의 대상이 되었다. 이 중 가장 중요한 것으로는 빵, 석유, 성냥, 천, 금속품 등을 들 수 있다. 개인적 차원에서 이루어지는 거래가 금지됨에 따라 암시장이 형성되었다.[10)] 같은 해 4월에는 전러시아 중앙집행위원회에 의해 '상속의 폐지에 대한 법령'(декрет об отмене наследования)이 반포되었다. 이로써 유언상속과 법정상속 모두 인정되지 않았으며 사람이 사망한 경우 1만 루블을 제외한 그의 재산은 모두 국가로 이전되었다. 1만 루블은 사망인의 친족들이 사회보장조치의 일환으로 받을 수 있었다. 이 밖에 저작권 역시 상속의 대상에서 배제되었다. 모든 예술·문학 작품에 대한 권리가 국유화되었다. 상속에 대한 금지와 같은 취지에서 1918년 5월 20일 전러시아 중앙집행위원회 법령에 따라 증여에 대한 제한이 시행되었다. 타인에게 1만 루블 이상의 가치를 무상으로 이전하는 것이 금지되었다. 1만 루블 이하의 증여에 대하여도 인민대의원대회 허가가 요구되었다.

이 시기에 있어 가장 큰 변화는 친족법 분야에서 찾을 수 있다. 혁명 직후인 1917년 12월에 전러시아 중앙집행위원회와 인민위원회는 두 개의 법령을

9) Белковец / Белковец, *op.cit.*, p.120 참조.

10) *Ibid.*

채택하였다: '혼인, 자녀 및 신분등록부에 관한 법령'(декрет о гражданском браке, о детях и ведении книг актов состояния); '이혼에 관한 법령'(декрет о расторжении брака). 이에 따라 종래의 법에서 혼인요건으로 요구되던 부모 또는 상사의 동의를 비롯하여 종교 또는 신분에 따른 특별 요건들이 모두 폐지되었다.[11] 더 이상 교회혼인은 인정되지 않았으며 오직 혼인·출생신고처에 등록된 혼인만이 법적으로 유효하였다. 혼인외의 자녀들에게도 혼생의 자녀들과 동등한 법적 권리를 인정받았다. 또한 까다로운 이혼절차가 모두 폐지됨에 따라 부부 중 배우자 일방의 의사만 있어도 이혼이 허용되었다.

이 시기에 있어 친족법의 중요한 법제도적 결실 중 하나는 친족법전의 탄생이다. 러시아 법제사에 있어 최초로 친족법이 민법으로부터 분리되어 별개의 법전을 이루게 되었다. 이는 가족의 사회·경제적 의미를 중요하게 생각하는 사회주의의 일반이념의 반영으로 볼 수 있다.[12] 1918년 친족법전의 가장 큰 특징은 부부평등원칙이 명시적으로 확립되었다는 점이다.[13] 부부별산제를 비롯하여 부부는 별거의 권리가 주어졌다. 특히 부부별거허용제도는 종래 아내가 남편에게 구속되어 있던 것과 크게 다른 모습이다. 이 밖에도 친족법전은 1917년의 두 법령에 따라 이루어진 자녀들과 미혼모에 대한 법적 보호를 명문화하였다. 부모는 미성년자녀와 노동무능력 자녀들을 양육하고 보호할 의무가 있었고 자녀들에게는 나이 많은 부모를 보살필 의무가 부여되었다.

IV. 형 법

170 혁명 전인 20세기 초 선진적 법제도를 보이던 러시아의 형법은

11) Толстая, *op.cit.,* p.184 참조.

12) 이때로부터 현재까지 러시아에서는 친족법전이 민법전에서 분리되어 독립적으로 존재하고 있다.

13) Толстая, *op.cit.,* p.184 참조.

볼셰비키의 집권 이후 정치적 목적을 위한 도구로 전락하면서 시대의 흐름에 역행하게 되었다. 전시공산주의 시기에 있어 범죄는 반혁명범죄와 일반범죄로 구분되었으며 특히 전자가 중요한 범죄로 여겨졌다. 실제로 소비에트 정권을 반대하거나 이를 위협하는 모든 행위가 반혁명범죄로 간주되었으며, 그 예로 입헌민주당과 사회혁명당 등의 정당들이 반혁명범죄의 혐의로 탄압을 받았다.[14] 반혁명범죄 못지않게 위험한 범죄로는 납치, 투기, 강도행위 등이 있었다.

형벌의 경우 전시공산주의 초기의 법령들은 형벌의 구체적인 내용을 포함하지 않았다.[15] 형벌의 내용에 대한 최초의 규정은 1917년 12월 12일 법무 인민위원부 지침(Инструкция Наркомюста от 19 декабря 1917г.)을 통하여 이루어졌는데 이에 따라 벌금, 7일~10년의 징역형, 유배 등이 규정되었다. 1918년 여름부터 사형제도가 부활하였으며 혁명재판소에게는 모든 종류의 형벌을 부과할 수 있는 권한이 주어졌다. 형벌의 경중을 결정하는 데 있어 중요한 기준으로는 범죄인이 사회에 미치는 위협의 정도와 성격을 들 수 있다. 범죄인의 출신성분 또한 형벌의 경중을 결정하는 요인이 되었다. 가령 범죄인이 착취계급에 속하는 부르주아 출신인 때에는 형벌이 가중되었다. 무의식, 궁박 또는 기아 등의 요인은 형벌경감요인으로 작용하였다.

형법전이 제정되기 전인 전시공산주의 시기에는 유추해석의 법리가 널리 적용되었는데 이에 따라 형법의 해석에 있어 법관의 재량권이 넓게 인정되었다.[16]

V. 재판소제도

171 1917년 12월 종래의 사법체계가 폐시되면서 기존의 재판소 대신

14) Белковец / Белковец, *op.cit.,* p.122 참조.

15) *Ibid.*

16) *Ibid.*

에 혁명재판소와 인민재판소가 설립되었다. 1917년과 1918년에 걸쳐 재판소에 관한 세 개의 법령이 채택되었다. 이 밖에 1918년 말에 채택된 '인민위원회에 관한 규정'(Положение о народном суде РСФСР)에도 재판소에 관한 내용이 포함되어 있었다. 이러한 법규정들을 통해 소비에트 사회 최초의 단일 재판소제도가 구축되었다. 그 결과 재판소로는 지방인민재판소, 오꾸르그(管區, *okrug*, округ)인민재판소, 오블라시치(州, *oblasti*, область)인민재판소, 최고사법통제원(верховный судебный контроль) 및 혁명재판소가 있었다.

지방인민재판소는 기본재판소로서 한 명의 인민재판관과 지방 소비에트에 의해 선출된 2~6명의 인민재판위원(народрый заседатель)으로 구성되었다. 지방인민재판소는 소송액 3천 루블 미만의 민사사건과 징역형 2년 미만의 형사사건을 담당하였다. 예심은 재판관이 직접 맡았으며 상소심은 우예즈드 단위의 재판관 합의부가 진행하였다. 그러나 우예즈드 재판소가 제대로 작동하지 않았던 관계로 상소는 유명무실한 경우가 많았다.[17]

재판소에 관한 법령 제1호에 따라 인민재판소 외에 혁명재판소가 특별재판소로 설립되었다. 혁명재판소는 반혁명범죄를 비롯하여 전매를 통한 시장왜곡, 태업 등의 국가 전반에 관련된 중한 범죄를 관할하였다. 혁명재판소는 재판장을 비롯하여 구베르니야와 시 소비에트에서 선출된 6명의 위원으로 구성되었으며, 이 밖에도 예심위원회가 함께 선출되었다.

1917년 12월에는 전러시아 비상위원회(Всероссийская чрезвычайная комиссия)가 설립되었다. 이 단체는 반혁명 세력과의 싸움에 있어 독립성이 보장되며 자체적으로 경찰력을 보유하는 등 광범위한 권한이 주어짐에 따라 핵심적 역할을 수행하였다.[18] 특별법령에 따라 전러시아 비상위원회에게는 초사법적 관할권이 인정되었고 최고형인 총살까지 선고할 수 있었다.

17) Белковец / Белковец, *op.cit.*, p.118 참조.

18) А.И. Толстая, *op.cit.*, p.187 참조.

제2절 신경제정책(1921~1928)

제1관 국가·정치적 배경

I. 정치상황의 개관

(172) 혁명 이후부터 줄곧 진행되어 오던 내전은 1920년대 초 백군이 소탕되면서 일단락되었다. 이로써 소비에트 정권이 권력을 굳히자 가장 먼저 러시아가 1918년 말에 소비에트 사회주의 연방공화국을 선포한 이래로 우크라이나 소비에트 사회주의 공화국(Украинская Советская Социалистическая Республика), 벨로루시 소비에트 사회주의 공화국(Белорусская Советская Социалистическая Республика), 자카프카지예 소비에트 사회주의 연방공화국[19](Закавказская Советская Федеративная Социалистическая Республика)이 뒤따라 생성되었다. 이후 1922년 12월에는 전연방 소비에트 대회에서 앞에서 말한 사회주의 공화국들이 연합하여 소비에트 사회주의 공화국연방(Union of *Soviet* Socialist Republic, Союз Советских Социалистических Республик)을 결성하였다. 소비에트연방은 1925년에 타지키스탄 소비에트 사회주의 공화국(Таджикская Советская Социалистическая Республика)과 우즈벡 소비에트 사회주의 공화국(Узбекская Советская Социалистическая Республика)을 새 구성국으로 받아들이는 등 계속해서 확대되었다.

II. 국가·사회의 세노

(173) 1920년대 말에 이르러 사회·경제적 위기가 심화되었다. 특히

19) 그루지야, 아르메니아, 아제르바이잔이 구성국을 이루었다.

농민들의 반란이 전국적으로 확산되는 가운데 소비에트 정권은 최대의 위기를 맞이하였다. 그러나 반란이 반(反)소비에트적 성격을 띤 것은 아니었다. 농민들은 소비에트 정권 자체에 대해 불만을 표출한 것이 아니라 볼셰비키 당에 의한 권력독점을 반대하였던 것이다.[20] 이러한 총체적 위기를 극복하기 위하여 레닌은 혁명 직후의 전시공산주의를 종료시키고 1921년 3월 제10차 러시아 공산당 대회(съезд РКП(б))에서 신경제정책(New Economic Policy, Новая Экономическая Политика)을 선언하였다. 신경제정책의 핵심내용은 사회주의 경제의 기본 구조를 유지하면서 시장경제의 요소를 제한적으로 받아들이는 것이었다. 이로써 궁극적으로는 국가계획경제를 운영하면서 사회주의 건설을 위한 튼튼한 경제기반을 마련하고자 했다. 이 밖에도 신경제정책은 사회 긴장도의 완화, 소비에트 정권의 강화, 국제적 고립의 방지 등을 추구하였다. 일시적인 타협으로서 신경제정책이 채택되긴 하였으나 공산당은 정치적 차원에서 통제를 잃지 않았다. 또한 경제면에서도 국가는 재정, 대규모 혹은 중간 규모의 산업, 현대적 운송수단, 무역, 도매업 등 소위 경제의 핵심부문에 대한 배타적 통제를 계속 확보하였다.[21] 그러나 20명 미만의 노동자를 고용하는 소규모 산업과 소매상은 사기업을 운영할 수 있었다. 신경제정책에 따라 전시공산주의 기간에 실시되었던 생산물의 강제징수를 대신하여 곡물에 대한 확장된 물납세(이후 화폐세) 제도를 도입하였다. 이러한 정책으로 인하여 농민들은 자유시장을 통하여 개인적으로 자신들의 잉여수확물을 팔거나 수확할 수 있었는데, 이는 상당한 경제적 인센티브로 작용하였다. 농민들은 납세 후 남은 것을 자유시장에 가져다가 팔거나 개인적으로 소유할 수 있게 되어 생산확대의 계기가 되었다.[22] 결국 신경제정책의 채택 결과 농업이 향상되었으며 시장경제의 요소들이 도입되면서 몇 년 사이에 경

---

20) Толстая, *op.cit.*, p.193 참조.

21) 니꼴라이 V. 랴자노프스키 저 / 김현택 옮김, 앞의 책 『러시아의 역사 II (1801~1976)』, 224면 참조.

22) *Ibid.*

제가 제1차 세계대전 이전 수준으로 회복되었다.

제2관 법 제 도

174 경제정책으로 특징지워지는 1920년대 전반에는 소비에트 정권의 수립 후 새로운 체제에 의한 법전화 작업이 이루어졌다. 1922년과 1923년 사이에 채택되어 효력을 가진 법전으로는 다음을 들 수 있다: 민법전, 형법전, 토지법전, 민사소송법전, 형사소송법전, 노동법전, 임야법전. 이는 소비에트의 집권 이후 혁명의식에 의해서 생활관계를 규율하던 방식의 한계를 느끼고 법규범의 필요성을 인식한 데에서 비롯되었다고 평가할 수 있다.[23] 또한 신경제정책의 도입으로 인하여 이 시기는 혁명 직후의 전시공산주의의 극단적인 이데올로기적 특성이 완화된 시점이었다. 이는 법전화 작업, 특히 민사규범에 있어 시장경제적 요소가 제한적으로나마 사회주의법의 기본틀 속에 포함될 수 있는 계기를 마련하였다.

법전의 편찬 외에 이 시기에 있어 특징적인 것으로는 입법주체의 확대를 들 수 있다.[24] 국가의 주요 입법기관 외에[25] 일반 인민대중도 입법과정에 참여하는 길이 마련되었다. 노동자들이 입법과정에 참여하는 것은 전러시아 중앙집행위원회가 마련한 법률안에 대하여 전인민적인 논의를 거치는 방식을 통하여 이루어졌다. 제8차 전러시아 소비에트 대회에서 내려진 결정에 따라 전러시아 중앙집행위원회 간부회는 전러시아 중앙집행위원회 회의중에 안건으로 올려진 법률안들을 회의 2주 전에 신문에 공시하도록 한 것이다. 이 밖에도 공공기관(общественные организации)들이 입법권을 향유하였다. 한 예로 전연방 중앙 소비에트 노동조합(All-Union Central Council of Trade

---

23) Белковец / Белковец, *op.cit.,* p.123 참조.

24) Кузнецов, *op.cit.,* pp.461~462 참조.

25) 이 책 (166) 참조.

Unions, Всесоюзный Центральный Совет Профессиональных Союзов)은 노동권의 보호에 대한 강제력 있는 규정을 제정할 수 있었다.

사법제도를 살펴보자. 1922년 사법개혁을 통하여 재판소제도가 변경되었다. 새로운 재판소제도에 따라 4심제가 도입되었다:[26] 제1심은 한 명의 상설 인민판사의 인민재판소가 담당하였으며, 제2심은 인민판사와 두 명의 인민배석판사(народный заседатель)가 맡았다. 제3심은 구베르니야 재판소가 그리고 최고심은 소비에트연방 최고재판소(Верховный суд СССР)가 맡았다. 최고재판소는 모든 재판소에 대한 감독기능을 수행하였으며 구베르니야 재판소에 대해서는 항소법원의 기능을 수행하였다. 특별히 중한 범죄에 대해서는 제1심을 맡기도 하였다. 이 밖에 특별관할권을 행사하는 기관으로는 최고상사위원회[27](Высшая арбитражная комиссия), 군법회의(военно- транспортные трибуналы), 토지위원회, 인민재판소 노동회의(трудовые сессии народных судов) 등이 있었다. 이 가운데 최고상사위원회가 중요하다. 1922년에 처음 설립된 최고상사위원회는 국영기업, 협동조합 및 공공기관 사이의 계획계약[28]에서 발생하는 분쟁에 대한 관할권을 행사하였다. 이후 계획경제의 발전 및 계획계약의 중요성 증가에 따라 최고경제위원회의 역할이 확대되었다.[29]

아래에서는 중요한 몇 개의 법전을 살펴보기로 한다.

---

26) Белковец / Белковец, *op.cit.*, pp.126~127 참조.

27) 러시아의 арбитраж(영어는 arbitrage)를 상사라고 표기하기로 한다. 국내문헌에서 중재법원 또는 원어발음 그대로 '아르비트라쥐'라고 번역되기도 하지만 이 기관은 일반적인 중재법원과 그 법적 성격이 다르고 관할권이 주로 상사관계를 다루기 때문이다.

28) 이 책 (197) 참조.

29) 보다 자세한 내용은 金敞, 앞의 책 『러시아 - 소비에트法』, 287~299면 참조. 이밖에 이 책 (186), (217) 참조.

I. 민 법 전[30)]

1. 구성체계와 특성

175 민법전의 구성체계는 다음과 같았다:

제1편 총칙(제1조~제51조)
- 제1장 통칙
- 제2장 주체
- 제3장 객체
- 제4장 법률행위(transaction, сделка)
- 제5장 시효제도

제2편 물권법(제52조~제105조)
- 제1장 소유권
- 제2장 자비가옥건축권(自費家屋建築權)
- 제3장 담보물권

제3편 채권법(제106조~제415조)
- 제1장 통칙
- 제2장 계약채무
- 제3장 임대차계약
- 제4장 매매계약
- 제5장 교환계약
- 제6장 금전소비대차계약
- 제7장 도급
- 제8장 보증

30) 소련의 각 소비에트 공화국에서는 자국의 민법전이 편찬되었다. 여기서는 러시아소비에트사회주의연방공화국의 민법전(Гражданский Кодекс РСФСР 1922 года)을 살펴보기로 한다.

제9장 위임
제10장 회사
제11장 보험
제12장 부당이득
제13장 불법행위
제4편 상속법(제416조~제435조)

1922년에 제정된 민법전은 1964년 개정될 때까지 40년 이상 러시아의 민사관계를 규율하였다. 1922년 민법전은 총칙편, 물권편, 채권편 및 상속편으로 구성되어 있었다. 말미에는 5개의 부칙이 포함되어 민법전의 특정 조문을 상세화시키는 전러시아 중앙집행위원회와 인민대의원대회 법규범이 있었다. 1922년 민법전은 모두 435개의 조문으로 제정러시아 말 편집위원회에 의해 준비된 민법전안(2640개조)에 비해 1/5정도밖에 안 되는 양이었다. 이와 같은 상황은 사회관계에 있어서 민사관계가 축소되었음을 보여주는 좋은 예이다. 이 밖에도 본문의 약 2/3에 해당하는 규모의 부록이 있었는데, 이는 민법전의 제정 이후 전러시아 중앙집행위원회와 인민위원회가 법령으로써 민사규범을 필요에 따라 개정 또는 재해석한 것이다.

1922년 민법전은 민사관계에 있어 국가의 개입가능성을 열어놓고 있는데 이는 최고권력자인 레닌의 목소리가 많이 반영된 결과였다.[31] 전통적인 부르주아적 민사법의 체계와 특성을 유지하면서 소비에트 러시아의 새 민법전을 편찬하고자 했던 일부의 입장과는 달리 블라디미르 레닌은 민사관계에 있어 국가의 역할을 보다 확대하고자 하였다. 그는 '새로운 성격의 민법'이 요구된다는 점을 강조하였다. 이러한 법의식을 가장 잘 보여주는 조문으로는 1922년 민법전 제1조와 제30조를 들 수 있다.

제1조는 "민사상의 권리는 그 사회·경제적 목적에 반하는 방식으로 행사되는 경우를 제외하고 법의 보호를 받는다"라고 규정하고 있다. 제30조는

31) Кузнецов, *op.cit.*, p.464 참조.

“법에 반하거나 법을 피하기 위한 목적으로 하는 거래 또는 국가에 대하여 명백한 손해를 끼치는 법률행위는 무효이다”[32]라고 규정한다. 이러한 규정들을 통하여 국가이익이 사적 이익에 우월하였음을 알 수 있고, 자본주의 사회의 민법전이 사적 자치의 원칙을 최고의 위치에 놓은 것과 대비된다. 그 결과 민사관계에서 개인의 활동이 저하되었을 뿐만 아니라 법은 법률행위의 안전을 보장하지 못하고 사법권을 통한 권리의 보장을 불완전하게 만들었다.[33] 제1조와 제30조를 넓게 해석할 경우 어떤 법률행위에 대하여 국가이익에 반하는 것으로 평가하는 것은 어렵지 않았기 때문이다.[34]

2. 구체적 내용

176 민법전의 내용을 편별로 조금 더 구체적으로 살펴보기로 한다.

첫째, 총칙이다. 민법의 주체에 관한 제4조에 따르면, 성(性), 인종, 국적, 종교 및 출신과 무관하게 모두 러시아연방공화국의 인민이 되었으며, 성인이 되는 18세부터 행위능력이 완전하게 인정되었다. 법률에 의하여 그 권리가 제한되지 않는 인민은 러시아연방공화국의 영토 어디에서도 자유로운 거주의 권리가 있다(제5조). 법률의 규정에 의하지 않고는 인민의 권리가 제한되지 않았다(제6조). 그러나 실제에 있어 제5조와 제6조는 명목적인 것에 불과하였다. 소련 당국의 궁극적인 목표는 생산물의 일방적 분배 등 공산주의식 통치였는데, 당시 사회현실로 볼 때 이와 같은 노선을 법률로 명문화하기에는 아직 이르다고 판단했기 때문이었다.[35]

---

32) “Недействительна сделка, совершенная с целью, противной закону или в обход закона, а равно сделка, направленная к явному ущербу для государства”.

33) Кузнецов, *op.cit.,* p.465 참조.

34) Белковец / Белковец, *op.cit.,* p.124 참조.

35) Кузнецов, *op.cit.,* p.465 참조.

둘째, 물권법이다. 물권법에 있어서 가장 큰 변화는 소유권과 관련된 규정에서 찾아볼 수 있다. 민법전은 소유권을 국가소유, 집단소유 및 개인소유로 구분하였다(제52조). 토지, 지하매장물, 물, 임야, 철도 등에 대해서는 국가가 배타적으로 소유권을 향유하였다(제53조). 민법전 제54조에 따르면 개인소유권에는 법률에 의하여 정해진 수(20명)보다 적은 노동자를 고용하는 기업, 공공의 소유로 되지 않은 건물 및 생산수단 등이 포함되었다. 신경제정책의 시행에 따라 새 민법전은 전시공산주의 기간에 국유화의 대상이 되었던 물건의 일부에 대하여 국유화를 해제하였다. 그런데 이러한 조치를 소급적으로 시행한 것은 아니었다.[36] 물권편은 소유권과 아울러 자비가옥건축권(自費家屋建築權, право застройки: 제71조~제84조) 및 담보물권(제85조~105조)을 규율하고 있다.

셋째, 채권법이다. 계약은 양 당사자의 합의로 성립하였다. 계약의 금전적 가치가 500루블 이상인 때에는 서면주의가 적용되었고(제136조), 1000루블 이상의 증여계약은 공증을 받도록 하였다(제138조). 전형계약으로서 임대차(제152조~제179조),[37] 매매(제180조~205조), 교환(제206조, 제207조), 금전소비대차(제208조~제219조), 도급(제220조~제235조), 보증(제236조~제250조), 위임(제251조~제275조), 회사(제276조~제366조), 보험(제367조~제398조)을 규정하고 있다.

이어서 법정채권관계로서 부당이득(제399조~제402조)과 불법행위(제403조~제415조)를 규정한다. 부당이득에 관한 원칙규정으로 제399조는 "법률 또는 계약에 의하지 않고 타인으로부터 이득을 얻은 사람은 이를 반환할 의무가 있다"라고 정하고 있다. 불법행위에 관한 원칙규정으로 제403조는 "사람 또는 타인의 물건에 손해를 끼친 자는 그 손해를 배상할 의무가 있다. 그러나 그 손해를 방지할 수 없었거나 손해를 끼칠 수 있는 권한을 보유하였거

36) Белковец / Белковец, *op.cit.*, p.124 참조.

37) 임대차기간은 개인의 경우 12년을 넘을 수 없었으며 국가 또는 회사(коорперативные предприятия)는 24년을 초과할 수 없었다.

나 혹은 손해가 피해자의 고의 또는 중과실로 인하여 발생하였다면 배상책임을 면한다"라고 규정한다. 고도의 위험한 활동으로 인하여 발생한 손해에 대해서는 무과실책임이 규정되었다(제404조). 이에 따르면 가해자가, 당해 손해가 불가항력 혹은 피해자의 고의·중과실로 인한 것임을 증명하지 못하는 한 손해배상책임을 면할 수 없었다.[38] 행위무능력자는 원칙적으로 손해배상책임이 없고 후견인이 책임을 져야 한다(제405조). 특기할 만한 규정으로 제406조를 들 수 있다. 이 조문에 따르면, 제403조~제405조에 의하여 손해배상책임이 성립되지 않는 경우라 하더라도 재판소는 가해자와 피해자의 재산상황을 고려하여 손해를 배상하도록 요구할 수 있다. 가령 재산상황이 좋은 A가 그렇지 못한 B에게 손해를 입힌 경우에 A의 행위가 불법행위의 요건을 충족하지 못한다 하더라도 재판소가 배상책임을 명할 수 있다. 자본주의 국가의 민법에서는 상상하기 어려운 규정으로서 사회주의법의 특성에 기한 것으로 보아야 할 것이다.[39]

넷째, 상속법이다. 1922년 민법전은 유언상속과 법정상속을 인정하였다(제416조). 혁명 직후 '상속의 폐지에 대한 법령'에 따라 상속이 잠시 금지되었다가 다시 허용되었다. 그러나 상속이라는 것이 생산도구와 수단을 영속적으로 사유화하려는 움직임과 연관될 수 있다는 염려에 따라 상속을 허용하는 대신 그 최고한도를 설정하였다(제416조). 1926년에 이르러 상속재산의 최고한도 제도가 폐지되었으나 상속세율은 원칙적으로 상속재산 가액의 90%까지 부과되었다.[40] 유언에 의하여 재산을 양도할 수 있는 상대방에 대해서는 일정한 제한이 있었다. 유언의 상대방은 법정상속인에 속하는 사람, 국가 또는 사회단체로 제한되었다(제418조). 법정상속인에는 직계비속, 사망한 피상속인의 배우자 및 피상속인에게 경제적으로 의존하며 노동능력이 없거나 재

38) 이 규정은 1964년 민법전(제454조)을 거쳐 현행 러시아연방 민법전(제1079조)에서도 유지되고 있다. 특히 현행 러시아연방 민법전은 이 규정을 한층 상세하게 규정하였다.

39) 1964년 민법전 이후로는 이 규정이 폐지되었다.

40) W.E. Butler 저 / 이윤영 옮김, 앞의 책 『소비에트法』, 259~260면 참조.

산이 없는 기타 사람이 포함되었다. 피상속인의 사후에 출생한 자녀도 상속권이 있었으며, 미성년자의 상속권은 어떤 경우에도 박탈할 수 없었다.[41] 법정상속인이 피상속인이 사망한 후 6개월이 경과하기까지 상속권을 행사하지 않으면 당해 상속재산은 해당 국가기관의 소유로 귀속한다(제433조).

II. 토지법전

177 1922년 12월 토지법전이 채택되었다. 토지법전은 토지, 지하매장물, 물 및 임야에 대해서는 개인소유권이 인정되지 않음을 다시 확인하였으며 토지를 관리할 수 있는 권한을 토지인민위원부(Народный комиссариат земледелия)와 그 지방기관에 이전하였다.[42] 토지법전의 구성은 총칙과 더불어 세 개의 편으로 되어있다: ① 노동에 의한 토지사용; ② 시(市)토지와 국가토지소유권; ③ 토지정착 및 이주. 토지를 사용할 권리는 자신의 노동으로 토지를 경작할 의사가 있는 러시아연방공화국의 모든 인민들에게 주어졌다. 그러므로 자신 (또는 가족원)이 직접 경작할 수 있는 면적을 초과하는 토지에 대해서는 사용할 권리를 인정받을 수 없었다.[43] 이러한 권리는 영구무한한 것이었다.

토지는 매매, 상속, 증여 및 담보의 대상이 될 수 없었으나 임대차계약의 목적물은 될 수 있었다. 그러나 임대차계약의 목적은 노동임대(labor rent, трудовая аренда)로 제한되었으며 임대기간은 최대 윤작 1회까지 허용되었다. 노동임대는 가장의 사망, 자연재난, 일손의 부족 등 예외적인 경우에만 노동법의 엄격한 준수를 조건으로 가능하였다.[44]

---

41) Толстая, *op.cit.*, p.202 참조.

42) Белковец / Белковец, *op.cit.*, p.125 참조.

43) Усанов, *op.cit.*, p.229 참조.

44) Белковец / Белковец, *op.cit.*, p.125 참조.

III. 친족법전

178 1918년 친족법전은 1926년에 개정되었다. 우선 혼인연령이 남녀 동일하게 18세로 규정되었다.[45] 이 개정은 조혼이 모자의 건강에 해로우며 여성으로부터 교육과 직업훈련을 위한 동등한 기회를 박탈할 우려가 있다는 취지에 따른 것이다.[46] 한편, 1926년 친족법전은 사실혼을 법적으로 인정하였는데 이를 위해서는 3가지 요건이 요구되었다:[47] ① 동거; ② 가정(家庭)을 공동으로 영위함; ③ 자녀의 양육. 사실혼은 상속에 있어서도 그 법적 효력을 인정받았는데 사실혼배우자는 혼인배우자와 동등한 상속권을 향유하였다. 부부재산관계를 보자면, 혼인전의 재산에 대해서는 혼인 이후에도 부부 각자의 개인 소유권이 유지되었으며, 혼인 이후에 새롭게 취득한 재산에 대해서는 부부의 공동재산으로 인정되었다. 또한 이혼의 자유가 계속해서 인정되었으며 이에 대한 관할은 신분행위등록처가 전담하였다.

IV. 헌 법 전

179 러시아연방공화국은 1918년에 제정된 헌법을 가지고 있었다. 그 이후 1924년에 소련헌법[48]이 제정되면서 러시아연방공화국은 헌법 개정의 필요성을 느끼게 되었다.[49] 1925년에 러시아연방공화국 헌법이 개정되었고, 모스크바가 러시아와 소련의 수도로 규정되었다. 1925년 헌법은 총 6편(編) 8장

45) 1918년 친족법전의 경우 혼인연령에 있어 남성은 18세였으나 여성은 16세였다.

46) W.E. Butler 지 / 이윤영 옮김, 앞의 책 『소비에트法』, 269면 참조.

47) Толстая, *op.cit.,* p.203 참조.

48) 1924년 소련헌법은 '소비에트연방의 형성에 대한 선언'과 '소비에트연방의 형성에 대한 협정'으로 구성되었다.

49) Толстая, *op.cit.,* p.198 참조.

(章) 89조(條)로 구성되었다. 1924년 소련헌법과 1925년 러시아연방공화국 헌법은 상호 보완적인 성격을 띠었으며, 러시아연방공화국의 일부 권한이 소비에트연방으로 이전되었다.[50] 또한 지방 소비에트 집행위원회 간부회(президиум исполнительных комитетов местных Советов) 등과 같은 새로운 기관들도 설립되었다. 1925년 헌법은 행정구역에 따른 다양한 소비에트의 권한과 그 선출 방법에 대하여 자세히 규정하였으며, 농민에 대한 노동계급의 우월성을 계속 선언하였다. 1925년 헌법은 또한 토지, 공장, 수상과 공중 교통이 국가소유임을 명시하였다.

V. 형 법 전

180 러시아연방공화국의 형법전은 1922년 2월 26일에 채택되어 1961년까지 적용되었다. 형법전은 총론편과 각론편으로 구분되었는데 속지주의를 취하여 러시아연방공화국 영역 내에 있는 모든 인민과 외국인에게 적용되었다. 형법전은 국가를 범죄와 사회의 위험요소로부터 보호하는 것을 가장 중요한 목적으로 설정하였다. 그러므로 반혁명범죄와 경제범죄가 가장 위협적인 것으로 간주되었다.

형법전은 형사책임의 기반인 범죄 개념의 정의를 규정하는 등 발전된 모습을 보였지만 일관성이 부족한 결함도 드러냈다.[51] 가령 형사책임의 요건으로 고의 또는 과실을 요구하면서도 동시에 근로자와 농민의 힘으로 세운 소비에트 체제와 법질서를 위협하는 모든 작위 또는 부작위에 대해서는 고의 또는 과실과 무관하게 형사책임의 대상으로 하였다. 법의 집행에 있어 가장 큰 문제는, 형벌을 선고할 수 있는 권한이 사법기관 외의 기관에도 인정되었다는 사실이다. 러시아연방공화국의 형법전이 발효하고 불과 3개월이 지

50) Толстая, *op.cit.*, p.199 참조.

51) 형법전의 범죄를 비롯하여 법적용의 문제점에 대한 전반적인 설명에 대한 부분은 Кузнецов, *op.cit.*, pp.475~476 참조.

난 시점에 전러시아 중앙집행위원회는, 국가보안부(ГПУ, государственное политическое управление)에게 강도 또는 무장절도에 대하여 법원의 허가 없이 현행범으로 체포할 경우 총살까지 할 수 있는 권한을 부여하였다. 그 후 합동국가보안부(Объединенное государственное политическое управление)는 반혁명활동을 하는 자들에 대해서 형사적 제재를 할 수 있는 권한을 부여받았다. 그 결과 형법전에서 인민을 보호하기 위하여 선언된 많은 민주적 규범들은 명목적인 것으로 전락하고 말았다.

14세부터 형사책임능력이 인정되었으며, 14~16세 사이의 미성년자에 대해서는 형벌로서 의학·심리학적 조치가 취해졌다.[52] 1922년 형법전은 정당방위와 같은 위법성조각사유를 명문화하였다(제20조).

VI. 민사소송법전

(181) 러시아연방공화국 민사소송법전은 1923년 7월 10일 전러시아 중앙집행위원회에서 채택되었고 같은 해 9월 1일 발효하였다. 민사소송법전은 5편(編)으로 구성되어 있다. 제1편은 재판법원에서의 소송대리, 재판소의 관할, 재판비용, 소송기간 등을 규율하였다. 제2편은 소청구를 비롯하여 재판소의 결정, 증거의 보장, 소송참가제도 등에 대한 규정을 포함하였다. 제3편은 특별소송을, 제4편은 민사사건에서의 재심을 규율하였으며, 제5편은 재판소의 판결이행을 규정하였다. 이와 같이 민사소송법전은 민사소송의 모든 단계를 상세하게 규정하였다.

민사소송법전에는 검사가 민사소송을 제기할 수 있는 많은 경우를 규정하였다. 특히 근로자 또는 국가의 이익을 보호할 필요성이 인정된다고 판단하는 경우 검사에게 소송 중 언제든 참가할 권리를 부여하였다.[53]

---

52) Толстая, *op.cit.*, p.206 참조.

53) Кузнецов, *op.cit.*, p.478 참조. 검사의 역할은 소비에트 시대 동안 계속해서 그 중요성이 유지되어 오늘날까지 이어지고 있다. 이에 대해서는 이 책 (203), (237) 참조.

VII. 형사소송법전

182 형사소송법전은 형법전과 같은 날에 채택되었으며 1922년 7월 1일부터 발효되었으나 채 1년도 존속하지 못하였다. 1923년 2월 15일에 형사소송법전이 개정되었기 때문이다. 이는 1922년 말에 있었던 사법제도의 개혁을 반영한 것이었다.[54] 러시아연방공화국 형사소송법전은 총 5편(編)으로 구성되었다. 제1편은 법원의 관할, 법원의 구성, 법정의사록의 작성 등을 규율하였다. 제2편은 예비심리와 신문을 규정하였으며, 제3편은 인민재판소에서의 소송, 항소, 재판소 감독, 특별소송 등을 규율하였다. 제4편은 법무인민위원부(Народный комиссариат юстиции)의 최고 사법통제권을, 그리고 제5편은 판결이행을 규율하였다. 무엇보다도 형사소송법전에서 중요하게 여긴 것은 개인적 권리에 대한 불가침권이었는데 이와 관련하여 형사소송법전 제5조는 죄형법정주의를 선언하였다. 그러나 현실에 있어서 형사소송법전에 의하여 마련된 개인적 권리에 대한 불가침권은 사법기관에 의해서 제대로 지켜지지 않았다. 무엇보다도 이러한 원칙이 합동국가보안부의 활동에는 아무런 제한요인이 되지 못하였다는 것이 문제였다.[55] 합동국가보안부는 반혁명 투쟁에 있어 여전히 초사법적 특권을 향유하였으므로 개인의 자유와 권리를 특별한 절차 없이 제한할 수 있었다.

형사소송법전은 피고의 보호받을 권리를 확대하였는데 그 일례로서 변호인주의를 규정하였다. 같은 취지에서 형사소송법전은 러시아연방공화국이 다민족국가인 점을 고려하여 형사소송을 러시아어뿐만 아니라 소수 민족의 언어로도 통역될 수 있도록 규정하였다.[56] 그 어떠한 경우에도 판결과 기타 문서는 피고의 언어로 통・번역되어야 했다. 형사소송법전은 이 밖에도 재판

---

54) Кузнецов, *op.cit.,* p.480 참조.

55) *Ibid.,* p.481 참조.

56) Толстая, *op.cit.,* p.208 참조.

공개주의를 규정함으로써 관심이 있거나 이해관계가 있는 모든 자가 소송에 참석할 수 있도록 하였다. 그러나 피의자의 인권보호에 있어서 중요성을 가지는 무죄추정의 원칙은 규정되지 않았다.[57]

VIII. 노동법전

183 1922년 10월에 노동법전이 채택되었다. 노동법 규정의 변화는 신경제정책을 반영한 것으로서 그 내용 및 구조에 있어 종래와 많은 차이를 보였다.[58] 가장 큰 변화로는 종래의 노동의무가 자유노동계약으로 대체된 사실을 들 수 있다. 노동계약은 계약당사자들의 합의로 성립하였다. 이 밖에 사회보장 대신 사회보험이 도입되었는데 보험료는 임금을 삭감하지 않으면서 사용자가 부담하도록 규정되었다.[59] 또한 근무시간은 8시간에서 7시간으로 축소되었으나 휴가는 1년에 1개월에서 2주로 줄어들었다.

제3절 스탈린시대(1928~1953)

제1관 국가·정치적 배경

I. 정치상황의 개관

184 1924년 1월 레닌이 사망한 이후 벌어진 권력투쟁에서 최종적으로 그부지야 출신의 스탈린이 승리하였다. 그의 권력이 확고하게 된 계기는

57) Кузнецов, *op.cit.,* p.483 참조.

58) Усанов, *op.cit.,* p.230 참조.

59) Толстая, *op.cit.,* p.205 참조.

1927년 12월에 열린 제15차 전국공산당대회였다. 이때부터 그는 자신의 정치노선에 반대하는 모든 세력을 무자비하게 제거하기 시작하였으며 전제주의적 독재체제를 굳혀나갔다. 그 결과 당과 정부의 일원화가 일어나게 되어 당의 정책이 국정에 그대로 반영되었으며, 당원들이 고위관료직을 모두 차지하게 되었다.[60] 1953년 그가 사망할 때까지 계속되었던 독재기간 동안 대숙청이 일어났으며 이로 인하여 수백만 명의 사람들이 희생되었다.

이와 더불어 스탈린의 통치시기는 급격한 산업화를 보았다. 신경제정책의 종말을 고하고 중앙계획경제의 시작을 알린 1928년 말 제1차 5개년계획을 필두로 하여 5개년계획들은 소련을 생산력 차원에서 미국 다음가는 거대한 산업국가로 탈바꿈시켰다.[61] 비록 제2차 세계대전으로 인하여 소비에트연방은 상당한 타격을 받았으나 승전국이 되면서 국제정치 무대에서 유라시아 최고의 초강대국으로 급부상하였다. 결국 소련 영토의 확장과 이에 따른 소련의 위상변화는 이에 대해서 위협을 느낀 미국 및 서유럽과의 냉전을 불러왔다. 동유럽에 대한 영향력이 최고조를 이루었으며 소비에트연방의 구성공화국에 발트해 삼국[62]이 추가되면서 총 15개 공화국으로 확장되었다.

II. 국가 · 사회의 제도

185 스탈린의 전제정치가 시작된 1920년대 말 이후 1930년대는 소련의 산업화가 본격적으로 진행되던 시기였다. 5개년계획의 시행에 따라 중공업이 상당한 성장을 보였고 이전 5년 대비 산업투자액이 4배 이상 증가하였다. 제1차 5개년계획은 4년 3개월 만에 달성되었으며 제2차(1933년~1937년)

---

60) Белковец / Белковец, *op.cit.,* p.128 참조.

61) 니꼴라이 V. 랴자노프스키 저 / 김현택 옮김, 앞의 책 『러시아의 역사 II (1801~1976)』, 230면 참조.

62) 발트해 삼국은 에스토니아, 라트비아, 리투아니아이다.

와 제3차(1938년~1941년) 5개년계획 역시 조기·초과 달성되는 등 5개년계획들은 성공을 거두었다. 국가 주도의 이러한 정책은 새로운 산업 중심지들을 탄생시켰으며 또한 새로운 산업도 발전시켰다(자동차, 화학, 공장기계 제작, 트랙터 제작, 항공, 조선, 대포 제작 등). 특히 경제 발전의 동력으로는 소비에트 인민의 열정을 들 수 있는데 사회주의 사회의 건설이라는 목적을 위하여 온 인민이 힘을 모았다.[63]

1929년 여름에는 집단농장화가 급진전되었다. 2만5천여 명의 노동자가 지방으로 보내지면서 단시간 내에 집단농장화가 이루어진 것이다. 그 결과 10년도 지나지 않아 농민의 93%가 집단농장에 소속되었다. 이러한 급격한 집단농장화는 당초의 계획보다 강하게 추진된 것인데, 이는 집단농장을 통해서 농민의 노동 및 생산물에 대한 정부의 통제권을 강화하기 위한 정책이었다.[64]

1930년에는 전러시아 중앙집행위원회와 인민대의원대회 신용개혁에 대한 결의에 따라 국립은행이 유일하게 단기대출을 할 수 있는 권한을 획득하였다. 이 밖에 사영금융기관들은 더 이상 운영될 수 없었다. 동일한 취지에서 1932년에는 개인이 가게 또는 상점을 운영할 수 없게 되었다.[65]

제2관 법 제 도

(186) 스탈린은 법의 개념을 새롭게 정의할 필요를 강하게 느꼈다. 이는 본래 공산주의 사상에 따르면 국가와 법 모두 부르주아적 착취의 도구일 뿐이었기 때문이다.[66] 그가 보다 강력한 국가를 합리화한 것과 마찬가지로

---

63) Толстая, *op.cit.,* p.211 참조.

64) 니꼴라이 V. 랴자노프스키 저 / 김현택 옮김, 앞의 책 『러시아의 역사 II (1801~1976)』, 232면 참조.

65) Толстая, *op.cit.,* p.212 참조.

66) 이 책 (24), (25) 참조.

소비에트 사회에서 법을 폐기하지 않고 오히려 정당화할 필요가 있었다. 그리하여 1930년대 소비에트연방의 법학계는 새로운 사회주의법에 대한 정의를 탄생시켰다.[67] 이러한 정의는 부르주아적 요소를 폐기하기 위한 것으로 법을 사회주의 국가에 의하여 성립된 규범의 공통원칙에 대한 체계로 정의하였고, 이는 노동자 대중의 의지를 대표하는 공산당에 의해서 인도되는 것이었다.[68]

무엇보다도 이 시기에 있어 가장 중요한 입법기관은 공산당 중앙위원회(ЦК ВКП(б))였다. 공산당은 그 자체가 의회가 아닌 정당의 지위에 있었음에도 불구하고 다양한 입법활동을 펼치며 입법권을 적극적으로 행사하였다.[69] 그 결과 혁명 직후 분산되었던 입법권은 공산당과 공식입법기관인 최고회의로 집중되었다. 이 시기에는 새롭게 발포된 많은 법령으로 인하여 법규범 간에 모순이 발생하였으며 이로 인하여 불명확성과 불확실성이 증가하였다. 이러한 법적 혼돈 속에서 중요한 역할을 한 것이 바로 소비에트연방 최고재판소 총회(Пленум Верховного суда СССР)의 판시지침(guiding explanations, постановление)이었다.[70] 제2차 세계대전 시기에만 이러한 해석을 내용으로 하는 결의가 약 90개나 채택되었다.

이 시기에 일어난 중요한 사법제도의 변화로는 최고상사위원회[71]의 확대를 들 수 있다. 1931년 국가상사심판원에 관한 규정(Положение о государственном арбитраже)에 의해서 최고상사위원회가 국가상사심판원

---

67) Белковец / Белковец, *op.cit.*, pp.131~132 참조.

68) “Система (совокупность) общих правил поведения (норм), установленных социалистическим государством и выражающих материально обусловленную и направляемую Коммунистической партией волю трудящихся масс во главе с рабочим классом и охраняемых от нарушения принудительной силой государства”(*Ibid.*, p.132 참조).

69) *Ibid.*

70) Кузнецов, *op.cit.*, p.542 참조.

71) 이 책 (174) 참조.

(*state arbitrage*, государственный арбитраж)으로 확대되었으며, 같은 해 5월에는 각 행정적·지역적 단위마다 설립되어 전국적인 제도로 확립되었다.[72] 그러나 하위단위기관들이 상위단위기관들에 종속되지는 않았다. 국가상사심판원의 판정은 일반법원의 판결과 마찬가지로 당사자를 구속하였다. 또한 국가상사심판원은 계획경제의 운영과 관련된 국가기관들에 대한 행정기능도 수행하여 복합적인 업무를 담당하였다.

이 밖에 이 시기에 특기할 만한 것으로는 제2차 세계대전 중 전시체제하에서 내려진 긴급법령이 중요하게 작용하였다는 점이다. 이는 스탈린의 독재정치와 맞물려 자의적인 입법과 법적용을 가져왔는데, 특히 이때의 탄압정치는 그 대상이 개인을 넘어 특정 인종과 민족에까지 미쳤다.[73]

아래에서는 이 시기에 각 법영역에서 일어난 주요 변화를 살펴보기로 한다.

I. 헌 법

187 1936년에 개정된 헌법은 모두 13장(章)과 146조(條)로 구성되었으며 소비에트연방에서 사회주의 체제의 승리를 명문화하였다. 토지를 비롯하여 지하매장물, 공장 그리고 교통수단 등에 대해서는 1925년 헌법에 이어 계속해서 국가의 배타적 소유권이 인정되었다. 단, 집단농장의 경우에는 토지에 대해서 인민에게 영구적 사용권이 인정되었다. 이 밖에 헌법은 소련이 평등한 소비에트 사회주의 공화국들의 자유로운 의사에 의하여 형성된 연방임을 선언하였다. 1925년 헌법과 동일하게 주권의 제한 및 권력의 분배는 연방과

72) W.E. Butler 저 / 이윤영 옮김, 앞의 책『소비에트法』, 168면 참조.

73) Кузнецов, *op.cit.*, p.531 참조. 스탈린에 의해 1937년에 이루어진 고려인의 강제집단이주에 대해서는 이철, "韓國人의 러시아 移民史,"『슬라브 연구』 제7권, 한국외국어대학교 국제지역연구센터 러시아연구소, 1991, 197~198면 참조.

개별 공화국 사이에 구분되어 있었다. 국가조직과 관련하여 4년의 임기를 갖는 소비에트연방 최고회의(Верховный Совет)가 최고 권력기관으로 규정되었으며, 이는 연방회의(Совет Союза)와 민족회의(Совет Национальностей)로 구성되는 양원제 형식을 띠었다. 최고회의는 입법을 담당하였으며, 이와 더불어 최고회의 간부회(Президиум)를 구성하고 내각을 승인하는 등의 기능을 수행하였다. 최고 행정기관은 소비에트연방 인민위원회로서 법무인민위원부, 농업인민위원부, 외무인민위원부 등으로 구성되었다.

1936년 헌법은 또한 재판소제도를 규정하였다.[74] 소비에트연방 최고재판소(Верховный Суд)가 최고법원으로서 5년의 기간 동안 최고회의에 의하여 구성되었다. 최고재판소 밑에는 연방공화국 최고재판소와 자치공화국 최고재판소가 있었다. 그 밑에는 주(州)재판소와 인민재판소가 재판을 담당하였다. 이 중 인민재판소를 제외한 재판소들은 해당 행정구역 소비에트에 의하여 5년의 임기로 구성되었고, 인민재판소는 해당 지역의 주민들의 직접·비밀투표에 의하여 3년의 임기로 구성되었다. 법준수 감시의 최고기관은 소비에트연방 검찰청이었으며, 7년의 임기로 최고회의에서 구성되었다. 검찰청의 기관들은 지방행정기관들로부터 독립성을 유지하였으며 오로지 소비에트연방 검찰청의 지시만 받았다.

1936년 소련 헌법에 기하여 1937년에는 러시아연방공화국 헌법이 개정되었다. 이 헌법은 러시아연방공화국의 지리적 행정구역의 경계를 확실하게 규정하였다. 또한 러시아연방공화국의 최고기관으로는 단원제의 최고회의가 있었고 최고 행정기관으로는 인민위원회가 있었다.

모든 자치공화국[75]들도 소비에트연방 헌법과 러시아연방공화국 헌법에 기하여 자국의 헌법을 가지고 있었다. 자치공화국의 법률이 러시아연방공화국의 법률과 충돌하는 경우 후자가 우선하였다.

---

74) Толстая, *op.cit.*, p.217 참조.

75) 러시아연방공화국은 17개의 자치공화국을 비롯하여 다수의 기타 연방주체로 구성되어 있었다.

II. 민 법

188 이 시기에 민사법의 가장 큰 특성은 전시상황이 민사관계의 전반적인 축소를 가져왔다는 점이다. 특히 제2차 세계대전 중에 일어난 독일 나치군에 의한 서부 러시아의 점령과 이로 인한 우랄 산맥 동쪽으로의 산업 중심지 이전은 인적・물적 자원의 재분배를 요구하였다.[76] 소련 당국은 계획경제의 관념에 따라 인적・물적 자원의 재분배를 실행하였다. 이 시기에 있어서 특기할 것으로 대체계약(大體契約)과 부문계약(部門契約)의 개념을 들 수 있다. 대체계약(генеральный контракт)은 중앙정부기관들 (또는 산업) 사이에 체결된 계약이었으며, 부문계약(локальный контракт)은 대체계약에 기초하여 기업인 사이에 체결되었다.[77] 모든 경제기관(хозяйственные органы)은 물건과 서비스의 공급 등과 관련하여 서면으로 된 계약서를 작성해야만 하였다. 이 밖에 교환계약이 원천 금지되는 등 계약관계는 보다 제한되었다.

이러한 민사관계의 제한은 제2차 세계대전이 종료되고 전후재건사업이 진행되면서 철폐되었다. 계약관계의 확대를 공식적으로 가져온 것은 1949년 4월 21일 소비에트연방 장관회의 규정이었다.[78]

상속법의 경우 1945년에 반포된 명령(Указ ПВС СССР от 14 марта 1945г.)에 따라 법규범의 내용이 다소 개정되었다.[79] 첫째, 법정상속인의 범위가 확대되었다.[80] 이에 따라 노동능력이 있는 부모와 형제자매가 상속인이 될 수 있었다. 둘째, 피상속인의 유언상속이 보다 자유로워졌다. 피상속인은 상속재산을 법정상속인들에게 분할할 수 있었으며, 법정상속인이 없는 경우

---

76) Кузнецов, *op.cit.,* p.543 참조.

77) Толстая, *op.cit.,* pp.218~219 참조.

78) Постановление Совмина СССР от 21 апреля 1949г.(Кузнецов, *op.cit.,* p.546 참조).

79) Кузнецов, *op.cit.,* p.543 참조.

80) 기존의 법정상속인의 범위에 대해서는 이 책 176 참조.

에는 그의 유언에 따라 제3자가 상속인으로 지정될 수 있었다. 셋째, 노동무능력자인 상속인의 유류분이 규정되었다.

III. 친 족 법

189 1930년대 중반 소련당국은 그 동안 강조해왔던 결혼식의 세속화, 이혼의 자유 및 여성의 해방 등에 대하여 입장 변화를 보이기 시작하였다. 이러한 변화의 중요원인으로는 가정에 대한 관념의 정착에서 찾을 수 있다. 사회주의·공산주의 사회에 있어서 가정은 항구적인 기본적 사회단위로 간주되었다.[81] 또한 출산율의 급감도 친족법 변화의 중요한 원인으로 작용하였다.

소련 당국은 개별적 법률들을 통하여 친족법전을 수정하거나 대체하였다.[82] 1936년 6월 전러시아 중앙집행위원회와 인민위원회에 의하여 채택된 결의에 따라 낙태가 금지되고 출산지원금이 증가하였으며, 다출산가정에 대한 정부의 지원이 확대되었다. 이혼절차가 복잡해졌으며 이혼전에 신분등록기관(ЗАГС, органы записи актов гражданского состояния)은 부부를 소환하여 이혼의 원인을 밝히고 화해를 시도하도록 되어 있었다. 이혼을 하게 되면 신분증명서·거주증(паспорт)에 이혼사실이 기록되고 신문에 공표되었다.[83] 또한 이혼을 하게 되면 벌금을 내야 했는데 이혼 횟수의 증가에 따라 더 많은 벌금을 내도록 하였다.[84] 이혼에 따른 양육비 지급에 대한 규정도 바뀌었는데 양육비는 임금에 비례해서 산정되었다. 양육비 지급 청구는 자녀

---

81) W.E. Butler 저/이윤영 옮김, 앞의 책『소비에트法』, 270면 참조.

82) Белковец/Белковец, *op.cit.,* p.133 참조.

83) 이처럼 이혼에 대한 정책은 상당히 극단적인 변화를 보인다. 이 책 169, 178에서 살펴보았듯이 혁명 직후 이혼의 자유를 극대화했던 당국은 시간이 지남에 따라 현실적인 이유와 더불어 가정에 대한 사회주의적 관념을 확립함으로써 이혼을 엄격하게 규율하게 되었다.

84) 첫 번째, 두 번째, 세 번째 이혼에 대하여 그 벌금이 각각 50, 150, 300 루블이었다.

의 모(母)뿐만 아니라 기업, 공공기관, 노동조합에 의해서도 가능하였다.[85] 양육비 지급을 거절하는 경우 2년 이하의 징역이 선고되었다.

제2차 세계대전을 거치면서 친족법상 적지 않은 변화들이 있었다.[86] 이는 무엇보다도 전쟁으로 인하여 많은 고아들이 생겨났고 출생률이 급감하였기 때문이다. 1941년 10월에는 독신자와 자식이 없는 부모에게 세금이 부과되기까지 하였다. 반면, 미혼모에게는 첫 자녀부터 지원금이 지급되었으며, 기혼모는 셋째 자녀의 출산부터 지원자격을 부여받았다. 또한 출산휴가는 66일에서 77일로 증가하였다. 이 밖에 이 시기에 혼인의 자유가 정치적인 이유로 일부 제한되기도 하였는데 1948년에는 최고회의 간부회의 명령에 따라 소비에트연방의 인민과 외국인 사이의 혼인이 금지되었다. 이 시기는 권력의 개인에 대한 탄압이 가장 심했던 시대의 관념이 친족법에 뚜렷하게 스며들었다고 평가할 수 있다.

IV. 집단농장법

190 이 시기에 있어 새로운 법영역으로 집단농장법이 제정되었다. 집단농장법은 집단농장을 강화하고 이에 대한 소련당국의 통제를 강화하기 위한 것이었다. 1930년에 중앙집행위원회 간부회와 인민위원회는 '농업협동조합 표준정관'(примерный устав сельскохозяйственной артели)을 채택하였는데 이를 기준으로 하여 모든 집단농장들이 구역 소비에트 집행위원회의 인가를 받아서 개별적으로 정관을 제정하였다. 국가는 집단농장화 초기부터 집단농장의 재정을 적극적으로 부담·지원하였으며, 개인 농민들에 비하여 많은 세제혜택과 특권을 인정해주었다.[87] 1935년에는 제2차 농업협동조합 표준

85) Толстая, *op.cit.*, p.219 참조.

86) 제2차 세계대전과 관련된 친족법상의 규범변화의 내용은 *Ibid.*, p.234 참조.

87) Толстая, *op.cit.*, p.221 참조.

정관이 채택되었다. 이는 소련이 붕괴하는 1990년대까지 존속하였다. 1935년 표준정관은 총 8개의 장(章)으로 구성되었으며 그 중 제1장은 농업협동조합의 목적과 과제 및 그 형성에 대하여 규정하였다. 제2장은 토지가 국가의 소유라는 사실을 재차 확인하였다. 이 밖에 표준정관은 집단농장의 영구적 사용권이 보장되고, 그 토지가 매매 또는 임대의 대상이 될 수 없음을 밝혔다. 공공토지의 0.25~1 헥타르의 텃밭(приусадебные земельные участки)이 집단농장 농민일가의 개인적 이용을 목적으로 하는 토지로 허용되었다.[88] 제3장은 생산수단을, 제4장은 농업협동조합의 활동 및 그 관리를, 제5장은 농업협동조합의 회원제도를 규율하였다. 제6장은 재정을, 제7장은 노동의 조직, 임금 및 교육을 그리고 제8장은 농업협동조합의 일반행정을 규율하였다.

1939년부터는 집단농장에서의 최소 의무근무일이 60~100일로 결정되었다. 같은 해 4월에는 농민 자신이 소속되어 있는 집단농장으로부터 벗어날 수 없게 되었는데 그들에게는 신분증명서·거주증이 발급되지 않았다.[89] 집단농장 소속 농민들에 대한 보수는 반드시 금전으로 지급된 것은 아니며 오히려 현물지급이 일반적이었다.[90]

V. 형 법

(191) 형법은 시대의 필요에 따라 약간씩 보완·개정되었는데 1932년에는 '국영기업, 집단농장, 협동조합 재산의 보호 및 공공 소유물의 강화

---

88) *Совнарком ССР, ЦК ВКП(б). Примерный устав сельскохозяйственной артели*, <http://www.gumer.info/bibliotek_Buks/History/Article/prim_ustav.php>, 검색일: 2009년 4월 2일.

89) Толстая, *op.cit.*, p.223 참조.

90) 1965년부터 보수는 금전으로 지급하는 것이 원칙으로 되었다. 이에 대해서는 이 책 (198) 참조.

에 관한 결의'(постановление ЦИК и СНК СССР об охране имущества государственных предприятий, колхозов и коорпераций и укреплении общественной социалистической собственности)가 채택되었다. 이로써 사회주의 소유물의 절도 또는 횡령에 대한 형사처벌이 대폭 강화되었다. 이 결의는 상당한 교육적 효과를 낳았는데 그때까지만 해도 대부분의 인민은 국가 또는 공공소유의 개념을 '주인 없는 것'으로 이해하였기 때문이다.[91] 이러한 결의의 채택 결과 많은 사람들이 범법에 대한 두려움을 갖게 되었다. 범죄인에 대해서는 재산의 몰수와 총살이 선고되었으며, 범죄를 완화하는 사유가 있을 때에는 재산 몰수와 10년 이하의 징역을 선고하였다. 이러한 범죄에 대해서는 사면이 적용되지 않았다.

형사책임능력 연령은 12세로 낮추어졌으며 18세 이하의 범죄인과 임산부는 총살의 대상에서 제외되었다. 특히 첩보활동이나 반국가활동은 가장 중한 범죄로 규정되었으며 이에 대한 처벌이 징역 25년으로 강화되었다.[92] 1934년에는 중앙집행위원회에 의하여 테러조직과 테러행위에 관한 형사절차법이 수정되었는데 이러한 사건의 경우 심리는 10일 이내로 종료될 수 있었다. 더 나아가 재판은 당사자의 출석 없이도 가능했으며 상고 또한 허용되지 않았다. 최고의 형벌인 사형은 즉시 이행되었다.

제2차 세계대전 기간인 1941~1945년 사이 형법에 나타난 특성은 네 가지로 요약할 수 있다.[93] 첫째, 노동의무를 게을리하는 사람에게는 형사책임이 부과되었다. 이 시기에 있어 전시의 특수한 상황으로 인하여 소비에트연방 인민은 휴가 없이 하루에 11시간 근무할 의무가 부과되었기 때문이다. 둘째, 농촌주민을 집단농장에서 근무하도록 강제하는 기능이 형사법에 기초한 조치를 통하여 이루어졌다. 당국은 이로써 국가의 농산물 공급을 안정적으로 확보하려고 하였다. 셋째, 국가 및 공공 소유물에 대한 절도, 전리품인

91) Толстая, *op.cit.*, p.221 참조.

92) *Ibid.*, p.223 참조.

93) Кузнецов, *op.cit.*, pp.556~557 참조.

무기의 미반납에 대한 형사책임이 무거워졌다. 넷째, 전시상황과 관련하여 새로운 종류의 범죄가 규정되었다. 무엇보다도 종래 행정벌의 대상에 불과했던 행위도 형벌의 대상이 되었다.[94]

이 시기에 있어 특기할 만한 변화로는 1947년 5월 26일에 반포된 명령에 따라 이루어진 사형제도의 폐지를 들 수 있다. 이러한 법정책의 변화는 전쟁에서 승리한 소련당국이 인민 전체의 통합과 도덕적 우위를 표현할 목적으로 이루어진 것이었다.[95] 그러나 결국 소련 역시 사형제도의 필요성을 인식하게 됨으로써 2년이 채 지나지도 않은 1950년 초에 사형제도가 다시 공식적으로 부활하였다.

제4절 흐루시초프 · 브레즈네프시대(1953~1982)

제1관 국가·정치적 배경

I. 정치상황의 개관

(192) 1953년 3월에 30년간 장기집권을 했던 스탈린이 사망하였다. 한동안 크렘린의 권력 장악을 위한 내부의 투쟁이 계속되었다. 그 결과 니키따 흐루시초프(*Nikita Khrushchev*, Никита Хрущёв)가 경쟁자들을 물리치고 권력을 쟁취하였다.[96] 1956년 2월에 있었던 제20차 당대회 비공개회의 연설에서 흐루시초프는 스탈린을 잔인한 폭군으로 묘사하고, 30년대에 이루어진 대숙청을 비난하였다.[97] 흐루시초프는 스탈린의 통치시기를 '올바른 정책'으로부

---

94) Толстая, *op.cit.,* p.236 참조.

95) Кузнецов, *op.cit.,* p.558 참조.

96) 이 책 (12) 참조.

97) Robert V. Daniels, *A Documentary history of communism in Russia: From Lenin to Gorbachev,*

터의 단순한 일탈로 간주하였고 이러한 스탈린의 과오는 전제폭군이 아닌 집단지도체제에 의해 완전히 바로잡을 수 있다고 주장하였던 것이다.[98] 이렇듯 흐루시초프의 통치시기는 '탈스탈린화'로 특징지워진다. 새로운 시대를 주장한 흐루시초프는 일련의 정치 · 사회 · 경제개혁을 단행하였다.[99] 그 기본 성격에 있어 스탈린을 비판하며 자유화 노선을 추구한 그의 정책들은 그 결과에 있어 항상 성공적이지는 못하였다. 또한 국제무대에서도 일관성 있는 외교정책을 펼치지 못하였으며 특히 쿠바 미사일 사건으로 인하여 지도자로서의 신뢰를 많이 잃었다. 이 밖에 중국과의 관계가 악화되는 등 흐루시초프가 통치하던 시기는 적지 않은 악재를 경험하였다.

점차 국내외의 상항이 악화되어 흐루시초프의 정치적 입지가 좁아졌으며 결국 1964년 말 정치적 압력 아래 권좌에서 물러났다. 흐루시초프의 뒤를 이어 레오니드 브레즈네프와 알렉세이 코씨긴(*Alexei Kosygin*, Алексей Косыгин)이 권력을 장악하였다. 브레즈네프는 공산당의 1등 서기관직을 차지하였고 코씨긴은 소비에트연방 장관회의 의장직에 올랐다. 이로써 집단지도체제가 유지되었으나 점차 실세를 장악해나간 인물은 강경파에 속하던 브레즈네프였다. 집권 이전과는 달리 브레즈네프는 점차 보수화되어 자신의 전임자인 흐루시초프의 스탈린 비난정책에서 벗어나 스탈린에 대한 긍정적인 언급을 하기 시작하였다. 자유화 노선을 주장하던 코씨긴에 대한 정치적 우위를 확립한 브레즈네프는 1971년 제24차 당대회에서 기조연설을 하며 핵심인물이 되었으며, 1982년 사망할 때까지 '네오 스탈리니즘'(neo-Stalinism)이라고 불릴 정도로 그의 통치시기는 브레즈네프 자신에 대한 권력집중으로 점철되었다.[100]

Vermont, 1993, p.254 참조.

98) 니꼴라이 V. 랴자노프스키 저 / 김현택 옮김, 앞의 책 『러시아의 역사 II (1801~1976)』, 285면 참조.

99) 이에 대해서는 이 책 ⑲③ 참조.

100) Robert V. Daniels, *Russian Transformation*, Rowman & Littlefield Publishers, Inc., 1997,

II. 국가・사회의 제도

1. 흐루시초프의 자유화 노선

193 흐루시초프의 통치시기는 스탈린의 전제주의적 폭군정치에 대한 반성인 동시에 반작용이었다. 스탈린에게 모든 권력이 집중되었던 것과 달리 흐루시초프는 집단지도체제를 통해 국정을 운영하였다. 스탈린 시대에 실질적인 최고 권력기관인 정치국이 스탈린 개인에 의해서 완전하게 장악되었던 것과 달리 흐루시초프 시대에는 정치국의 위상이 되살아났으며, 결국 1960년대에는 정치국원들의 압력으로 흐루시초프 자신이 실각하기까지 한다. 이 밖에 흐루시초프의 자유화정책은 지리적 분산화 또는 지방분권화를 가져왔다. 지방 소비에트의 권한이 강화되었으며 무엇보다도 산업에 대한 감독권의 상당부분이 지역경제협의회로 이관되었는데 1만 개가 넘는 산업기관들이 소비에트연방 공화국들로 이전되었다.[101] 모든 수준의 지방행정구역 소비에트에서 정치적 투명성과 비판가능성이 증가하였으며 인민들에 대한 소비에트의 책임이 보다 확실해졌다. 또한 1961년 제22차 당대회에서 인민의 생활개선과 사회의 민주화를 목적으로 하는 새로운 정책들이 도입되었다.[102] 이에 따르면 소비에트 인민들은 향후 15~20년 사이에 공산주의 국가의 완전한 건설을 경험하게 된다는 것이었다. 그 과정에서 계급의 구분이 없어지고 공공소유권만이 남게 될 뿐만 아니라 국가의 모든 기능이 노동자들에 의해서 운영되는 자치기관으로 이전될 것이라는 청사진이 그려졌다.

경제정책에 있어서 흐루시초프는 종래 스탈린과는 상당히 다른 노선을 따랐다. 우선 그는 경제를 운영하는 데 있어 부문별 접근을 지역별 접근으로 대

p.76 참조.

101) Толстая, *op.cit.*, p.247 참조.

102) *Ibid.*

체하였다.[103] 그리하여 기존의 25개 행정부처가 폐지되고 전국이 105개의 경제구역으로 재개편되었다. 이러한 경제구역에서 경제정책을 담당하는 기관으로 각 구역별로 인민경제위원회(Council of National Economy, Совет Народного Хозяйства 또는 Совнархоз)가 설립되었다. 또한 흐루시초프는 그의 전임자와 달리 중공업보다는 소비재산업에 초점을 맞춰다. 특히 건축 투자를 80% 이상 증가시켜 '흐루시초프까'(хрущёвка)라고 불리는 아파트 단지를 대거 건설하여 생활여건의 개선을 추구하였다. 이 밖에 흐루시초프는 지지부진하던 5개년계획 대신 7개년계획을 선포하여 경제를 살리기 위해 노력하였다. 농업개혁을 단행한 그는 그때까지 미개척지로 남아 있던 광활한 토지를 개발하여 옥수수 재배를 비롯하여 다양한 식품 생산에 박차를 가하였으나 부분적인 성공에 그쳤다.

2. 브레즈네프의 보수화 노선

194 브레즈네프의 통치시기인 60년대 중반부터 80년대 초까지 기본적인 개혁노선은 흐루시초프의 그것과 크게 다르지 않았다. 소비에트 경제를 살리는 것이 동일한 목표로 남아 있었기 때문이다. 그러나 브레즈네프는 자신의 전임자와 방법론적인 차원에서 차별화 정책을 펼쳤다. 우선, 흐루시초프의 급진적인 개혁들의 대부분은 그의 사임 이후 대부분 바로 폐지되었으며, 나머지 일부는 시간을 두고 점진적으로 대체되었다.[104] 대표적인 예로 흐루시초프에 의해 창설된 인민경제위원회의가 바로 폐지되어 종래의 부문별 접근이 재도입되었다. 또한 브레즈네프는 성급한 공산주의 사회의 달성목

103) Peter Ferdinand, "Center-Periphery Relations and Administrative Reform" in: Manohar L. Sondhi, *Beyond Perestroika: Challenges and Choices Facing Gorbachev*, Abhinav Pubns, 1989, p.117 참조.

104) 니꼴라이 V. 랴자노프스키 저 / 김현택 옮김, 앞의 책 『러시아의 역사 II (1801~1976)』, 285면 이하 참조.

표를 비현실적인 것으로 간주하여 이를 더 이상 논의하지 않았으며, 생산재에 대한 과도한 투자를 제한시켰다. 그리하여 중공업과 소비재 생산 어느 한 쪽으로 치우치지 않고 보다 균형 있는 경제발전모델을 추진하였다. 큰 성공을 거두지 못한 7개년계획 대신 다시 5개년계획이 도입되었으며, 이에 따라 제8차(1966년~1970년), 제9차(1971년~1975년) 및 제10차(1976년~1980년) 5개년계획들이 진행되었다. 이러한 노력의 결과 어느 정도의 성과가 달성되었으나 점차 심화되는 소비에트연방의 계획경제의 모순과 이에 의한 경기침체를 근본적으로 극복하게 해주지는 못하였다.

정부당국은 생활여건의 향상을 위하여 다양한 정책을 시행하였다.[105] 집단농장의 농민들에게는 금전적 임금이 보장되었으며 연금자와 학생들에 대한 재정적 지원이 증가하였다. 이 밖에 사회보장정책의 일환으로 보건, 교육, 운동체육시설, 문화시설 등의 무료지원사업이 늘어났으며 주택과 도로의 증축이 이루어졌다. 또한 특별기금이 마련되어 공공기업들이 제도적으로 지원을 받을 수 있게 되었다.

제2관 법 제 도

195 스탈린의 사후 입법활동이 활발해졌으며 무엇보다도 법전화 작업이 많이 이루어졌다. 이는 신경제정책으로 대변되는 1920년대에 제정된 소비에트 법전들이 40년이 지난 시점에서 개정을 필요로 하고 있었기 때문이다. 아래에서는 새롭게 개정된 법전들의 내용을 살펴보기로 한다.

105) Ian D. Thatcher, "Brezhnev as leader" in: Edwin Bacon / M. A. Sandle, *Brezhnev Reconsidered*, Palgrave Macmillan, 2003, p.28 참조.

I. 민 법

1. 구성체계와 특성

196 1961년 '소비에트연방 및 연방구성공화국의 민법기본원칙'(Основы Гражданского Законодательства Союза ССР и республик)이 채택되었으며, 이를 바탕으로 1964년에 러시아연방공화국 민법전이 개정되었다. 그 구성체계는 다음과 같았다:

제1편 총칙(제1조~제91조)
제2편 소유권(제92조~제157조)
제3편 채권법(제158조~제474조)
　　제1장 통 칙
　　제2장 채무의 유형
제4편 저작권법(제475조~제516조)
제5편 발견권(제517조~제519조)
제6편 발명권(제520조~제526조)
제7편 상속법(제527조~제561조)
제8편 외국인과 무국적자의 권리능력 및 외국민법, 국제계약 및 협약의 적용(제562조~제569조)

러시아연방공화국의 민법전은 총 42개 장(章)과 569개 조문(條文)으로 이루어졌다. 민법전 제1조에 따르면 러시아연방공화국 민법의 목적은 "공산주의를 위한 물질적·기술적 기반을 마련하고 국민의 물질적 그리고 정신적 필요를 보다 잘 충족하는 것"이었다. 1964년 민법전에 새로 포함된 특성으로는 다음을 들 수 있다.[106] 첫째, 민법전은 사회주의 소유의 한 유형으로서 노동조합과 기타 공공기관의 소유권을 강화시켰으며 이를 다른 기관들의 침해로부터 보호하였다. 노동조합 및 기타 공공기관의 소유물의 일부를 구성하는 재산에 대한 처분권은 소유권자인 그들 자신에게만 배타적으로 인정된다고 규정하였다(제102조). 둘째, 국가 재산에 대한 국가의 운영 및 관리가 분게되었는데, 국가기관은 법률규정에 기초하여 국가 재산에 대한 운영 및 관리권이 인정된 경우에만 그 사용권과 처분권을 가졌다. 셋째, 집단농장연합(межколхозные организации и объединения)을 인정하였으며, 정부·집단농장 그리고 정부·기업 기관을 법인으로 인정하게 되었다. 넷째, 1964년 민법전은 국민의 소유권 보호를 위하여 상당한 정도의 법규범을 마련하였다. 가령 정부당국이 다른 거주지를 제공하지 않는다면 행정처분을 통하여 특정지역에 거주하고 있는 인민을 다른 지역에 강제적으로 이주시키지 못하게 되었다. 또한 공무원 그리고 법원 및 기타 사법기관에 의해서 손해가 발생하는 경우 국가기관의 책임이 인정되었다. 이 밖에 사회주의 소유를 보호하는 경우 인민 개인에게 손해가 발생하면 국가는 손해배상을 할 의무가 있었다. 다섯째, 1922년 민법전과 달리 1964년 민법전은 지적재산과 관련된 권리를 보호하였다. 이로써 저작권, 발견권 및 발명권이 민법전에서 규율되었다. 여섯째, 당시 학설이 상속권의 폐지를 주장했던 것과 달리 1964년 민법전은 오히려 이 권리를 확대·강화하였다. 1922년 민법전(20개 조항)[107]과 비교할 경우 1964년 민법전(35개 조항)은 보다 많은 조문을 통하여 상속을 상세하게 규율하였다.

2. 구체적 내용

197 아래에서는 민법전의 중요한 내용을 선별하여 구체적으로 살펴보기로 한다.

---

106) Кузнецов, *op.cit.*, pp.591~594 참조.

107) 이 책 (176) 참조.

첫째, 총칙이다. 민법전의 목적을 규정한 제1조에 이어 제2조는 민사관계의 세 가지 유형을 규정하고 있다: ① 국가, 협동조합 및 사회단체 상호간의 관계; ② 개인과 국가, 협동조합 및 사회단체 사이의 관계; ③ 개인 상호간의 관계. 앞에서 언급한 바와 같이 1964년 민법전은 개인에 대한 보호를 강화하였다. 그러나 동시에 입법자들은 개인의 민사상 권리에 일정한 제한이 따르도록 규정하였다. 권리의 제한을 내용으로 하는 제5조는 다음과 같다: "민사상의 권리는 공산주의 건설이라는 사회주의 사회의 목적에 적합하지 않게 행사되는 경우를 제외하고는 법의 보호를 받는다." 이는 민사상의 권리가 사회주의 사회의 목적에 적합하여야 한다는 전제를 규정한 1922년 민법전의 원칙을 통합·확대한 것이며, 이 규정은 일반규정으로서 민법전에 다른 특별한 규정이 없는 경우에만 적용되었다.[108]

1964년 민법전에 따라 권리의 주체는 자연인과 법인으로 구분되었다. 자연인의 권리능력에 대하여 민법전은, 자연인은 재산에 대한 개인소유권, 주거지역에 대한 사용권, 상속권, 피상속권 등 재산권과 비재산적 인격권을 향유한다는 취지를 규정하였다(제10조). 성인이 되는 18세부터 완전한 행위능력이 인정되었으며, 예외적으로 18세 미만인 사람이 혼인을 한 때에도 행위능력이 부여되었다(제11조). 법인은 독자적으로 재산을 소유하고 재산권과 비재산적 인격권을 취득할 수 있으며, 소송능력이 있는 단체이다(제23조). 제24조는 5가지 유형의 법인을 나열하였다: ① 국영기업과 국영단체; ② 국가의 재정적 지원을 받으나 독립된 예산을 갖는 공공단체 및 기타 국영단체; ③ 국가가 아닌 기관으로부터 재정적 지원을 받기는 하지만 독립된 예산과 대차대조표를 갖는 국영단체; ④ 집단농장, 집단농장연합 및 기타 협동조합, 사회단체; ⑤ 국영농장 및 기타 국영협동조합단체.[109]

법률행위(transaction, сделка)는 1922년 민법전에 이어 1964년 민법전 역

108) W.E. Butler 저 / 이윤영 옮김, 앞의 책 『소비에트法』, 234면 참조.

109) 1987년에는 법인의 유형에 관한 규정이 개정되는데 '소련법이 규정하는 기타 단체'가 법인으로 인정될 수 있음을 규정하였다.

시 계약과 단독행위(편무법률행위와 쌍무법률행위)의 구분을 기초로 하였다(제41조). 법률행위는 서면 또는 구두의 형식으로 할 수 있으며, 계약당사자의 행위를 통하여 그의 계약체결 의사가 명백한 것으로 보이는 때에 계약이 성립하는 것으로 하였다(제42조). 서면주의는 국가와 협동조합 및 사회단체 사이의 계약과 이들과 개인들 사이의 계약에 적용되었으며, 개인 사이에 체결된 계약의 경우에도 계약금액이 100루블[110]을 초과하면 서면 형식을 갖추도록 하였다(제44조). 제49조는 사회주의 목적을 규정한 제5조의 연장선상에서 다음과 같이 규정하였다: 계약의 목적이 사회주의 국가와 사회의 이익에 저촉되며, 계약의 양 당사자가 이러한 의사를 갖고 계약을 이행하였다면 계약의 목적물은 국가에 의해서 몰수된다.

둘째, 소유권이다. 소유권은 사회주의소유와 개인소유로 구분되었다(제93조). 우선, 사회주의소유에는 국가(전인민)소유, 집단농장소유, 기타 협동단체소유 및 사회단체소유가 있었다. 국가가 모든 국유재산의 유일한 소유권을 향유하며, 국영단체가 소유한 유동자산은 항상 특정자산에 대해 승인된 계획과 목적에 따라 처분될 수 있었다(제94조). 1964년 민법전은 개인소유권을 1922년 민법전과 달리 별도의 장으로 규율하였다. 개인소유에 대한 첫 규정으로서 제105조는 개인소유의 대상을 노동소득 및 저축금, 주택(또는 그 일부), 농가의 보조 농기구, 일상생활용품, 개인소모품 및 편의시설로 규정하였다. 특정 물건에 대한 개인소유의 인정은 1936년 소련헌법[111]에서 개인소유를 규정한 것에 기초하는 것이다. 이와 관련하여 특기할 점으로는 개인소유를 불로소득을 얻기 위한 목적으로 할 수 없다는 점이다. 주택, 별장,[112] 기

---

110) 1961년 기준으로 1루블은 금 0.987g의 가치를 지녔다.

111) 1936년 헌법 제10조에 따르면 노동소득 및 저축금, 주택 등에 대한 개인소유권이 법에 의하여 보장된다고 규정하였다. “Право личной собственности граждан на их трудовые доходы и сбережения, на жилой дом и подсобное домашнее хозяйство, на предметы домашнего хозяйства и обихода, на предметы личного потребления и удобства, равно как право наследования личной собственности граждан – охраняются законом.”

타 소유물은 불로소득을 얻기 위하여 사용되는 것이 금지되었으며, 만약 불로소득이 있다면 지방소비에트 집행위원회의 청구에 따른 소송을 통해 국가가 이를 몰수하였다(제111조). 노동을 위하여 필요한 한도 내에서 소유권이 인정되었던 관계로 주택의 경우 1인1주택(또는 1가정1주택)이 원칙이었으며(제106조), 가축에 대한 소유의 제한도 법률에 따라 이루어졌다(제112조).

셋째, 채권법이다. 1964년 민법전의 가장 큰 편을 구성하는 채권법편은 크게 제1장 통칙과 제2장 채무의 유형으로 구분된다. 제158조는, 민법상 권리·의무의 발생원인에 관한 제4조[113]에 따라 채무를 계약채무와 비계약채무로 구분하고 있다. 특히 계약에는 일반계약 외에 계획행위(акт планирования)에 기초한 계약이 있는데,[114] 계획행위에 기초하여 체결된 계약은 계획행위에 반할 수 없다(제159조 제2항). 실제로 국영기업과 국영단체 사이에 계획에 의해 규율되는 다수의 계약에 있어 채무의 내용은 계획법률에 의해 결정되었다.[115]

채권법편에서 가장 중요한 부분으로 채무불이행 및 불법행위에 관한 규정을 들 수 있다.

채무의 불이행 또는 적절하지 못한 이행이 있는 때에는 채무자에게 손해배상의무가 부과되었다(제219). 그러나 채무불이행에 대하여 채무자에게 귀책사유(고의 또는 과실)가 없었다면 면책되었다. 귀책사유에 대한 증명책임은

---

112) 러시아에서 별장이 다차(*dacha*, дача)라고 불리며 주로 가정에서 필요한 야채를 재배할 수 있는 주말농장의 성격을 띤다.

113) 제4조는 민법상 권리의무의 발생원인으로서 법률, 법률행위(예: 계약), 계획행위 등을 열거하고 있다.

114) 전통 사회주의 계약법에 있어서 계획계약과 일반계약의 구분이 매우 중요한 의미를 가진다. 계획계약은 국가의 계획경제의 일환으로 계약의 당사자와 내용을 국가계획에 정해진 바에 따라 체결·이행된다(예: 운송계약, 집단농장농산물계약 등). 그 외의 계약은 일반계약이며, 이에 대해서는 자본주의 사회의 계약에서와 같이 (물론 사회주의 건설 이념의 한도 내에서) 원칙적으로 사적자치의 원칙이 통용된다.

115) W.E. Butler 저 / 이윤영 옮김, 앞의 책『소비에트法』, 246면 참조.

채무자에게 있다(제222조). 반면, 채권자에게 귀책사유가 있는 때에는 과실상계가 이루어졌다(제224조). 1964년 민법전은 위약금에 대하여 상당히 자세한 규정을 두고 있다(제187조~제191조). 위약금이란 채무불이행이 있는 때에 채무자가 채권자에게 지급하기로 한 금전으로서 당사자간의 약정 또는 특별규정에 의해서 정해진다(제187조). 위약금을 지불하더라도 채권자가 계속해서 계약이행청구권을 행사할 수 있다고 규정함으로써 위약금이 계약이행을 대신하지 않는다는 점을 명시하고 있다(제191조). 실손해액이 위약금을 초과하는 경우 초과부분에 대한 손해배상청구권이 인정된다(제189조).

1922년 민법전이 불법행위법을 사회보장법의 부속물로 보는 입장이었던 것과 달리 1964년 민법전은 불법행위법에 실질적인 의미를 부여하였는데, 불법행위법의 기능은 다음 세 가지로 볼 수 있다:[116] ① 피해자에 대한 물질적 손실의 전보; ② 불법행위자의 교화; ③ 공중들에게 위법한 행위를 금지시키기 위한 예방적 기능. 그러나 1964년 민법전 역시 사회주의민법으로서 1922년 민법전의 연장선상에서 규정된 법규범도 적지 않게 포함하였다. 특기할 만한 점으로는 다음을 들 수 있다. 첫째, 정신적 손해에 대한 배상이 계속해서 인정되지 않았다.[117] 위자료는 자본주의 세계의 부르주아 계급이 받는 것으로서 소비에트 사회에서 개인의 존엄성에 대한 침해는 민법이 아닌 형법의 영역에서 다루어져야 한다고 평가되었다. 실제 소송에 있어서는 정신적 손해에 대한 배상청구가 없지 않았으나 재판소는 이를 받아들이지 않았다. 둘째, 물적 손해에 대한 배상에 있어 채무자의 재산상황이 고려되었다(제458조). 1922년 민법전은 불법행위의 성립요건이 충족되지 않은 경우에도 가해자와 피해자의 재산상황을 고려하여 손해배상을 명할 수 있도록 하였다.[118] 1964년 민법전은 이 규정을 폐지하고 불법행위의 성립요건이 충족

116) 金徹, 앞의 책 『러시아 - 소비에트法』, 423면 참조.

117) О.Г. Полежаева, *Становление и развитие института возмещения вреда в России*, Российская государственная библиотека, 2005, pp.108~109 참조.

118) 이 책 ⑰⑥ 참조.

된 경우에 한하여 손해배상액의 산정에 있어서 채무자의 재산상황을 고려할 수 있도록 한 것이다.[119] 셋째, 1964년 민법전이 새롭게 도입한 것으로서 사회주의 소유물의 보호와 관련된 책임규정을 들 수 있다. 사회주의 소유물을 보호하기 위하여 취한 행위로 인하여 손해가 발생한다 하더라도 이 행위에 대해서는 손해배상책임이 없다(제472조).

넷째, 저작권·발견권·발명권이다. 혁명 직후 저작권 등의 권리가 국가에게 이전되면서 1922년 민법전이 이를 보호하지 않은 것과 달리[120] 1964년 민법전은 이를 상세하게 규정하고 일정한 한도에서 보호하고 있다. 이 중에서 저작권의 내용을 살펴본다. 저작자에게 다음의 권한이 인정되었다(제479조): ① 실명, 필명 또는 익명으로 저작을 출판, 배포할 권리; ② 저작에 대한 불가침권; ③ 법률에 의하여 다르게 규정되어 있지 않는 한 저작권료를 받을 권리. 이 밖에 저작권자는 유언상속을 통해서 상속인에게 저작권을 이전할 수 있었다(제481조). 저작권의 시효는 저자가 사망한 해의 1월 1일부터 15년간 인정되었으며, 상속인들은 저자가 받던 저작권료의 최대 50%를 보장받았다(제496조).

다섯째, 상속법이다. 앞에서 언급한 바와 같이 1964년 민법전은 상속권을 확대하였다.[121] 가장 중요한 변화로는 유언상속에 대한 자유의 확대를 들 수 있는데, 모든 국민은 자신의 재산을 그의 의사에 따라 국가 또는 국가기관을 포함하여 법정상속권자가 아닌 자에게도 유언상속을 할 수 있게 되었다(제534조). 같은 취지로 피상속인이 상속인의 상속권을 박탈할 수도 있었다. 유류분권이 규정되었으나 그 주체는 미성년자녀 또는 노동무능력자에 한정되었다(제535조).

---

119) 현행 러시아연방민법전은 불법행위가 고의로 인한 것이 아니라면 재판소는 손해배상액을 산정함에 있어서 가해자의 재산상황을 고려할 수 있도록 규정하여(제1083조 제3항) 1964년 민법전의 취지를 유지하고 있다.

120) 이 책 (169) 참조.

121) 이 책 (196) 참조.

여섯째, 외국인과 무국적자의 권리능력이다. 1964년 민법전은 이를 별도의 장에서 다루고 있다.[122] 외국인과 무국적자 모두 법률에 의해서 다르게 규정되어 있지 않다면 소비에트연방 인민과 동일한 권리능력을 가진다(제562조, 제563조). 이 밖에 법률행위의 형식, 외국법 적용의 한계, 국제계약의 효력 등이 함께 규정되어 있다(제564조~제569조).

II. 집단농장법 · 토지법

(198) 이 시기에 있어 집단농장법과 토지법은 종래의 기본틀을 유지하였다. 우선, 집단농장법과 관련하여 1965년 공산당과 장관회의에서 채택된 법령은 집단농장 소속 농민들의 임금이 금전으로 지급되도록 보장하였다.[123] 이에 따라 현물보수는 2차적 · 보완적 성격을 띠게 되었다.[124] 1969년에는 제3차 전소비에트 집단농장농민 회의가 열렸다. 이 회의에서 새로운 농업협동조합 표준정관이 채택되었으며 전연방 집단농장농민 소비에트가 선출되었다. 새로운 표준정관에 의하여 집단농장은 완전한 권리를 갖는 법인으로 인정되었다.[125] 이 밖에 집단농장농민들의 복지수준이 향상되었는데 공휴일과 유급휴가가 보장되었다. 1971년과 1978년에는 각각 연금의 보장과 최소연금의 증액이 이루어졌다.

1968년에는 최고회의에 의해서 소비에트연방 및 연방구성공화국의 토지기본법(Основы земельного законадательства Союза ССР и союзных республик)이 채택되었으며 이에 기초하여 1970년에 러시아연방공화국 토

---

122) 현행 러시아연방민법전이 이 장을 발전시켜 국제사법을 민법전으로 편입시켰다. 이에 대해서는 이 책 (232) 참조.

123) Толстая, *op.cit.*, pp.266~267 참조.

124) 이에 대해서는 이 책 (190) 참조.

125) Толстая, *op.cit.*, pp.266~267 참조.

지법전이 개정되었다. 1970년 토지법전에 따르면 종래의 토지국유제도가 유지되었으며, 집단농장은 영구무한한 토지사용권을 향유하였다. 중요한 차이로는 집단농장에 소속되어 있지 않은 농민에게도 개인노동에 기초한 토지사용권이 인정되었다는 점이다; 단 개인농민들의 토지는 집단농장의 운영에 방해가 되지 않도록 하기 위해서 농작지의 중심지가 아닌 자투리 지역에 배치하였다; 이 밖에 일반인민 개인은 국가로부터 토지를 제공받았는데 이는 소규모 농작과 주택을 건축하기 위한 목적으로 이루어졌다.[126)]

III. 친 족 법

199 1960년대 들어 친족법은 상당한 변화를 경험하게 된다. 우선 1965년 12월 10일 최고회의 간부회 명령을 통해 이혼정책이 변경되었다. 종래의 언론기관을 통한 이혼사실공표제도가 폐지되었으며, 이혼의 문제는 주(州)인민재판소가 아닌 구역(районный) 또는 시(市)인민재판소가 담당하게 되었다.[127)] 그러나 무엇보다도 가장 중요한 변화로는 새로운 법원(法源)의 제정을 들 수 있다. 1968년 10월 '혼인과 가족에 관한 소비에트연방 및 연방구성공화국의 입법에 관한 기본원칙'[128)](Основы законодательства Союза ССР и союзных республик о браке и семье)이 최고회의에 의하여 승인되었다. 그 체계를 살펴보면 다음과 같다: 제1편 통칙, 제2편 혼인, 제3편 가족, 제4편 신분등록, 제5편 외국인과 무국적자에 대한 소비에트친족법의 적용, 외국의 혼인관계법 및 친족법에 관한 국제협정의 적용. 이 입법에 관한 기본원칙이 중요한 이유는 바로 소비에트연방의 구성 공화국들이 이를 기초로 하여 자국의 친족법전을 개정하였기 때문이다. 더 중요한 이유로는 구성 공

126) Кузнецов, *op.cit.*, p.608 참조.

127) Толстая, *op.cit.*, p.264 참조.

128) 아래에서는 '입법에 관한 기본원칙'이라고 한다.

화국들의 친족법전이 사실상 입법에 관한 기본원칙을 실행하는 데 지나지 않았다는 사실이다.[129] 대표적인 예로, 모든 구성 공화국들의 친족법전이 규정하는 첫 8개 조문은 입법에 관한 기본원칙의 첫 부분과 동일하였다. 이 밖에 입법에 관한 기본원칙이 구성 공화국 친족법전에 위임한 사항을 정리하면 다음과 같다: 일방배우자가 타방배우자를 부양할 책임을 면제해 주는 조건의 결정(제13조); 혼인무효의 효과의 결정(제15조); 입양결정(제24조); 후견 및 보좌에 관한 결정(제36조) 등.

러시아연방공화국은 1969년에 친족법전을 개정하였다. 개정 친족법전은 새로운 '사회주의 가족의 강화'라는 과제를 수행한다는 목적 아래 종래 부분적으로 이루어졌던 것과 달리 전면적인 개정을 단행하였다.[130] 1969년 러시아연방공화국 친족법전의 새로운 특성을 정리하면 다음과 같다:[131] ① 재판소를 거치지 않고 신분등록기관에서 이혼이 허용되는 경우가 인정되었다; ② 사법절차를 통한 부성확정(父性確定)이 인정되었다; ③ 자녀에 대한 신분등록에 있어서 부자관계가 확정되지 않은 때에는 모의 지시에 따라 자녀의 부를 등록하였다.

IV. 형 법

200 형법에 대한 재검토는 스탈린의 사후 바로 이루어지기 시작하였다. 대부분의 학자들과 입법자들은 그 당시에 존재하는 형법 규범이 중세적 성격을 띠고 있으며, 경미한 범죄에 대한 처벌, 12세부터 형사책임능력을 인정하는 등 무자비한 억압을 낳는다는 이유로 개정의 필요성을 주장하였다.[132] 형법 개정의 첫걸음으로서 스탈린에 의하여 대폭 강화되었던 형사처

---

129) 고려대학교가족법교실, 『소비에트가족법』, 새실문화사, 1984, 7면 참조. 아래의 입법에 관한 기본원칙에 관련된 내용도 7면 참조.

130) 고려대학교가족법교실, 앞의 책 『소비에트가족법』, 서문 참조.

131) Толстая, *op.cit.*, p.264 참조.

132) Кузнецов, *op.cit.*, p.615 참조.

벌의 경감이 이루어졌다. 또한 스탈린의 통치시기에 채택되었던 소비에트연방 최고회의 총회명령(ПВС СССР указы) 중 다수가 폐지되었다. 그 결과 행정벌로 제재하기에 적합한 행위에 대하여 형사벌로 제재하던 경우들이 많이 없어졌다.[133] 가령 임산부의 낙태, 자발적인 퇴직 또는 정당한 사유 없는 결근 등에 대한 형사책임이 폐지되었다.

위와 같은 과정을 거쳐 1960년 10월 러시아연방공화국 최고회의는 개정 형법전을 채택하기에 이르렀다. 총칙과 각칙으로 구성된 개정 형법전은 총 18개 장, 259개 조문(條文)으로 이루어졌다. 1960년 형법전의 특징을 정리하면 다음과 같다.[134] 첫째, 형법상 범죄는 죄형법정주의를 전제로 하였으며 사회에 위험한 행위를 가리켰다. 즉 형사책임 발생의 필요요건으로서 사회적 위험이 요구되었다(제7조). 그러므로 특정 작위 또는 부작위가 형식적으로 범죄의 요소를 포함하고 있더라도 그 행위의 파급효과가 미미하여 사회적 위험을 구성하지 않는 때에는 이를 범죄로 간주하지 않았다. 그 결과 국가 및 공공기관 재산의 소규모 절도 등은 더 이상 범죄를 구성하지 않게 되었다. 둘째, 형벌의 선고에 있어 인도주의적 요소가 강조되었다. 이러한 움직임은 스탈린에 대한 반작용인 동시에 당시 국제연합(United Nations) 등의 국제기구에 의해서 채택되었던 형사규범의 영향을 받은 것으로 평가된다.[135] 시정·교화 조치가 확대되었으며, 형벌의 유형도 많은 변화를 보였다. 또한 최고 징역형이 10년으로 줄어들었으며, 특별히 중한 범죄의 경우에만 15년이 선고되었다. 1960년 형법전이 사형제도를 폐지하지는 않았지만 사형이 선고되는 범죄의 유형이 많이 축소되었다. 형사책임능력은 종래의 12세에서 16세로 상향조정되었으며, 예외적으로 극히 중한 범죄의 경우에만 14세부터 형사책임능력이 인정되었다.

---

133) 이 책 (191) 참조.

134) Кузнецов, *op.cit.*, p.616 참조.

135) Толстая, *op.cit.*, p.267 참조.

V. 헌 법

201 소련의 헌법은 자주 개정되었다.[136] 이는 소련의 법제도에 있어서 헌법의 목적이 영미법 또는 프랑스 및 독일과 같은 대표적인 대륙법 국가들의 헌법과 다름을 보여준다. 또한 국가는 반동계급을 억제하고 궁극적으로 공산주의로 전환하도록 하는 도구이므로 헌법기초자들은 임시적으로 존재하는 동안의 국가의 권력을 제한하기보다는 오히려 공산주의라는 궁극적인 목적의 달성을 위하여 국가를 이용하고자 하였다. 특히 스탈린의 사후 소비에트국가 전반에 걸친 제도적 변화로 인하여 다른 법영역보다도 헌법의 개정 필요성이 대두되었다.

1960년대에 집중적인 논의가 있었음에도 불구하고 실제로 헌법이 개정된 것은 1970년대 후반이었다. 1977년 10월 최고회의에 의해서 채택된 소비에트연방의 새 헌법은 전문(前文)에 이어, 9개 편, 21개 장, 174개 조문으로 구성되었다. 그 대체적인 내용을 살펴본다.

우선, 전문은 사회와 국가에 대한 공산당의 지대한 역할을 언급하면서 소비에트사회가 현재의 사회주의사회에서 궁극적으로 공산주의사회의 건설을 목표로 하고 있음을 선언하고 있다. 1977년 헌법은 '발전된 사회주의 사회'(развитое социалистическое общество) 단계를 반영하였는데, 여기에서의 사회는 '성숙된 사회주의 사회관계'의 사회이고, '전체인민의 국가'로서 모든 계급과 사회계층이 '함께하는' '모든 민족과 인민의 법적·실제적 평등'에 근거하였다.[137]

국가구조와 관련하여 1977년 헌법 본문은 가장 먼저 공산당의 핵심역할을 강조한다. 제6조에 따르면 마르크스-레닌주의로 무장한 공산당이 사회발

---

136) 아래 헌법의 반복적 개정 배경에 대한 설명은 W.E. Butler 저 / 이윤영 옮김, 앞의 책 『소비에트法』, 194~195면 참조.

137) W.E. Butler 저 / 이윤영 옮김, 앞의 책 『소비에트法』, 197면 참조.

전, 국내 및 외교정책 등의 기본노선을 결정하며, 공산주의의 승리를 위한 싸움에 앞장선다고 선언하고 있다. 공산당의 절대적인 위상이 헌법에 명시된 것이다. 다른 헌법기관들로는 최고권력기관으로서 최고회의와 최고회의 간부회가 가장 중요한 입법기관의 역할을 수행하였으며, 최고행정기관으로는 장관회의가 있었다. 지방에서는 지방소비에트가 행정을 담당하였다. 사법기능은 최고재판소 아래 인민재판소가 맡았으며, 인민재판관과 배석판사는 모두 최소의 일정조건을 충족하는 인민들로부터 선출되었다. 또한 최고감시기관으로는 소비에트연방 검찰청이 있었다.

1977년 헌법의 가장 큰 특징 중 하나는 국가에 대한 인민의 행정소송 가능성을 처음으로 규정하였다는 점이다(제58조).[138] 이에 따라 소련 인민은 공무원, 국가기관 및 공공기관을 상대로 소송을 할 수 있게 되었다. 그러나 행정소송이 헌법 규정으로만 규정되었을 뿐 실제로 부속법령이 제정된 것은 1987년이다.

1978년 러시아연방공화국 헌법에 대한 개정이 있었으나, 이는 1977년 소련헌법의 기본틀을 그대로 유지하면서 이를 보완하는 정도에 그쳤다.

VI. 민사 · 형사소송법

202 스탈린의 공포정치가 종료되자 그 동안 형식적인 규정에 불과했던 민사·형사소송법에 대한 개정 필요성이 대두되었다. 무엇보다도 스탈린 시대에 무시되었던 적법절차를 통한 사법구제가 요구되었으며 이는 '사회주의적 합법성'(socialist legality)[139] 개념의 구현을 의미하였다. '사회주의 합법

138) Е.А. Ткаченко, "Административное судопроизводство: кодификация, проблемы реализации на практике," <http://www.movs.ru/about/vestnik/3_2007/admin_sud_proizvodstvo.php>, 검색일: 2009년 4월 19일.

139) 사회주의 합법성 개념이 중국에 미친 영향에 대해서는 Ronald C. Keith, "Socialist Legality and Proletarian Democracy in the People's Republic of China," *Canadian Journal*

성' 개념은 적법절차 외에도 소비에트법의 억압적 성격 완화, 인민과 국가 사이의 관계 재설정 등을 포함하였다.[140] 시대적 특성을 고려할 때 '사회주의적 합법성'의 핵심은 초법적 공포정치의 종료에 있었다. 흐루시초프의 통치 하에서는 인민 개개인의 권리보호에 초점이 맞추어져 있었다면 브레즈네프의 시대에는 개인의 이익보다 국가의 경제이익을 고려한 법·질서의 확보가 핵심을 이루었다.[141] 아래에서는 민사소송법과 형사소송법을 차례로 살펴본다.

1. 민사소송법

203 1961년과 1964년 민사소송기본법(Основы гражданского судопроизводства)과 이에 기초한 민사소송법전이 각각 채택되었다. 민사소송법전은 총 6개 편(編), 42개 장(章), 438개 조문으로 구성되었다. 이전의 민사소송법전과 차이를 보이는 점은 크게 두 가지로 요약할 수 있다.[142] 첫째, 민사소송과 관련된 가장 중요한 사안들이 보다 상세하게 규정되었다. 즉, 재판관의 구성 및 기피제도, 민사소송 준비절차, 소송의 종료 등의 장이 새롭게 포함되었다. 이러한 조치를 통해 소련의 입법자들은 '사회주의적 민주주의'를 추구하였는데 여기서 민주주의는 자유선거를 통한 대의민주주의가 아니라 공산당의 권위에 따른 소비에트식 민주주의였다.[143] 둘째, 민사소송의 민주화를 위한 조치로서 세 유형의 소송이 확립되었다: ① 민법, 친족법, 노동법과 관련된 소송; ② 행정법적 관계에 기한 소송(административно-

---

of Political Science, Vol.13, No.3., pp.565~582 참조.

140) Smith, *op.cit.*, 1996, p.53 참조.

141) *Ibid.*, p.62 참조.

142) Кузнецов, *op.cit.*, p.598 참조.

143) Don W. Chenoweth, "Soviet Civil Procedure: History and Analysis," *Transactions of the American Philosophical Society*, Vol.67, No.6 (1977), p.34 참조.

правовые); ③ 국가를 상대로 하는 특별소송. 소련이 대륙법 계통의 법체계를 채택했음에도 불구하고 따로 행정소송제도를 두고 있지 않았다는 점에 유의하여야 한다. 이와 같은 이유로 ②와 ③이 민사소송법에 포함되었다.[144)]

이 밖에 소련 민사소송법은 개인의 소송참가권을 비롯하여 변호사와 검사에 대한 규정을 포함하고 있다.[145)]

개인의 경우 '모든 이해관계인'은 자신의 법적 보호와 관련하여 소송참가권을 갖는다고 규정하였다. 또한 인민은 단독으로 소송에 참가하거나 대리인을 선임할 수 있었는데 단독으로 소송에 참가하더라도 대리인선임권을 상실하는 것은 아니었다.

소비에트연방 절차법상 변호사와 검사의 역할은 대조적이었다. 변호사는 법정에 출두하지 않는 것이 일반적이었으며 소송을 위한 법적 준비를 주로 담당하였다. 이로써 재판소는 제출된 증거와 자신의 주도로 이루어진 사실검증을 기초로 소송을 진행하였다. 반면, 검사는 비교적 폭넓은 권한을 향유하였다. 다른 사람을 대신하여 민사소송을 제기할 수 있었으며, 다음의 경우에는 민사소송을 제기하거나 그 사건에 개입할 의무를 부담하였다: ① 어떤 사건이 국가, 사회 또는 국민의 이익을 침해하는 경우; ② 인민이 어떤 이유에서든지 이익을 보호할 수 없는 경우; ③ 불법적인 계약과 같은 권리남용이 존재하는 경우. 특히 검사의 민사소송참가는 친권박탈, 실종 및 사망선고, 불로소득으로 지은 건축물의 몰수, 복직, 퇴거 또는 재판소가 검사의 참가를 필수적으로 요구하는 경우 의무적이었다. 이처럼 사회주의법제도 아래에서 검사의 역할이 매우 중요하였다.

---

144) 행정소송 제도에 대하여 최초로 독립성을 인정한 것은 1977년 헌법이다(제58조). 이에 대해서는 이 책 ⑳① 참조.

145) W.E. Butler 저 / 이윤영 옮김, 앞의 책 『소비에트法』, 437면 참조. 이하 검사, 인민대중의 참가 및 변호사에 대한 내용은 437~441면을 참조.

2. 형사소송법

204 스탈린의 사후 형사소송법의 개정은 가장 중요한 문제 중의 하나였다. 스탈린의 공포정치 시대에는 테러행위, 반란 등과 같은 중한 범죄에 대한 형사소송절차가 지나치게 간소하여 인민들의 권리보호에 큰 장애가 있었다.[146] 이와 같은 문제점을 해결하기 위해 1956년 최고회의 간부회는 명령을 통해 1934년과 1937년 중앙집행위원회에 의해서 채택되었던 스탈린 시대의 중요한 형사소송법 규정을 폐기하였다. 2년 뒤인 1958년 '소비에트연방 및 구성 공화국 형사소송법 기본원칙'(Основы Уголовного судопроизводства Союза ССР И Союзных Республик)이 채택되었고 이를 기초로 하여 1960년 러시아연방공화국 형사소송법전이 채택되었다. 러시아연방공화국 형사소송법전은 총 8개 편, 33개 장, 413개 조문으로 구성되었는데 각 편은 다음과 같다: 제1편 총칙; 제2편 형사소송의 개시, 심문, 예심; 제3편 제1심 소송; 제4편 상소심; 제5편 판결의 집행; 제6편 판결의 재심; 제7편 미성년자에 대한 소송; 제8편 의학의무조치.

1960년 형사소송법전의 새로운 특징으로는 다음을 들 수 있다.[147] 첫째, 모든 형사사건은 오직 재판소를 통해서만 해결되었다. 이러한 원칙으로 인하여 종래 다른 기관들이 형사사건에 대해서 행사하던 사법권이 제한되었다. 둘째, 피고의 고의·과실이 증명되지 않는 한 무죄판결이 내려져야만 하였다. 셋째, 형사소송법전은 주거불가침권을 보다 확실하게 보장하였다. 가령, 수색에 있어 특별히 급박한 경우를 제외하고는 검찰의 수색영장이 요구되었다. 넷째, 재판소의 판결은 피고인이 더 불리해지거나 자신의 권리를 보호할 수 없는 경우가 아닌 한 변경이 가능하였다. 단, 사실관계 부분에서 판결이 잘못되었음이 명백한 경우에는 추가 수사가 요구되었다. 이 경우 피고인은

146) Кузнецов, *op.cit.*, p.618 참조.

147) *Ibid.*, pp.619~620 참조.

예심 단계에서부터 다시 자신을 변호할 수 있는 권리가 인정되었다.

범죄에 대한 수사는 예심관이라 불리는 공무원이 담당하였다. 그는 모든 증거에 대해 광범위하고 철저한 조사를 하여 기소 여부에 대한 의견을 준비할 의무를 부담하였다. 예심관은 사법통제가 아닌 검찰청 또는 다른 국가기관의 통제를 받았다.[148]

VII. 노 동 법[149]

205 이 시기에 있어 노동법의 가장 중요한 변화로는 노동조합과 기타 노동단체들의 권리 확대 및 강화였다. 1971년 최고회의 간부회는 '노동조합위원회에 관한 규정'(Положение о правах профсоюзных комитетов)을 채택하였으며, 1983년에는 법령을 통해 기업 활동에 있어서 노동단체들의 역할을 증대시켰다. 그 결과 노동자에 대한 국가의 통제가 강화되기도 하였으나 이와 동시에 노동환경의 개선이 이루어졌다. 1966년에 주5일근무제가 도입되었으며 1968년에는 최저임금이 70루블로 상향조정되었다. 1970년에는 소비에트연방과 구성 공화국 노동법 기본원칙이 채택되었으며 이를 기초로 1971년 러시아연방공화국의 노동법전이 개정되었다.

개정 노동법전에 따르면 노동자가 부당하게 해고당할 때에는 이에 대한 소송을 청구할 수 있었으며, 노동자 개인의 의지에 따라 근무지로부터 사직할 수 있는 권리가 인정되었다. 여성에 대한 정책도 눈길을 끈다. 임산부 또는 2세 이하의 자녀를 둔 여성근로자에게 과도한 업무를 부과하는 것이 금지되었으며, 출장을 보낼 수 없었다. 18세 이하의 미성년자는 단축근무를 하였으며, 야간학교에 재학중인 근로자들은 추가 유급휴가를 받을 수 있었다.

---

148) W.E. Butler 저 / 이윤영 옮김, 앞의 책 『소비에트法』, 452면 참조.

149) 이에 대한 주된 내용은 Толстая, *op.cit.*, pp.265~266 참조.

제5절 페레스트로이카 시대(1985~1991)

제1관 국가·정치적 배경

I. 정치상황의 개관

206 1982년에 스탈린 다음으로 오랫동안 집권했던 브레즈네프가 사망하였다. 그의 집권 말기에 들어 소비에트연방의 경기 침체가 심화되었는데, 그 주요 원인으로는 세계시장에서 석유 및 다른 원자재 가격의 하락, 중앙계획경제의 모순 및 한계, 만연한 관료주의와 공산당원들의 부패를 들 수 있다. 그 결과 브레즈네프 이후 시대에 있어 소비에트체제의 안정화 정책이 종전보다 더 중요해졌다. 브레즈네프 사후 그의 측근인 안드로포프(*Andropov*, Андропов, 1982~1984)와 체르넨코(*Chernenko*, Черненко, 1984~1985)가 각각 15개월과 13개월 동안 짧게 통치하다가 노환으로 사망하면서 54세의 젊은 미하일 고르바초프가 최고회의 간부회장과 공산당 서기장으로 선출되었다.

고르바초프는 스탈린 이후 가장 젊은 지도자로서 소비에트연방의 사회주의체제를 근본적으로 해결하기 위해서 강도 높은 개혁을 추진하였다. 변화는 그의 집권 직후인 1985년 봄에 열린 공산당 중앙위원회 회의에서 사회주의의 현대화 및 개혁의 필요성을 강조하는 그의 연설에서부터 비롯되었다. 이때 선언되었던 핵심 정책으로는 글라스노스트(개방, *Glasnost*, гласность), 페레스트로이카(개혁, *Perestroika*, перестройка) 및 우스꼬레니예(가속화, *Uskorenye*, ускорение)를 들 수 있다.[150] 첫째, 글라스노스트는 정치권력의 민주화를 통한 소비에트 사회의 모든 문제점에 대한 비판 및 반성을 의미하였다. 이는

---

150) Кузнецов, *op.cit.*, p.623 참조.

전면적인 개혁에 대한 보수세력의 반대에 대항하기 위한 정책으로서 공산당 지배 계급의 부패와 비리를 공개하여 소비에트 사회를 위에서부터 새롭게 개혁하고자 한 것이었다. 둘째, 페레스트로이카는 경제개혁을 의미하는 것으로서 산업구조를 합리화시키는 것을 내용으로 하였는데, 당은 장기계획과 조정기능만 유지한 채 나머지는 시장경제에 맡기고자 하였다. 마지막으로 우스꼬레니에는 생산의 가속화, 당 활동의 촉진, 정부 활동의 촉진 등 소비에트 사회의 모든 활동의 가속화 및 촉진을 의미하였다. 이러한 속도전의 추구는 미국과 서유럽뿐만 아니라 일부 개발도상국보다 경제발전 및 기술수준이 뒤처져 있는 소비에트 사회가 후진성으로부터 최대한 빨리 벗어나야 한다는 인식에 기초한 것이었다.

고르바초프의 집권 직후부터 2~3년 동안 그의 지도 아래 추진되었던 개혁은 큰 성과를 가져오지 못하였고, 오히려 소비에트 사회의 혼란을 증대시켰다. 그러나 그는 실패의 원인을 개혁 자체가 아니라 블라디미르 레닌의 통치 이래로 이행되어 온 중앙경제계획의 내재적 모순과 한계에서 찾았다. 그리하여 1988년 6월에 열린 제19차 전연방 당대회에서 고르바초프는 다음의 과제를 새롭게 제시하였다:[151] ① 국가보다 우위에 있는 진정한 시민사회 건설의 추진; ② 이데올로기적·교육자적 기능으로의 당기관 권한 제한; ③ 소비에트 정치제도에서 의회정치제도로의 전환;[152] ④ 지방분권화.

이 당대회 이후 정치세력의 분열이 일어났으며 크게 세 노선이 형성되었다:[153] ① 고르바초프의 지도 아래 페레스트로이카를 지지하는 노선; ②

---

151) Кузнецов, *op.cit.*, pp.624~625 참조.

152) 이 정책의 결과 소비에트연방 인민대의원대회(Congress of People's Deputies, Съезд народных депутатов)가 창설되었다. 본래 인민대의원대회는 1917년부터 1936년까지 존재하던 헌법최고기관이었다. 이 책 (166) 참조. 노농자계급만이 선거권을 가졌으며 부르주아 계급을 비롯한 귀족과 성직자는 선거권이 인정되지 않았다. 인민대의원대회는 인민위원회를 선출하는 등 최고권력기관이었으나 스탈린 시대에 들어서 형식적인 기관으로 전락하고 말았다. 결국 1936년 헌법 개정으로 인하여 인민대의원대회가 폐지되었다.

153) 이에 대한 내용과 구소련 말 정치상황에 대해서는 Кузнецов, *op.cit.*, pp.625~632 참조.

사하로프(А.Д. Сахаров)와 옐친(Б.Н. Ельцын)의 지도 아래 극단주의적 민주주의를 주장하는 노선; ③ 리가초프(Е.К. Лигачев)의 지도 아래 보수주의·현상유지적 공산주의를 강조하는 노선. 이러한 정치적 혼란과 페레스트로이카 정책의 실패에 따라 1990년 봄에 이르러 고르바초프에 대한 신뢰는 심각한 수준까지 떨어졌다. 그러나 그는 헌법을 개정하여 소비에트연방 대통령직을 창설하여 그 자리를 차지하였다.

1990년 6월에는 그 동안 고르바초프가 차지하였던 최고회의 간부회장직에 옐친이 선출되었다. 그 결과 소비에트체제를 유지하면서 개혁을 단행하려는 고르바초프와 완전한 개방 및 시장경제로의 급진적 전환을 주장하는 옐친 사이에서 치열한 권력 싸움이 일어났다. 시간이 지남에 따라 인민들은 점차 고르바초프에 대해서 등을 돌리고 옐친을 지원하기 시작하였다. 결국 1991년 6월에 열린 제1대 러시아연방 대통령 선거에서 옐친이 압도적인 승리를 거두었고 소비에트연방 대통령인 고르바초프를 능가하는 실질적인 권력을 점하게 되었다. 고르바초프를 지지하는 세력은 권력 회복을 위한 마지막 노력으로서 소비에트연방 국가비상위원회(Государственный комитет по чрезвычайному положению в СССР)를 조직하였다. 그러나 옐친에 의해 3일 만에 강제해산되어 그 뜻을 이루지 못했다. 결국 1991년 8월 23일 최고회의 회의 중에 고르바초프가 공산당 서기장의 지위에서 '공산당 활동금지에 대한 명령'에 서명하였고, 이로써 공산당 중앙위원회 및 다른 당 기관들이 해산되었다.

한편, 리투아니아를 필두로 소비에트연방의 구성 공화국들의 독립선언이 줄을 잇는 가운데 옐친은 소비에트연방을 대신하여 느슨한 연합형태인 독립국가연합을 추진하여 1991년 12월 21일 11개국의 서명을 받아 이를 다음해 1월 1일자로 발족시켰다. 이로써 70년 가까이 존재하였던 소비에트연방이 해체되었다.

II. 국가 · 사회의 제도

207 고르바초프의 개혁은 국가제도의 전반에 걸쳐 큰 변화를 가져왔으며 이는 무엇보다도 헌법기관의 변화에서 비롯되었다. 구소련 말 국가제도의 가장 큰 변화로는 소비에트연방 인민대의원대회(Съезд народных депутатов СССР)와 소비에트연방 대통령의 창설을 들 수 있다.

첫째, 인민대의원대회를 본다. 인민대의원대회는 최고회의를 대신하여 헌법상 최고권력기관으로 창설되었다. 종래 소련헌법상 최고권력기관이었던 최고회의가 인민대의원대회의 창설로 인하여 해산되지는 않았지만 그 핵심기능을 많이 상실하였으며, 최고입법기관의 지위만을 유지하게 되었다.[154] 1988년 말 헌법 개정을 통해 설립된 인민대의원대회는 의회제도를 표방하는 고르바초프의 개혁정신을 반영한 기관으로서 기존의 선거방식과 달리 공산당이 지명하는 1인후보 대신 여러 인민후보가 실질적으로 경쟁을 통해 선출되는 방식을 채택하였다. 인민대의원대회 의원은 총 5년의 임기로 2250명이 선출되었는데, 750명은 행정구역 단위에서, 750명은 민족 · 행정 선거구역 단위에서, 750명은 전(全)연방 공공기관에서 각각 선출되었다. 인민대의원대회의 주요기능으로는 헌법의 제정 및 개정, 소비에트연방의 국내행정 및 외교정책의 수립, 최고회의 의원 선출, 주요 인사의 임명 등을 들 수 있다. 인민대의원대회는 1989년에 최초로 구성되었으나 고르바초프의 정치적 패배와 소련의 붕괴로 1991년 자진해산하였다.

둘째, 소비에트연방 대통령을 본다. 고르바초프는 자신의 정치적 입지가 좁아지는 가운데 권력을 유지하기 위하여 소비에트연방 대통령제도를 창설하였다. 국정운영의 핵심기능을 공산당에 부여하는 소련헌법 제6조를 개정하여 소비에트연방 대통령직을 신설한 것이다. 고르바초프는 선거방식을 자신

154) 1991년 인민대의원대회의 해산 이후 최고회의는 다시 최고권력기관의 지위를 부여받았다.

에게 유리하게 만들어 제1대 소비에트연방 대통령이 되었으며, 많은 권한을 자신에게 집중시켰다.[155)]

제2관 법 제 도

(208) 고르바초프의 통치기는 페레스트로이카로 대변되는 개혁의 연속이었으며 이러한 개혁은 활발한 입법활동을 통해 추진되었다. 이 시기의 법제도는 크게 두 시기로 구분할 수 있다.[156)] 첫째, 고르바초프 집권 초・중기인 1985~1989년 사이의 기간이다. 이 시기에는 종래의 법제도가 전반적인 구조를 유지하였으며, 불완전하거나 상충되는 규정들이 보완・제거되는 형식을 갖추었다. 즉 새로운 기본원칙 또는 법전이 채택되지 않은 상태에서 특별규범을 통한 입법이 이루어진 것이다. 이에 속하는 여러 법규범 중 특히 사법 분야에 있어서는 개인과 기업의 권리 확대가 눈길을 끈다. 한편, 앞에서 언급한 바와 같이 통치구조는 인민대의원대회의 신설 등으로 적지 않은 변화를 보였으며 이에 따라 헌법이 크게 개정되었다. 둘째 시기는 고르바초프 통치 후기로 1990~1991년의 기간을 가리키며 제19차 전연방 당대회에서 결정된 중요한 사안[157)]들이 현실화되었다. 이 시기에 이르러 정부당국은 기존체제를 유지하는 것이 비현실적이라는 사실을 깨닫고 시장경제를 더욱 폭넓게 받아들이게 되었다. 여전히 완전한 개방과 자유화가 허용되지는 않았지만 기본적인 추세는 탈사회주의였다. 페레스트로이카에 있어 중요한 분기점을 이룬 제19차 전연방 당대회 이후의 시기 동안에만 100개 이상의 법규범이 채택되었는데 사법개혁을 비롯하여 법치국가와 시정경제가 특별히 강조되었다. 둘째 시기에 입법활동의 혼란을 야기한 것으로 소비에트연방 최고회

---

155) 이 책 (26) 참조.

156) Кузнецов, *op.cit.*, p.637 참조.

157) 이 책 (206) 참조.

의와 구성 공화국 최고회의 사이에 일어난 '입법경쟁'을 들 수 있다. 특히 러시아연방공화국최고회의는 소비에트연방 최고회의보다 앞서 법규범을 제정하여 우위를 점하고자 하였으며, 그 결과 성급하게 제정된 많은 법률이 이 시기의 법적 혼동을 가중시켰다.[158]

I. 헌 법

209 고르바초프가 지휘하는 개혁을 반영하기 위하여 헌법이 상당부분 개정되었다. 1988년 12월 1일 최고회의는 1977년 소련헌법의 174개 조문 중 55개 조문을 개정(또는 문구수정)하였다. 가장 대표적으로 앞에서 언급한 공산당의 지위와 관련된 제6조의 개정 외에도 인민대의원대회를 창설하기 위해서 헌법 제108조~제110조가 개정되었다. 이 밖에 헌법 제125조가 개정되어 헌법감독위원회(Комитет конституционного надзора)의 창설을 위한 근거가 마련되었다.[159] 헌법감독위원회는 인민대의원대회에 의해서 구성되었는데 그 권한은 그리 넓지 못하였다. 직권 또는 정부기관에 의한 제소권의 행사를 통해 법률의 위헌 여부를 심사하였으나 인민 개인에게는 제소권이 인정되지 않았다. 헌법감독위원회의 명령은 최종적이지 않았으나 위헌인 법률 또는 처분을 시정하도록 최고회의 또는 인민대의원대회에 명할 수 있었다. 헌법감독위원회의 명령에 대하여 인민대의원대회가 2/3 이상의 투표로 찬성결의를 하면 위헌으로 확정되었다.

또한 헌법 제155조가 개정되어 사법부의 독립성이 강화되었다. 그 결과

158) М.В. Кротов, "Основы гражданского законодательства как источник российского гражданского права," <http://law.edu.ru/magazine/article.asp?magID=5&magNum=6&magYear=1993&articleID=144847>, 검색일: 2009년 4월 19일.

159) 金昇大, 『러시이 憲法論 –自由民上主義에로의 體制轉換에 관한 憲法的 硏究–』, 법문사, 1998, 35면 참조.

재판관들이 국가의 개입으로부터 자유로워졌으며 무엇보다도 공산당에 의해서 사실상의 재판관 임명 제도가 막을 내렸다.[160)]

이 외에도 최고회의에 의하여 언론·출판·결사의 자유를 비롯하여 양심의 자유, 노동조합의 권리 등에 대한 다양한 법규범이 채택되어 헌법상의 권리가 보다 폭넓은 보호를 받게 되었다.[161)] 이 중 특기할 입법으로는 1990년 10월 9일 '공공조합에 대한 소비에트연방 법률'(Закон СССР об общественных объединениях)과 1990년 6월 12일 '출판과 기타 언론에 대한 소비에트연방 법률'(Закон СССР о печати и других средствах массовой информации)을 들 수 있다. 전자가 결사의 자유를 인정하여 다양한 단체와 정당의 설립을 가능하게 만든 것이었다면, 후자는 국가에 의한 언론의 독점을 폐지한 것이었다. 이러한 법규범의 제정은 소비에트 사회를 개방하는 데 결정적인 역할을 하였다.

II. 민 사 법

210 페레스트로이카의 가장 중요한 목표 중 하나는 시장경제 요소의 도입이었다. 이에 따라 사법(私法) 분야에 있어서 법제도가 큰 폭으로 변화하였다. 이 시기에 입법된 법규범 중 가장 중요한 법원으로는 1991년에 채택된 '소비에트연방 및 연방구성공화국의 민법기본원칙'(Основы Гражданского Законодательства Союза ССР и республик),[162)] '소련에서의 소유권에 대한 법률'(Закон о собственности в СССР), '소비에트연방에서의 국영기업에 관한 법률'(Закон о Предприятиях в СССР)을 들 수 있다. 아래에서는 민·상법에 있어 종래와 가장 크게 달라진 소유권 제도와 기업의 독립성에

160) Smith, *op.cit.,* p.74 참조.

161) Кузнецов, *op.cit.,* p.639 참조.

162) 아래에서는 '1991년 민법기본원칙'으로 약칭한다.

관한 규정을 살펴본다.

우선 페레스트로이카의 결과 개인소유권의 범위가 확대되었다. 1990년 3월 '소련에서의 소유권에 대한 법률'(Закон о собственности в СССР)이 채택되어 개인소유에 대한 제약이 철회되었다. 개인은 가족 단위의 소기업을 운영할 수 있게 되었지만 아직 제3자를 고용하는 것이 허용되지는 않았다.[163] 개인소유권과 관련된 변화는 특히 1991년 민법기본원칙 제51조를 통해 확인할 수 있는데, 이에 따르면 다양한 유형의 부동산을 비롯한 생산수단이 소유권의 대상으로 인정되었다. 또한 소유물의 가격이나 수량에 대한 제한이 모두 철폐되었다.

한편, 기업의 권리가 크게 확대되었다. 이는 1990년 6월에 채택된 '소비에트연방에서의 기업에 관한 법률'(Закон о предприятиях в СССР)이 사회주의법의 기본구조 내에서 기업들의 독립적 경영을 최대한 보장하는 것에서부터 비롯되었다.[164] 시장경제의 본격적인 신호탄을 알린 이 법률의 채택 결과 국영기업의 이사들이 임명이 아닌 선출을 통해서 구성되었으며, 기업들은 예산을 독자적으로 운영하게 되었다. 그러나 생산물의 가격은 여전히 국가에 의해서 결정되는 등 계획경제체제가 남아 있었기 때문에 구제도와 신제도 사이에 제도적 모순이 발생하는 경우도 있었다.[165] 게다가 위 법률 중 일부 규정[166]에 대해서는 그 효력발생 시점을 2년 6개월 유예하였는데, 이는 소련 당국이 개혁을 단행하는 데 있어 적지 않은 혼란과 어려움에 직면하고 있었음을 잘 보여준다.

---

163) Кузнецов, *op.cit.*, p.637 참조. 이러한 고용에 대한 제한은 바로 다음 해인 1991년 4월 '소비에트연방 인민의 기업활동의 기본에 대한 법률'(Закон об общих началах предпринимателбства граждан в СССР)을 통하여 폐지되었다.

164) Кузнецов, *op.cit.*, p.637 참조.

165) Smith, *op.cit.*, p.70 참조.

166) 기업들의 자유 확대에 관한 규정으로 가령 계약유형 선택의 자유, 국영기업들의 경제적 상호관계에 대한 채무 내용의 설정 등이 이에 포함된다.

III. 친 족 법

211 1990년 5월 22일 '여성, 가족 및 자녀와 관련된 일부 소비에트연방 법률 개정 및 보완에 대한 소비에트연방 법률'(Закон СССР о внесении изменеий и дополнений в некоторые законодательные акты СССР по вопросам, касающимся женщин, семьи и детсва)이 채택되었다. 이 법률은 1989년 국제연합이 채택한 '아동의 권리에 관한 협약'(UN Convention on the Rights of the Child)의 영향을 받아 후견제도를 비중 있게 규정하였다.[167] 새로운 법률은 후견 아래에 있는 아동의 생명 또는 건강에 대한 위협이 있는 때에 후견인은 그 아동을 그 장소로부터 데리고 올 수 있었다. 같은 취지에서 자녀는 부모에 의한 권리침해로부터 권리구제를 보장받게 되었으며, 부모의 친권상실사유가 확대되었다.[168]

IV. 형　　법

212 법치주의와 인권의 중요성에 대한 인식에 따라 형법의 보장적 측면이 상대적으로 강조되었다. 특히 1980년대 말에는 경미범죄를 대상으로 탈범죄화(decriminalization)의 움직임이 일어났으며, 검찰은 범죄수사 단계에서 사건을 종결짓고자 하는 강한 의지를 보이기 시작했다.[169] 그 결과 형사소송이 약 30% 정도 감소하였다. 이 밖에 형벌이 완화되었으며 사형이 선고되는 범죄의 유형이 더욱 축소되었다. 대표적으로 형법전 제70조와 제190조의 1이 규정하던 반소비에트 선전 범죄가 폐지되면서 형벌에 있어 이데올로기적

---

167) Толстая, *op.cit.*, p.276 참조.

168) *Ibid.*

169) Smith, *op.cit.*, p.75 참조.

요소가 제거되기 시작하였다.[170] 이러한 개선에도 불구하고 형법은 민사법 또는 헌법에 비해 그 개혁의 정도가 미미하였다. 1991년에 이루어진 형법 개혁은 '소비에트연방 및 구성공화국의 형법기본원칙'(Основы Уголовного законодательства Союза ССР И Союзных Республик)이 종래의 1958년 형법 기본원칙과 큰 차이를 보이지 않은 채 원칙적인 차원에서 선언적인 성격만을 띤다는 점에서도 확인할 수 있다.[171]

V. 노 동 법[172]

(213) 1980년대 중반에 이르러서는 생산과정에 있어서 노동자들의 역할이 확대되었다. 특히 생산과 관련된 행정을 처리하기 위한 노동단체회의들이 결성되어 종래 국가에 의존하던 운영방식으로부터 벗어나게 되었다. 이밖에 노동자의 고용에 있어 노동계약이 중요해지는 등 고용관계와 임금지급에 있어서도 점차 국가의 간섭으로부터 벗어나게 되었다. 1989년에는 '노동단체 분쟁해결에 대한 규정'[Закон СССР о порядке разрешения коллективных трудовых споров(конфликтов)]이 채택되어 노동자 개인뿐만 아니라 노동단체권도 보강되었다. 그 결과 노동자들은 합법적으로 파업할 수 있는 권한을 인정받게 되었다.

---

170) Smith, *op.cit.*, pp.75~76 참조.

171) Stephen White / Rita Di Leo / Ottorino Cappelli, *The Soviet transition: from Gorbachev to Yeltsin*, Routledge, 1993, p.155 참조.

172) Толстая, *op.cit.*, p.276 참조.

제 8 장

러시아연방

08

제1관 국가·정치적 배경

I. 정치상황의 개관

214 1991년 말 고르바초프의 하야와 옐친의 권력 확립을 계기로 일어난 소비에트연방의 붕괴는 전국을 극도의 혼란 속으로 몰아넣었다. 무엇보다도 소비에트연방이 더 이상 존재하지 않는 상황에서 소비에트 사회주의 국가를 대전제로 하는 1977년 헌법이 효력을 발휘할 수 없었다. 옐친 대통령은 법적 공백을 최소화하기 위해서 달리 법을 제정할 때까지는 종래 법제도가 효력을 유지하는 것으로 선언하였다. 그러나 헌법을 비롯한 대부분의 법규범이 그 내용에 있어 사회주의에 입각한 법이었기 때문에 법과 현실 사이에 상당한 괴리가 발생할 수밖에 없었다. 특히 인민대의원대회와 최고회의가 계속해서 입법권을 장악하는 등 새롭게 집권한 민주주의 세력과 대치하였다. 시장경제로의 완전한 선회를 지향하는 옐친은 그 방법과 정도에 있어 다른 노선을 추구하는 구제도의 기관들을 용납하기 어려웠다. 그리하여 입법기관의 협조를 얻기 어려웠던 상황에 직면한 옐친은 최고회의가 아닌 대통령령을 중심으로 통치하는 방식을 취하였다. 이에 따라 최고회의와 인민대의원대회 등 반옐친 세력이 반발하였으며, 특히 후자는 제8차 인민대의원대회회의(1993년 3월)에서 옐친에게 주어졌던 비상지휘권의 연장에 대해서 반대결의를 하였다. 결국 옐친은 위기돌파를 위해서 자신의 정치생명을 담보로 하여 국민투표를 강행하였다. 옐친은 선거권을 가진 국민의 59%가 참가한 1993년 4월 국민투표에서 과반수의 득표율로 재신임을 확인하였다.[1)]

그는 보다 확고해진 자신의 입지를 기반으로 최대 쟁점으로 떠오른 헌

---

1) Gordon Smith, *op.cit.,* p.93 참조.

법제정 작업에 착수하였다. 이에 따라 옐친은 헌법제정안을 내놓았는데 소비에트 붕괴 이후 작성된 여러 헌법제정안[2] 중에서 이 헌법제정안이 가장 강한 수준의 대통령제를 규정하였다.[3] 옐친과 최고회의의 갈등은, 1993년 9월 22일 헌법제정을 위한 국민투표 실시를 발표한 다음 날 이루어진 최고회의의 옐친 대통령에 대한 해임결정으로 절정에 달하였다. 이에 대하여 옐친은 오히려 최고회의를 강제해산시키는 강경한 방식으로 대응하였다. 최대의 적을 제거한 옐친은 같은 해 12월에 헌법 제정안에 대한 국민투표를 실시하여 이를 통과시키는 데 성공하였다. 이로써 러시아는 헌법상 시장경제를 추구하며 강력한 대통령제를 갖는 민주주의 국가로 재탄생하게 되었다.

권력을 대통령에 집중시키는 데 성공한 옐친은 그 후 정치·경제적 어려움 속에서도 1996년 대통령선거에서 승리하면서 재선에 성공했다. 그의 재선에 있어 특히 중요한 정치적·재정적 기반을 이룬 세력은 그로부터 많은 특혜를 얻어 성장한 독점재벌(*oligarch*, олигарх)들이었다.[4] 비록 이러한 독점재벌들이 옐친에게 있어 든든한 정치적 후원자가 되었으나 사회 전체로 평가한다면 극소수에 의한 부의 집중을 초래하여 사회 전반의 발전을 저해하는 요인이 되었다. 편향된 사회 발전과 성숙하지 못한 개혁들, 그리고 아시아 금융위기의 여파로 인하여 러시아는 총체적 위기를 맞이하였고, 결국 1998년 모라토리엄을 선언하기에 이르렀다. 이는 옐친과 그를 추종하던 개혁적 정치가들에 대한 지지율이 폭락하는 원인이 되었다. 이러한 상황에서 옐친은 2000년 6월 임기 만료를 앞두고 1999년 12월 31일 돌연 사직하였으며, 자신의 후계자로 측근인 블라디미르 푸틴(*Vladimir Putin*, Владимир Путин)을 권한대행으로 임명하였다.

정치적 우위를 점한 푸틴은 2000년 3월에 열린 대통령선거에서 압도적

---

2) 이 당시 작성되었던 헌법제정안에 대한 자세한 내용은 Gordon Smith, *op.cit.*, pp.86~89 참조.

3) Кузнецов, *op.cit.*, pp.653~658 참조.

4) 정여찬 / 김석한, 『현대러시아 정치 · 경제의 이해』, 대외경제정책연구원, 2004, 53면 참조.

인 우위(52.94%)를 차지하며 당선되었다. 푸틴은 옐친과 달리 자유주의 노선보다는 자유주의와 보수주의 중간 노선인 절중주의를 추구하였다.5) 특히 푸틴의 보수성은 국가의 통치구조를 통해 반영되었는데, 그의 통치 아래 중앙정부의 위상이 한층 강화되었다.6) 높은 지지율을 유지하며 집권한 푸틴은 러시아 헌법상 3선이 금지되어 있는 관계로 2008년 대선에 참가하지 못하였지만 그의 측근인 드미트리 메드베데프(*Dmitri Medvedev*, Дмитрий Медведев)가 당선되어 푸틴이 총리로 임명되면서 아직도 권력의 핵심에 머물고 있다.

II. 국가 · 사회의 제도

1. 통치구조

215 소비에트연방의 해체 이후 2년 정도의 기간 동안에는 통치구조에 있어 큰 변화가 없었다. 이는 앞에서 언급한 바와 같이 권력의 핵심에 있는 인민대의원대회와 최고회의 등의 기관들이 계속해서 입법권을 비롯한 중요한 기능을 계속 수행하였기 때문이다. 또한 사회주의헌법을 대체할 새로운 헌법의 제정이 지연되고 있었던 사정도 중요한 원인이라고 할 수 있다. 그러나 결국 옐친은 구제도를 폐지시키는 데 성공하였는데, 특히 1993년 러시아연방 헌법을 제정함으로써 새로운 헌법기관들을 창설하는 등 국가조직을 재정립해 나갔다.

(1) 행정구역의 확정

216 100개 이상의 소수민족이 공동체를 이루는 다민족 국가인 러시

---

5) Кузнецов, *op.cit.*, p.676 참조.

6) 보다 자세한 내용은 서동주, "푸틴 정치개혁의 특징과 과제," 『슬라브학보』 제22권 제1호, 한국슬라브학회, 2007, 83~92면 참조.

아연방은, 소비에트연방의 붕괴 과정에서 구성 공화국들의 독립에 영향을 받은 자치공화국들이 독립 움직임을 보이면서 어려움을 경험하였다. 그러나 옐친 대통령은 이를 진압하여 국가적 단일성을 유지할 수 있었으며,[7] 1992년 3월 31일 연방협정을 체결하여 러시아연방 영토의 행정구역 경계가 확정되었다. 그 결과 러시아연방은 21개의 자치공화국, 54개의 주,[8] 1개의 자치주, 2개의 특별시(федерального значения)인 모스크바와 쌍트 뻬쩨르부르그로 구성되었다.[9]

(2) 헌법기관

217 1993년 헌법 제정을 통하여 러시아는 명실상부한 삼권분립 원칙을 수용하게 되었다. 입법기관으로는 종래의 최고회의를 대신하여 연방의회(Федеральное Собрание)가 설립되었다. 연방회의는 양원제를 채택하여 상원인 연방회의(Совет Федерации)와 하원인 국가두마(Государственная Дума)로 구성되었다.

상원은 러시아연방의 행정구역을 확정짓고, 대통령이 내리는 계엄령에 대한 비준권을 향유하였다. 상원의 가장 중요한 권한으로는 대통령해임권 및 대통령선거 실시권을 들 수 있다. 하원은 입법을 담당하였는데 여기서 채택된 법률이 효력을 갖기 위해서는 상원에 의한 비준과 대통령에 의한 공포절차가 요구되었다.

행정권은 국가수반인 대통령이 행사하였다. 특히 러시아연방 대통령은 강력한 권한을 향유하였으며 무엇보다도 연방의회의 결정에 대한 거부권과 입법기관인 국가두마의 해산권을 향유하였다. 특히 후자는 대통령의 총리지

---

7) 자치공화국 가운데 특히 큰 문제를 야기한 곳은 체첸공화국으로서 오늘날까지도 독립의 문제가 해결되고 있지 않다.

8) 주는 '크라이'(변강주, край)와 '오블라스찌'(주, область)로 구분된다. 1992년 연방협정에 따라 러시아연방에는 6개의 크라이와 49개의 오블라스찌가 확정되었다.

9) 2009년 7월 현재 러시아는 총 83개의 연방주체로 구성되어 있다.

명 행위에 대하여 국가두마가 세 차례에 걸쳐 반대하는 때에 행사할 수 있었다. 이 밖에도 대통령은 헌법기관의 책임자(예: 총리, 중앙은행총장 등)들에 대한 광범위한 지명권을 행사하였다.

사법권은 러시아연방 최고법원(Верховный Суд Российской Федерации), 러시아연방 최고상사법원(Высший Арбитражный Суд Российской Федерации), 러시아 헌법재판소(Конституционный Суд Российской Федерации)가 담당하였다. 특히 러시아는 기존 소비에트연방 시대의 관행을 이어 경제적 분쟁을 별도의 법원인 최고상사법원을 통해 해결하는 제도를 유지하였다.[10)]

행정 및 사법질서에 대한 감시는 러시아연방 검찰청(Прокуратура Российской Федерации)이 담당하였다.

2. 경제구조: 민영화 및 자유화

(218) 소비에트연방의 붕괴는 경제구조에 급격하고 전면적인 변화를 가져왔다. 과거 사회주의 시절 개인소유권이 제한적으로만 인정되고 국가소유 및 공공소유가 절대적이었던 것과 달리, 시장경제의 도입은 러시아 경제의 민영화라는 과제를 안겨주었다. 어떠한 방식으로든 기업을 비롯하여 부동산 등 수많은 국가·공공소유물을 기업 또는 개인에게 이전해야만 하였는데, 이와 관련한 최대의 쟁점은 국내경제의 보호와 형평성의 유지였다.[11)] 옐친의 급진적인 개혁은 결과적으로 실패한 것으로 평가받고 있다.

1998년 모라토리엄을 선언할 정도로 러시아 경제는 파탄에 이르렀는데 그 중요한 요인은 다음과 같다.[12)] 첫째, 러시아연방의 자본주의 개혁이 소비

---

10) 국가상사심판원은 1977년 소비에트연방 헌법에 의해서 헌법기관으로 격상되었으며 1991년 7월 상사법원에 관한 법률(Закон РСФСР об арбитражном суде)에 의해서 상사법원제도로 다시 변경되었다. 상사법원의 연원에 대해서는 이 책 (174), (186), (236) 참조.

11) Gordon Smith, *op.cit.,* p.170 참조.

12) Vladimir Tikhomirov, *The Political economy of Post－Soviet Russia*, Antony Rowe Ltd., 2000,

에트연방 시절의 기본 노선으로부터 완전히 탈피할 수 없었다는 점이다. 고르바초프의 페레스트로이카가 근본적으로 사회주의 체제를 유지하려고 하였다는 점에서 그 본질적인 한계를 찾을 수 있다. 이와 달리 옐친정부는 시장경제를 향한 혁신적인 의지와 가치관을 가지고 있었음에도 불구하고 불가피하게 종래의 정책을 상당부분 답습할 수밖에 없었다. 시장경제에 대한 몰이해, 인적 자원의 부족, 제도적 관성, 정치적 압박, 정권에 대한 신뢰의 하락 등에서 그 원인을 찾을 수 있다. 둘째, 소비에트 중앙계획경제의 폐지에도 불구하고 실제에 있어서는 자유시장경제 체제를 확립시키지 못하였다는 점이다. 바로 아래에서 살펴보겠지만 개혁 단행 이후 소비에트연방 시절만큼이나 거대하며 비효율적인 기업들이 시장을 독점하였기 때문이다. 자유경쟁을 통한 자율적 경제발전이 사실상 불가능하였다.

아래에서는 1990년 대 러시아에서 진행되었던 기업과 토지의 민영화 및 가격결정(pricing)의 자유화 과정에 대하여 각각 살펴본다.

(1) 기업의 민영화[13]

219 러시아에서의 민영화 과정은 상당히 신속하게 이루어졌다. 민영화의 법적 근거는 1991년 6월에 채택된 '국가 및 국영기업의 민영화에 대한 법률'(Закон РФ о приватизации государственных и муниципальных предприятий в Российской Федерации)에 의해서 마련되었다. 이 법률에 따라 '국가소유물의 관리를 위한 국가위원회'가 설립되었으며, 독일의 경험[14]을 모델로 하여 이 새로운 기관의 지휘 아래 국가소유의 자산을 신속하게 민영화하려고 하였다.[15] 그 결과 1980년대 말 정부부문이 소비에트연방

---

p.6 및 p.225 참조.

13) Gordon Smith, *op.cit.*, p.170 참조; Tikhomirov, *op.cit.*, p.2 참조.

14) 동독의 민영화 관리 기관이었던 Treuhandanstalt의 경험이 중시되었다. 이에 대해서는 Jorg Roesler, "Privatisation in Eastern Germany. Experience with the Treuhand," *Europe-Asia Studies*, Vol.46, No.3, 1994, pp.505-517 참조.

국민총생산액의 90%를 구성하였다면, 1990년대 말에 이르러서는 민간부문이 그 수치를 대체하였다.[16] 그러나 이러한 표면적인 수치와는 달리 민간부문의 급격한 성장이 경제적 효율성을 동반하지 못하였던 관계로 사기업들은 이전 국영기업들보다도 더 비효율적이었다. 그렇다면 이러한 비효율성의 원인은 무엇일까?

국영기업들의 민영화는 소비에트연방 시절 요직에 있었던 공산당 고위 관료들의 이해관계와 기득권에 부딪쳐 불완전한 경쟁을 통해서 이루어졌다. 특히 특정 산업 전체를 담당하던 부처들은 그 산업에 있어 완전경쟁의 도입을 반대하였을 뿐만 아니라 민영화 과정에서 많은 특혜를 받아내기 위하여 엄청난 로비를 펼쳤다. 정부 당국도 완전한 경쟁을 통한 민영화 방식을 꺼렸는데, 이는 무엇보다도 외국 자본에 의한 국내기업의 합병 및 매수에 대한 우려 때문이었다.[17] 이러한 복합적인 요인으로 인하여 대부분의 부처들이 독점재벌로 재탄생하게 되었다. 가령 '공장시설 및 도구 생산 부처'는 스탄코인스투르멘트(*Stankoinsturument*, Станкоинструмент)라는 기업을 만들어 장관이 회장직을 차지하고 국장을 비롯한 고위관료들이 이 기업의 이사가 되었다.[18] 이러한 방식으로 대부분의 산업분야를 독점기업들이 차지하게 되었다. 1990년대 중반에 이렇게 탄생한 기업들 가운데 로스네프트이가스(*Rosneftegaz*, Роснефтегаз)가 러시아 석유생산의 99.8%를, 가스프롬(*Gazprom*, Газпром)이 천연가스 생산의 93%를, 우골 로시이(*Ugol Rossii*, Уголь России)가 석탄생산의 97.7%를 담당하였다. 결국 이런 방식의 기업 민영화는 국가가 소유하던 자산을 산업관계인들 소수에게 이전하는 결과를 낳았으며, 이는 장기적인 관점에서 시장경제의 도입에 심각한 장애가 되었을 뿐만 아니라 러

---

15) Gordon Smith, *op.cit.*, p.170 참조.

16) Vladimir Tikhomirov, *op.cit.*, p.2 참조.

17) 외국기업에 의한 러시아 공장 매수의 대표적인 사례로는 1991년 쌍뜨 뻬쩨르부르그 공장 매입사건을 들 수 있다. Gordon Smith, *op.cit.*, p.171 참조.

18) 아래의 내용에 대해서는 Gordon Smith, *op.cit.*, p.165 참조.

시아 사회 전체의 빈익빈 부익부를 초래하였다. 옐친정권의 목표였던 자유경쟁을 통한 민영화라는 계획은 현실화되지 못하였으며 이에 따라 러시아 사회의 중산계급의 형성이 무산되고 말았다. 결국 이러한 민영화 과정은 오늘날까지 그 영향을 미쳐 러시아 사회의 경제구조를 독점재벌 중심으로 확립시켰으며, 효율성 측면에서 러시아 경제가 서유럽 또는 신흥경제국들보다 상대적 열위에 놓이도록 하였다.

(2) 부동산의 민영화

220 기업의 민영화 못지않게 부동산, 즉 토지와 주택의 민영화가 쉽지 않은 문제를 야기하였다.[19)]

우선 토지의 경우 국영농장들의 반대가 민영화를 매우 어렵게 만들었다. 국영농장들이 민영화를 원하지 않았던 이유는 자유경쟁을 통해 시장에서 살아남기 어렵다는 인식에 있었다. 효율성과는 거리가 먼 경영을 해온 국영농장들이 극도로 위험기피적이었던 관계로 여기에 소속된 농민들은 개인소유권을 인정받는 것보다 집단으로서 계속해서 국가의 지원과 보호를 받기를 원했다. 이 밖에 러시아 농민들의 토지소유권에 대한 문화적 인식도 중요한 요인으로 작용하였다. 역사적으로 일반대중은 토지를 한 번도 제대로 소유해본 경험이 없었다.[20)] 그러므로 시장경제의 도입을 통한 갑작스런 개인의 토지소유권 인정이라는 것은 이질적이며 심지어 두려움의 대상일 수밖에 없었다. 또한 실제에 있어 국영농장에서 독립하여 자신 소유의 토지를 경작하려는 농민들이 적지 않은 어려움을 경험하였으며, 그들이 법적으로도 보호를 제대로 받지 못한 것이 현실이었다.[21)]

---

19) 토지의 민영화에 대한 내용은 Gordon Smith, *op.cit.,* pp.178~179, 183~184 참조.

20) 고대러시아 시절부터 제정러시아 시대까지 대부분이 토지는 소수의 귀족들에게 집중되어 있었다. 또한 사회주의 시대에 토지는 국유화되었다. 이 책 (69), (94), (110), (131), (165) 참조.

21) Gordon Smith, *op.cit.,* p.182 참조.

주택의 민영화 역시 옐친정권에게 상당한 도전이 되었다. 74년 동안 이어졌던 사회주의 체제 아래 모든 사유재산이 철저하게 국유화되거나 폐기되었기 때문에 일반대중에게는 부동산을 구입할 수 있는 능력이 전혀 없었다. 결국 정부는 현 거주민에게 일정한 면적까지 무상으로 인정해주었으나 그 이상의 부분은 유상분배 하여 부동산소유권을 인정하는 방식으로 주택의 민영화를 단행하였다. 그런데 이는 형평성의 문제를 야기하였다. 왜냐하면 종래 사회주의 사회에서 차지하던 지위의 높고 낮음에 따라 주택에 대한 분양이 이루어지는 결과가 되었기 때문이다. 다시 말해 공산당의 고위관료들이 호화주택을 차지한 반면, 대다수의 국민은 오래되어 낡고 열악한 조건의 주택을 받게 된 것이었다.

(3) 가격결정의 자유화

221 기업과 부동산의 민영화는 가격결정의 자유화를 전제로 한다. 시장에서 자유롭게 형성된 가격에 따라 물건이 매매되어야 하기 때문이다. 그런데 옐친 대통령의 집권 초기에는 중앙정부에 의해서 가격이 인위적으로 설정되었으며 이는 대부분의 경우 생산비용에 미치지 못하는 수준으로 고정되었다.[22] 그러나 소비에트연방의 붕괴 직후 옐친 대통령은 1992년 1월 '충격요법'(shock therapy, шоковая терапия)[23]정책으로 물품과 서비스 공급에 대한 가격을 자유화하여 민영화 과정을 촉진시켰다. 반면, 식품 등 생활필수품에 대해서는 중앙정부에 의한 가격설정이 계속 유지되었다. 그러나 전반적인 가격자유화는 시장에서 초인플레이션(hyperinflation) 현상을 불러와 루블의 가치를 폭락시키고 경제파탄의 주원인이 되었다. 요컨대, 가격결정 자유화 정책은 성공을 거두지 못했다.

22) Gordon Smith, *op.cit.,* p.173 참조.

23) 충격요법은 급직전 개혁을 단행하여 단기적인 고통 뒤에 장기저인 안정이 달성된다는 전제 아래 이루어진 정책이었다.

제2관 법 제 도

222 옐친의 집권기는 사회주의 법체제에서 탈피하여 민주주의와 시장경제를 전제로 하는 법제도의 전면적인 개정을 특징으로 한다. 이 시기에 제정·개정된 주요 법전은 다음과 같다:[24] 1993년 12월 헌법전; 1994년 10월 민법전 제1편; 1995년 4월 중재절차법전; 1995년 10월 물법전(Water Code, Водный кодекс); 1995년 12월 민법전 제2편과 친족법전; 1996년 6월 형법전; 1996년 12월 형사집행법전; 1997년 1월 임야법전; 1997년 2월 항공법전(Air Code, Воздушный кодекс); 1998년 4월 도시건설법전; 1998년 6월 예산 및 조세법전 등.

바로 앞에서도 살펴보았듯이 종래의 행정부처 관계자들과 공산당 고위관료들이 새로운 정치·경제체제 아래에서도 기득권을 유지하기 위하여 싸움을 벌였던 관계로 법규범의 제정·개정 작업은 오랜 기간 동안 불완전한 형태로 일어날 수밖에 없었다. 아래에서는 주요 법영역을 살펴본다.

I. 헌 법

1. 기본구조

223 1993년 러시아연방 헌법은 전문과 2개의 편으로 구성되어 있다. 제1편은 9개의 장, 137개의 조문으로 이루어져 있다: 제1장 헌법질서의 기초(제1조~제16조); 제2장 인간과 시민의 권리와 자유(제17조~제64조); 제3장

24) Толстая, *op.cit.*, p.281 참조. 여기서 나열되는 모든 법전 명칭에 있어 '러시아연방' 부분을 생략한다.

연방기구(제65조~제79조); 제4장 러시아연방 대통령(제80조~제93조); 제5장 연방의회(제94조~제109조); 제6장 러시아연방정부(제110조~제117조); 제7장 사법권(제118조~제129조); 제8장 지방자치(제130조~제133조); 제9장 헌법수정 및 개정(제134조~제137조). 제2편은 부칙 및 경과규정이다. 헌법재판소에 대해서는 헌법이 아닌 '러시아연방 헌법재판소에 관한 1994년 7월 21일 연방헌법적 법률'(Федеральный конституционный закон от 21 июля 1994 г. о Конституционном Суде Российской Федерации)에서 정하고 있다.[25)]

2. 정치적 질서

224 1978년 헌법이 러시아를 '사회주의 전(全)인민공화국'이라고 표현한 것과 달리 현행 헌법 제1조는 러시아를 '공화제의 통치형태를 가지는 민주적인 연방제 법치국가'라고 규정하고 있다.[26)] 1993년 헌법상 민주주의 요소가 여러 곳에서 발견된다. 국민은 대의민주주의와 더불어 직접적인 방식을 통해 국가의 권력을 행사한다고 명시하고 있다(제3조). 또한 지방자치가 보장되고 있으며(제12조) 이념적 다원주의가 인정된다(제13조). 법치주의와 관련해서 과거 소비에트 정부당국이 사회주의 이념에 따라 법을 부르주아 계급의 착취 도구로 치부하던 것과 대조적으로 현행 헌법은 명시적으로 러시아를 법치국가로 규정하고 있다.[27)] 이에 따라 헌법은 국민의 자유와 권리를 제한하거나 국민에게 새로운 의무를 부과하기 위해서는 연방의회가 제정한 법률에 의하도록 규정하고 있다(제45조, 제55조). 또한 행정은 이러한 법률을 근거

25) 아래에서는 헌법재판소에 대한 설명을 생략한다. 이에 대해서는 金昇大, 앞의 책 『러시아 憲法論 －自由民主主義에로의 體制轉換에 관한 憲法的 硏究－』, 170~198면 참조.

26) 1. Российская Федерация－Россия есть демократическое федеративное правовое государство с республиканской формой правления.

27) В.Д Карпович, *Комментарии к Конституции РФ, второе издание*, <http://www.constitution.garant.ru/DOC_3848902.htm#sub_para_N_17>, 검색일: 2009년 4월 27일, 제1조에 대한 주해 참조.

로 이루어지며(제114조), 사법(司法)도 법률을 전제로 하여 이에 따라 그 권한이 행사되도록 하였다(제120조).[28]

한편, 헌법 제1조에 포함되어 있지는 않지만 과거 사회주의 체제 아래에서 사회복지가 절대적이었던 점과 헌법의 전체적인 취지에 비추어 볼 때 러시아연방은 사회국가원리를 실현하는 국가이다. 그럼에도 불구하고 러시아연방 헌법의 이 중요한 원리가 제1조에서 빠져 있다. 그 이유는 헌법제정 과정에서 입법자들이 국가의 기본 성질을 선언하는 첫 조문에서 사회주의를 연상시킬 수 있는 사회국가원리의 개념을 의식적으로 배제한 데 있다.[29]

3. 경제적 질서

225 종래 사회주의 체제의 특징이었던 국가・공공소유의 절대성과 계획경제 요소로부터 벗어나기 위하여 1993년 헌법 제정자들은 사적 소유와 시장경제의 보장에 대한 규정을 확실하게 마련하였다.

우선, 사유재산제도가 두 가지의 형태로 규정되었다.[30] 첫째, 헌법질서의 기초를 다루는 제1장에서 사유재산제를 하나의 법제도로서 보장하고 있다(제8조). 즉 제8조 제2항은 "사유, 국유, 자치체소유와 그 외의 소유형태를 평등하게 보장한다"라고 명시하고 있다. 둘째, 기본권을 다룬 제2장에서는 개인의 사유재산권이 주관적 기본권으로서 보장되고 있다(제35조). 제1항은 "사유재산권은 법률에 의해서 보장된다"라고 규정하고 있으며, 제2항은 "모든 사람은 재산의 소유권을 향유하며, 단독 또는 타인과 공동으로 재산을 점유・사용・처분할 권리를 갖는다"라고 명시하고 있다. 특히 제35조 제3항은 재

28) 金昇大, 앞의 책 『러시아 憲法論 - 自由民主主義에로의 體制轉換에 관한 憲法的 硏究 -』, 84면 참조.

29) Карпович, *op.cit.*, 제1조에 대한 주해 참조. 사회국가원리에 대해서는 이 책 (226) 참조.

30) 金昇大, 앞의 책 『러시아 憲法論 - 自由民主主義에로의 體制轉換에 관한 憲法的 硏究 -』, 90~91면 참조.

산권의 강제수용과 보상에 대해서 규정하고 있는데 이로써 재산권은 오직 법원의 재판에 의해서만 박탈될 수 있도록 되었다.

시장경제의 보장은 제8조 제1항에서 찾을 수 있다. 제1항은 "러시아연방에서는 경제권의 통일, 상품, 서비스 및 자금의 자유로운 이동, 경쟁의 보호, 경제활동의 자유를 보장한다"라고 규정하고 있다. 이 규정은 러시아연방 민법 제1편을 비롯한 기타 법률에 의해서 구체화되었다. 경제활동의 자유와 관련하여 제2장은 기업활동의 자유를 규정하고 있다(제34조). 그러나 이에는 중요한 제한이 따르는데, 이와 관련하여 제2항은 독점이나 불공정한 경제를 목적으로 하는 경제활동을 금지하고 있다.

4. 기본권의 보장

226 종래 사회주의 헌법이 기본권에 관한 규정을 '국가와 개인'의 장에 포함시켰던 것과 달리 1993년 헌법은 기본권의 보장을 별개의 장인 제2장에서 규정한다.[31] 특히 현행 헌법은 기본권을 규정하는 데 있어 국제법에서 일반적으로 승인된 원칙에 따라 기본권이 보장된다는 사실을 명시하고 있다(제17조 제1항). 인권 등 기본권의 보장에 있어 국제법의 주요 인권보호규범이 러시아의 국내법보다 우위에 있음을 명확하게 보여주는 대목이다.[32] 이는 러시아연방 헌법제정자들의 기본권 보호에 대한 확고한 의지를 잘 보여준다. 전반적으로 현행 헌법상 러시아 국민이 향유하는 기본권의 목록이 확장되었으며 그 보호영역도 넓어졌다.[33] 가령, 새로운 기본권으로는 정보보호의 권리(제24조), 민족고유성의 보호와 존중을 요구할 권리(제26조), 거주이

31) 金昇大, 앞의 책 『러시아 憲法論－自由民主主義에로의 體制轉換에 관한 憲法的 硏究－』, 134면 참조.

32) Карпович, *op.cit.,* 제17조에 대한 주해 참조.

33) 金昇大, 앞의 책 『러시아 憲法論－自由民主主義에로의 體制轉換에 관한 憲法的 硏究－』, 134~135면 참조.

전의 자유(제27조) 등을 들 수 있다. 이 밖에 제2장은 사회적 기본권에 관한 여러 규정을 두고 있는데 이는 러시아의 탈사회주의 사회에서도 국가의 보호적 역할이 중요함을 잘 보여준다. 특히 국가의 이런 의지는 사회국가원리를 표명하는 헌법 제7조에서도 확인할 수 있다: "사회적 국가인 러시아연방의 정책은 인간의 존엄한 생존과 자유로운 발달을 보장해 주는 여건 조성을 목표로 한다."

II. 민 법

227 사유제산제와 시장경제를 전면적으로 보장하는 현행 민법전의 채택은 10년이 넘는 비교적 오랜 기간에 걸쳐 이루어졌다. 1992년에 공식적으로 시작된 기초작업은 파트별로 진행되어 2006년 말 지적재산권법을 규정하는 제4부가 채택되면서 일단락되었다. 아래에서는 많은 연구를 바탕으로 탄생한 러시아연방의 새 민법전을 그 제정과정과 파트별 구조 및 특성을 중심으로 살펴본다.

1. 제정과정

228 신민법전의 초안작성은 '러시아연방대통령기관부속사법연구센터'가 담당하였으며, 기초작업은 1992년 모스크바 사법연구소장인 마코프스키 교수를 비롯한 민법학자들 중심으로 이루어졌다.[34] 특히 1993년 말 러시아연방 헌법제정으로 사유제산제와 시장경제가 보장되면서 민법전 기초작업에 탄력이 붙었다. 신민법전은 총 4개의 부로 구성되어 있는데 제1부는 1994년 10월 제정되어 1995년 1월 1일부터 시행, 제2부는 1995년 12월 제정되어

34) 신영호, "러시아연방 신민법전의 특색(1) -총칙편과 물권편을 중심으로-," 『고려법학』 제50호, 2008, 고려대학교 법학연구원, 327면 참조.

1996년 3월 1일부터 시행, 제3부는 2001년 11월에 제정되어 2002년 3월 1일부터 시행, 제4부는 2006년 12월에 제정되어 2008년 1월 1일부터 시행되었다. 본래 기초작업 단계에서는 민법전이 3개의 부로 구상되었다. 그러나 지적재산권법의 민법전 포함 여부 및 그 내용에 대한 적지 않은 논쟁이 있었던 관계로 결국 지적재산권법에 관한 부분을 제외한 상속법과 국제사법이 제3부를 구성하게 된 것이었다.[35)]

기초위원들은 신민법전을 제정하는 데 있어 방대한 양의 연구를 진행하였는데 그 주된 대상은 다음과 같았다:[36)] ① 1991년 민법기본원칙; ② CIS모델민법전(Модельный Гражданский кодекс для государств - участников Содружества Независимых Государств)[37)]; ③ 서유럽의 민법전과 상법전;[38)] ④ 그 밖의 외국 또는 국제적 민사・상사에 관한 규범들;[39)] ⑤ 소비에트민법(1922년 및 1964년 러시아연방공화국 민법전); ⑥ 제정러시아 민법전안

---

35) Peter B. Maggs, *The Civil Code of the Russian Federation (Introductory commentary)*, M.E. Sharpe, 2002, p.xiv 참조.

36) 신영호, 앞의 논문, "러시아연방 신민법전의 특색(1) –총칙편과 물권편을 중심으로–," 327~328면 참조.

37) CIS모델민법전은 1992년 설립된 독립국가연합 의회협의체(The Interparliamentary Assembly of Member Nations of the Commonwealth of Independent, Межпарламентская Ассамблея государств - участников Содружества Независимых Государств)에서 1994년~2003년 사이에 채택한 모델민법전이다. CIS모델민법전은 자국의 민법전을 제정 및 개정하는 데 있어 러시아연방을 비롯한 독립국가연합 회원국들의 중요한 지침서 역할을 하고 있다. 이에 대한 보다 자세한 내용은 F.J.M Feldbrugge, "The codification process of Russian civil law" in: Julia Arnscheidt / Benjamin van Rooij / Jan Michiel Otto, *Lawmaking for development: Explorations into the Theory and Practice of International Legislative Projects*, Leiden University Press, 2008, pp.239~240 참조.

38) 그 구조와 구성에 대해서는 주로 스위스, 이탈리아, 네덜란드 민법전을 참조하고, 규정의 내용에 있어서는 독일과 프랑스의 민법전과 상법전을 참조하였다(신영호, 앞의 논문, 러시아연방 신민법전의 특색(1) –총칙편과 물권편을 중심으로–, 327면 참조).

39) 러시아민법전은 1991년 소비에트연방으로서 UN통일매매조약의 체약국이 되는 등 국제적 규범들의 영향을 많이 받았다.

등. 특히 제정러시아 민법전안은 20세기 초 당시 프랑스 민법전을 비롯하여 막 개정된 독일민법전의 영향을 받아서 기초되었기 때문에 20세기 말 기초위원들에게 매우 소중한 자료를 제공하였다.[40)]

2. 구성체계와 특성

229 현행 민법전의 구성체계를 살펴보면 다음과 같이 정리할 수 있다:

제1부
제1편 총칙(제1조~제208조)
제1분편 기본규정
제2분편 인(人)
제3분편 민사상의 권리 객체
제4분편 법률행위와 대리
제5분편 기간 및 제소기한
제2편 소유권 및 그 밖의 물권(제209조~제306조)
제3편 채권법 총칙(제307조~제453조)
제1분편 채무에 관한 일반규정
제2분편 계약에 관한 일반규정
제2부
제4편 채무의 종류(제454조~제1109조)
제3부
제5편 상속법(제1110조~제1185조)
제6편 국제사법(제1186조~제1224조)
제4부
제7편 지적재산권법(제1225조~제1551조)

40) Маковский, *op.cit.*, “Гражданского законодательство в советской плановой экономике в рыночной экономике России,” p.7 참조.

현행 러시아연방 민법전은 4개의 부 1551개 조문으로 구성되어 있다. 현행 민법전은 사적자치와 사유재산의 보장이라는 측면에서 과거 사회주의 민법에 대한 전면적인 개정으로 볼 수 있지만, 한편으로는 기본틀에 있어 많은 특성들이 그래도 유지되는 측면도 보여주고 있다. 현행 민법에 있어서 단순히 과거의 규정을 답습한 조문이 전체의 약 2/3에 달하는데, 이는 단지 양적인 차원을 넘어 질적인 의미를 갖는다.[41] 러시아연방 민법전이 대륙법의 판덱텐 체제를 채택하였음에도 불구하고 서유럽의 민법전들과 적지 않은 차이점을 보이고 있다. 이는 과거 사회주의 민법의 기본구조가 현행 민법에도 큰 영향을 미치고 있기 때문이다. 현행 민법전은 그 규제대상을 매우 광범위하게 설정하고 있는데, 가령 행정법적 관계라든가 경제법적 요소를 함께 규율한다.[42] 그러나 현행 민법전은 친족법을 포함하지 않는 관계로 친족법전은 별도로 제정되었다.[43]

(1) 민법전 제1부

(230) 러시아연방 민법전 제1부는 총칙, 물권 및 채권법 총칙을 규율한다.

첫째, 총칙이다.[44] 총칙은 민법전의 기본원칙을 선언하고 있는 만큼 시장경제를 반영하는 중요한 변화들이 규정되었다. 제1조는 신민법전의 핵심원칙인 사적자치의 원칙을 규정하고 있다. 1964년 소비에트 민법전 제1조가 사회주의 경제, 국가계획경제, 국가소유 등을 강조하였다면, 현행 민법전의 첫 조문은 "경제주체의 평등, 소유의 불가침성, 계약의 자유, 사적 사항에 대한 자의적 개입금지, 자유로운 권리의 행사, 침해된 권리의 회복과 그 재판상의

41) Маковский, *op.cit.*, "Гражданского законодательство в советской плановой экономике в рыночной экономике России," pp.8~9 참조.

42) 신영호, 앞의 논문 "러시아연방 신민법전의 특색(1) —총칙편과 물권편을 중심으로—," 337면 참조.

43) 이에 대해서는 이 책 (233) 참조.

44) 신영호, 앞의 논문 "러시아연방 신민법전의 특색(1) —총칙편과 물권편을 중심으로—," 339~349면 참조.

보호"를 명시하고 있다(제1항). 권리남용금지의 원칙은 제10조 제1항이 규정하고 있으며, 신의성실의 원칙에 대해서는 일반조항은 없으나 개별 조문에서 '성실히', '적당하게', '합리적으로'와 같은 문구를 삽입하여 그 취지를 관철시키고 있다. 또 하나의 중요한 규정으로는 민법상의 권리제한에 대한 제1조 제2항 제2단락이다. 이 조문은 종전과 달리 권리제한의 근거가 특정되고 그것이 법령에 근거해야 한다는 점을 명시하였다.

현행민법은 법해석의 방법으로서 유추적용을 명시적으로 인정하고 있다. 특정 사항이 민법상의 법률에 의하여 규율되어 있지 않고 거래관행도 찾을 수 없는 때에는 그 본질에 반하지 않는 한 유사관계를 규율하는 민사입법이 적용된다(제6조 제1항). 유추적용마저도 힘든 경우에는 민사입법의 일반원칙과 정신, 양심, 합리성 및 공정성에 입각한 해결이 요청된다(제6조 제2항).

현행민법은 무효(내지 취소)에 관한 규정도 대폭 정비하였다. 사회주의 체제 아래에서 권리관계가 사인의 의사에 의해 좌우되도록 허용하는 것이 어려웠다. 그리하여 1964년 민법은 이에 관한 규정이 극히 간소하였다. 그러나 현행민법전은 무효(내지 취소)에 관하여 매우 상세한 규정을 두고 있다. 현행 민법상 무효에는 두 종류가 있다(제166조 제1항): ① 당연무효; ② 주장무효. 당연무효는 당해 법률행위 성립시부터 당연히 효력을 발생하지 못하는 것으로 법령위반(제168조), 사회질서위반(제169조), 가장행위(제170조), 행위무능력자의 법률행위(제171조, 제172조) 등을 들 수 있다. 한편, 주장무효는 법률에 정한 자의 청구와 법원의 판결에 따라 무효로 되는 경우이다. 법원은 무효판결을 함에 있어서 당해 법률행위가 장래를 향해서만 무효인 것으로 결정할 수 있다(제167조 제3항). 주장무효에 속하는 것으로는 착오(제178조), 기망·강박·폭리행위에 의한 법률행위(제179조) 등을 들 수 있다.

둘째, 물권이다.[45] 사회주의 민법 하에서는 생산수단이 국유화되는 등

---

45) 신영호, 앞의 논문 "러시아연방 신민법전의 특색(1)—총칙편과 물권편을 중심으로—," 349~354면 참조.

개인적 소유의 대상이 제한적이어서 제한물권의 존재의의가 크지 않았고, 그 결과 물권은 소유권 중심으로 규율될 수밖에 없었다. 그러나 신민법전은 사유제산제의 인정에 따른 소유권질서의 재편에 따라 용익물권을 규정하고 있다. 제한물권 중 담보물권에 대해서는 제3편 채권법총칙, 제23장 '채무이행의 담보'에서 규율하고 있다.

1993년 러시아연방 헌법 제8조[46]와 동일한 취지로 민법전 제112조가 사유재산의 보호를 규정하고 있다. 소유권과 관련하여 특기할 점은 신탁관리의 양도를 명문화하고 있다는 사실이다. 즉 1964년 민법에서는 인정되지 않았던 신탁제도를 도입한 것이다. 그 밖에 신민법전은 제한물권으로서 다음과 같은 제도를 규정한다: 상속가능 종신적 토지점유권(제215조); 토지에 대한 영구(무기한) 사용권(제268조); 지역권(제274조, 제275조); 경영관리권(제294조); 운용관리권(제296조).

셋째, 채권법 총칙이다. 채권법 총칙은 채무에 관한 일반규정과 계약에 관한 일반규정으로 구성되어 있다. 특기할 점은 러시아 민법제도 사상 처음으로 계약에 관한 일반규정이 별개의 장으로 정리되면서 그 동안 여러 곳에 흩어져 있던 규정들이 한 곳에 집중되었다는 사실이다.[47] 계약에 관한 일반규정은 제27장(계약의 개념과 요건), 제28장(계약의 체결), 제29장(계약의 변경 및 해제)으로 이루어져 있다. 신민법전 제1조에서 선언된 계약자유의 원칙은 제421조에서 구체화되는데, 이에 따라 모든 자연인과 법인은 자유로운 의사에 기초하여 계약의 내용과 형식을 결정할 수 있게 되었다.

신민법전에서 적지 않게 발전되거나 새롭게 규정된 계약의 유형으로 예약(豫約), 공공계약 및 부합계약을 들 수 있다.

예약은 아래에서 살펴볼 공공계약 및 약관과 달리 러시아 민법에서 처음 규정되지는 않았으며, 1922년 민법전(제130조)과 민법기본원칙 제60조에서

---

46) 이 책 (225) 참조.

47) Victor B. Kozlov, "The New Russian Civil Code of 1994," <http://servizi.iit.cnr.it/~crdcs/crdcs/frames21.htm>, 검색일: 2009년 6월 26일, p.24 참조.

도 발견된다.[48] 신민법전 제429조가 규정하고 있는 예약은 시장경제의 도입과 함께 매우 광범위하게 활용되는 계약의 형태로 발전하였다.[49] 예약이 빈번하게 활용되는 현상은 사적자치의 원칙이 민사관계를 지배하고 있다는 사실과 밀접하게 연관되어 있다고 생각한다. 예약에 의하여 계약을 체결한다는 것은 누구와 언제, 어떤 내용의 계약을 체결할 것인가 하는 것이 당사자자의 의사에 달려 있음을 의미하기 때문이다.

공중계약(public contract, публичный контракт)이란 완전히 새로운 계약유형으로서 운수업자, 소매업자, 호텔 등과 같은 상업거래조직(commercial organization, коммерческая организация)이 그들의 물건과 서비스 제공을 받고자 하는 모든 사람들과 체결한 계약을 가리킨다(제426조 제1항).[50] 공중계약에 있어서 상업거래조직은 가격 및 그 밖의 여러 계약 조건에 있어서 모든 고객들을 동일하게 대우하여야 한다(제426조 제2항).

부합계약(contract of adhesion, договор присоединения) 역시 처음 등장하는 계약유형으로서 소비자 보호를 그 취지로 삼고 있다. 특히 약관의 내용이 사업자의 채무불이행책임을 제한하거나 그 불공정성이 명백한 경우에 소비자는 약관의 내용을 변경하거나 계약을 해제할 수 있다(제428조 제2항).

(2) 민법전 제2부: 채무의 종류

231 채무의 종류라는 부제가 보여주듯이 민법전 제2부는 그 내용에 있어 채권법 각칙을 이룬다. 다양한 유형의 계약 및 단독행위가 규율되고 있으며 이 밖에 불법행위(민법전 제59장)와 부당이득(민법전 제60장)이 규정되어

---

48) Т.Е. Абовой / А.Ю. Кабалкина, *Комментарий к Гражданскому кодексу Российской Федерации, Части первой*, Юрайт－Издат, 2007, p.568(제429조에 대한 주해) 참조.

49) О.Н. Садикова, *Гражданское право: Учебник. Том I*, КОНТРАКТ, 2006, p.357 참조.

50) Kozlov, *op.cit.*, p.25 참조.

있다.

신민법전 제2부(제454조~제1109조)는 1964년 민법전[51]보다 훨씬 많은 조문으로 구성되어 있는데 이는 새로운 경제환경에서 계약자유의 원칙이 갖는 중요성을 반영한다. 특히 1980년 국제물품매매계약에 관한 유엔협약(CISG)은 매매계약 등 다양한 계약의 유형에 영향을 미쳐 그 결과 법규범의 구체화를 가져왔다.[52] 가령, 매매계약과 관련된 조문만 해도 100개가 넘으며(제454조~제566조) 그 내용도 세분되어 있다: 제1절 매매계약 통칙; 제2절 소매계약; 제3절 물품의 공급계약; 제4절 국가와 공공단체가 당사자가 되는 물품공급계약; 제5절 계약서 작성; 제6절 에너지공급계약; 제7절 부동산매매계약; 제8절 기업매수계약. 신민법전이 종래의 통일된 민상법구조를 유지하고 있기 때문에 계약의 세부유형에는 전통적 대륙법 국가에서 상법이 규율하고 있는 운송계약, 보험계약 등이 포함되어 있다.

불법행위법 역시 신민법전이 종전보다 보완·확충되었다. 우선 신민법전은 1964년 민법전과 마찬가지로 과실책임주의를 원칙으로 유지하되 종전보다 무과실책임의 적용범위를 확대한 것이 특징적이다. 특히 이와 관련하여 주변에 "고도의 위험한 활동으로 인한 침해에 대한 책임"(Ответственность за вред, причиненный деятельностью, создающей повышенную опасность для окружающих)을 들 수 있다. 신민법전 제1079조는 한 개의 항에 불과했던 1964년 민법전 제454조를 보완하여 책임성립요건 및 '고도의 위험'을 구체화한 것 외에도 책임면제 및 연대책임에 대한 규정을 포함시켜 한층 정비된 모습을 보이고 있다.[53] 특히 책임면제는 불법행위가 불가항력을 원인으로 하는 경우에 이루어질 수 있다. 주목할 점은 1964년 민법전 제454조가

51) 1964년 민법전 제3편 제2장(채무의 종류)은 138개 조문(제237조~제474조)으로 구성되어 있다.

52) Юринформцентр, *Комментарии к Гражданскому Кодексу РФ (часть вторая)*, 2007, p.17 참조.

53) Юринформцентр, *op.cit.*, pp.580~581 참조.

교통운송업자, 산업기업, 건설현장, 자동차 소유자 등 위험한 행위의 원천이 되는 주체를 열거한 반면, 신민법전은 위험한 행위 자체를 열거하고 있다는 점이다. 즉 제1079조 제1항은 교통수단의 이용, 고압에너지 및 핵에너지를 이용하는 시설의 이용, 건설 및 이와 관련된 행위 등을 열거하고 있다. 신민법전은 1964년 민법전에 비하여 무과실책임의 적용범위를 확대한 것으로 평가할 수 있다.

신민법전의 또 다른 특징으로는 사회주의 민법 아래에서 인정되지 않았던 정신적 손해에 대한 책임규정이 명시되었다는 점을 들 수 있다. 제1099조~제1101조는 정신적 손해의 근거와 방식을 구체적으로 규정하고 있다.[54] 특히 제1100조는 법정책임을 규정하여 다음의 경우 가해당사자에게 귀책사유가 없는 경우에도 정신적 손해에 대한 배상을 하도록 한 것이 주목을 끈다:[55] ① 고도의 위험원으로부터 발생하는 생명 또는 건강에 대한 피해; ② 법원, 검찰, 경찰 등 법수호기관의 불법행위로 인하여 발생하는 정신적 손해; ③ 명예를 훼손하는 사실의 유포로 인한 정신적 손해.

(3) 민법전 제3·4부: 상속법, 국제사법, 지적재산권법

232 민법전 제3부는 상속법과 국제사법을, 민법전 제4부는 지적재산권법을 규율한다. 아래에서는 이들에 대하여 살펴본다.[56]

첫째, 상속법이다. 과거 소비에트 사회에서는 개인소유권이 제한된 상황에서 재산의 상속에 많은 제약이 따를 수밖에 없었다.[57] 시장경제로의 전환은 상속에 대한 제한을 점차 철폐시켰는데, 2001년 5월 14일 법률(Федеральный

---

54) 총칙인 민법전 제1부 제151조가 정신적 손해에 대한 일반규정을 두고 있다.

55) Т.Е. Абовой / М.М. Богуславского / А.Г. Светланова, *Комментарий к Гражданскому кодексу Российской Федерации, Части третьей*, Юрайт-Издат, 2004, p.647(제1100조에 대한 주해) 참조.

56) 국제사법과 지적재산권법이 전통 대륙법에서 일반적으로 민법에 포함되지 않고 우리나라 민법도 이를 다루지 않는 관계로 간략하게만 보고 넘어가기로 한다.

57) 이 책 (176), (197) 참조.

закон о внесении изменений и дополнений в статью 532 Гражданского Кодекса РСФСР)을 거쳐 신민법전 제3부 제5편(상속법)에 의해서 상속제도가 큰 폭으로 자유화되었다.[58] 상속에 있어 신민법전 제3부가 가장 중요한 법원을 이루지만 상속에 관한 법률관계는 민법전 외의 다른 법률의 개별규정들에 의해서도 규율된다.[59] 신민법전 상속법의 가장 큰 특징은 피상속인의 자유를 확대되었다는 점이다.[60] 특히 규정 순서가 이러한 상속자유의 확대를 잘 보여준다. 1964년 민법전이 법정상속을 유언상속보다 앞서 규정한 것과 달리 신민법전은 유언상속을 먼저 규정하고 있다.[61] 이 밖에 현행민법은 법정상속인의 범위를 대폭 확대시켰는데(제1142조~제1148조), 이는 그 만큼 상속재산이 국가로 이전될 가능성을 축소시켰음을 의미한다.[62] 즉 1964년 민법전이 법정상속인과 유언상속인이 없는 경우 상속재산이 국가로 이전되도록 규정하였는데(제552조), 법정상속인의 범위가 제한된 상태에서 상속재산이 국가로 이전되는 경우가 적지 않았다. 그러나 현행민법은 법정상속인의 범위를 크게 확대하였기 때문에 국가가 '상속 순위'에 따라 재산을 이전받을 가능성이 희박해진 것이다.

둘째, 국제사법이다.[63] 국제사법에 관한 신민법전 제3장 제6편은 종래 1964년 민법전과 1991년 민법기본원칙의 규정에 비해서 조문의 수가 많이 증가하였다. 1964년 민법전 제8편이 '외국인과 무국적자의 권리능력 및 외국민법, 국제계약 및 협약의 적용'을 8개의 조문(제562조~제569조)으로 해결한 것과 달리 신민법전은 39개 조문을 두고 있다. 신민법전 제6편은 기술적인

---

58) Maggs, *op.cit.*, pp.xv~xvi 참조.

59) 개별 법률로는 주택법전 제130조, 제131조, 지적권법 제29조, 유한책임회사법 제21조 등을 들 수 있다(О.Н. Садикова, *Гражданское право: Учебник. Том II*, КОНТРАКТ, 2006, p.498 참조).

60) Maggs, *op.cit.*, pp.xv~xvi 참조.

61) Т.Е. Абовой/М.М. Богуславского/А.Г. Светланова, *op.cit.*, p.3 참조.

62) *Ibid.*, p.105(제1151조에 대한 주해) 참조.

63) Maggs, *op.cit.*, pp.xvi~xvii 참조.

세부사항까지 포함하는 등 국제사법에 관한 규범을 상세하게 규정하고 있다. 무엇보다도 신민법전의 국제사법은 유럽연합의 전신인 유럽공동체(European Community)가 채택한 '계약상 채권관계의 준거법에 관한 1980년 유럽공동체 협약'(1980 Rome Convention on the law applicable to contractual obligations)의 지대한 영향 아래 입법되었다. 가령, 신민법전 제1210조는 1980년 로마협약 제3조의 내용을 도입한 것으로서 중요한 원칙 중 하나인 준거법 결정의 자유를 규정하고 있다. 물론 신민법전의 국제사법이 1980년 로마협약의 규정들을 직접 수용하지 않고 1964년 민법전의 규범을 유지한 경우도 있다. 그럼에도 불구하고 새롭게 개정된 러시아연방의 국제사법은 세계시장에서 무역상대국들과 법의 충돌을 해결하는 데 있어 큰 어려움이 있지는 않을 것으로 본다.

셋째, 지적재산권법이다. 별개의 부로 채택된 민법전 제4부는 지적재산권과 관련된 종래의 모든 법규범을 개정하여 통합하였다.[64] 이 과정에서 지적재산권의 법제도가 적지 않게 변경되었다. 실용신안권과 디자인권에 대한 보호기간을 각각 5년과 10년에서 10년과 15년으로 늘리는 등 개별 지적재산권에 대한 보호기간이 연장되었다.[65] 지적재산권에 관한 주요 국제협약인 1883년 '산업재산권의 국제적 보호를 위한 파리협약'(Paris Convention for Protection of Industrial Property), 1886년 '문학 · 예술 저작물의 보호를 위한 베

---

64) 민법전 외에도 형법전 제180조가 상표권 침해에 대하여 무거운 형벌을 규정하고 있으며, 행정위반법전(Кодекса РФ об административных правонарушениях)도 지적재산권의 악용이 불공정한 경쟁에 포함된다는 규정을 포함하고 있다(Bruce A. McDonald and Edward D. Manchester, "Intellectual Property Law · Trademarks, Copyright and Patents: Russia," <http://209.85.173.132/search?q=cache:VdKA8jweZ1QJ:meetings.abanet.org/webupload/commupload/IC750000/newsletterpubs/YIR2008RussiaIPQ1.pdf+intellectual+russia+civil&cd=4&hl=ko&ct=clnk&gl=kr>, 검색일: 2009년 5월 3일.

65) 보다 자세한 내용은 В.В. Погуляева, *Комментарий к Части четвертой Гражданского кодекса Российской Федерации*, Юстицинформ, 2008, p.12 참조.

른 협약'(Berne Convention for the Protection of Literary and Artistic Works) 등이 신민법전 제4부에 많은 영향을 미쳐 상당수의 규정이 그대로 수용되었다. 한편, 국제규범과 다른 부분도 적지 않은데, 그 예로 지적재산권의 개념을 '지적재산'(intellectual property, интеллектуальная собственность)과 '지적권'(intellectual right, интеллектуальное право)으로 구분[66]하고 있는 점을 들 수 있다. 지적재산에 대해서는 제4부의 첫 조문인 제1225조가 열거주의를 채택하여 지적재산권법의 보호 대상을 16가지 유형으로 한정하고 있다. 특히 제1225조에 열거되어 있는 16개 유형 가운데 도메인 네임(domain name)이 포함되어 있지 않은데 이는 러시아연방 지적재산권법의 보호대상 범위가 현재는 물론 향후에도 제한될 수 있는 한계를 잘 보여준다.[67] 반면, 제1226조는 '지적권'이라는 새로운 개념을 도입하였는데 여기에는 배타적 권리(exclusive rights), 비재산적 권리(personal non-property rights) 및 기타 권리(other rights)가 포함된다.

III. 친 족 법

233 1995년 12월에 채택된 친족법전은 총 8개 편, 170개 조문으로

---

66) '지적재산'이란 지적 활동의 결과 및 이에 갈음하는 개인화 수단(means of individualization)이며(제1225조), '지적권'은 지적 활동의 결과에 대한 권리이다(제1226조). 이러한 지적재산권의 개념 구분의 배경 및 논쟁에 대해서는 В.Н. Лопатин, "Особенности кодификации законодательстваоб интеллектуальной собственности в Россий ской Федерации," <http://council.gov.ru/files/journalsf/item/20070516144932.pdf>, 검색일: 2009년 5월 3일, p.4 참조.

67) Sergei Budylin, "International Legal Developments in Review: 2007: Regional & Comparative Law: Russia and Ukraine," *The international Lawyer*, Vol. 42, No. 2, <http://works.bepress.com/cgi/viewcontent.cgi?article=1007&context=sergey_budylin>, 검색일: 2009년 6월 24일, pp.1086~1087 참조.

구성되어 있다. 친족법이 민법전에 포함되지 않고 별도의 법전으로서 제정된 것은 소비에트의 법제도를 따른 것이다.[68] 1995년 친족법전은 1969년 친족법전의 체계와 거의 같고 그 내용에 있어서도 후자를 정비한 점이 많으나 몇 가지 점에서 있어서는 큰 차이를 보인다. 양자 사이의 중요한 차이점을 정리하면 다음과 같다.[69]

첫째, 종래의 친족법이 공산주의 이념지향의 규정형식을 취하였던 것과 달리 신친족법전은 실용적인 체계와 용어를 사용한다. 가령 '공산주의', '공산주의 가족'과 같은 용어가 사라졌다. 이러한 현상은 공산주의 체제의 폐기에 따른 당연한 결과라고 할 것이다.

둘째, 혼인편에서 법정부부재산제에 관한 규정을 정리하고(제33조~제39조) 구법에서는 인정하지 않았던[70] 약정부부재산제로서의 '혼인계약'제도를 새로이 구체적으로 규정한다(제40조~제44조). 신친족법전 제33조는 "법정부부재산제는 부부공동재산제이다"(제1항)라고 규정함과 동시에 "법정부부재산제는 혼인계약이 달리 규정하지 아니하는 경우에 한해서 적용한다"(제2항)라고 하고 있다. '혼인계약'은 반드시 서면으로 체결되어야 하며(제41조 제2항) 혼인등록 전은 물론 혼인기간 중에도 체결될 수 있다(제41조 제1항).

셋째, 신친족법전은 가족편의 내용을 '부모의 보살핌 없이 방치된 자녀'의 보호를 중심으로 규정하여 미성년자녀를 적극적·구체적으로 보호하고자 한다. 자녀는 부모의 권리남용으로부터 보호받을 권리를 갖는다. 그러므로 부모가 자녀의 양육 및 교육을 비롯한 의무를 다하지 아니하거나 부적절하게 이행한 경우 자녀는 자기 권리를 보호하기 위해서 후견·보좌기관에 협력을 구할 수 있다. 자녀가 14세에 달한 뒤에는 법원의 협력을 직접 구할

---

68) 이 책 ⑯⑨ 참조.

69) 금산법문화연구회, 『러시아 가족법전』, 세창출판사, 86면 및 106~109면을 참조.

70) 1926년 친족법전에서는 부부재산계약을 인정하였다. 그러나 현행 친족법전과는 그 내용에 있어 현격한 차이가 있다(금산법문화연구회, 앞의 책 『러시아 가족법전』, 108~109면 참조).

권리를 갖는다(제56조 제2항). 또한 자녀는 자신과 관련된 가족 내의 모든 문제에 있어 자기의 의견을 표명하는 권리를 가지며, 재판상 또는 행정상의 심리과정에서 의견을 청취하는 권리도 갖는다(제57조). 이 밖에 자녀의 재산은 친자별산주의를 규정하는 신친족법전 제60조를 통하여 보호된다. 이에 따라 부모와 자녀는 서로 상대방의 재산에 대하여 소유권을 주장할 수 없다.[71)]

IV. 형　법

234 1996년 6월에 채택된 러시아연방의 신형법전이 1997년 1월부터 시행되었다. 신형법전은 종전과 동일하게 총칙과 각칙으로 구분되어 있다. 총칙은 6개 편, 15개 장, 104개 조문으로 이루어져 있으며, 각칙은 6개 편, 19개 장, 251개 조문으로 구성되어 있다. 1996년 형법전은 다른 법전과 마찬가지로 정치·경제체제의 변화를 반영하여 적지 않게 개정되었는데 이는 형법전의 목적규정을 통해서 어렵지 않게 살펴볼 수 있다. 1960년 형법전이 주된 목적을 사회주의 체제와 인민들의 자유·권리의 보호에 두었던 것과 달리, 1996년 형법전은 국민과 사람들이 향유하는 자유·권리와 더불어 러시아연방 헌법, 평화, 인류의 안전 등의 보호를 우선시하고 있다(제2조). 중요한 차이는 바로 과거 사회주의 형법전이 국가, 사회, 개인 순으로 보호를 제공하였다면, 신형법전은 대부분의 서유럽 법전과 마찬가지로 개인, 사회, 국가의 순으로 보호의 순위를 설정하고 있다는 점이다.[72)]

신형법전은 제1조에서 러시아연방 헌법과 일반적으로 승인된 국제법상의 원칙 및 규범에 기초하고 있음을 선언함으로써 러시아 형법의 기본성격

71) 다만, 친자가 동거하는 경우에는 그들의 합의하에 서로의 재산을 점유 또는 사용할 수 있다(제60조 제4항).

72) Anatolyi V. Naumov, "The New Russian Criminal Code as a Reflection of Ongoing Reforms," *Criminal Law Forum*, Vol.8, No.2, pp.201~202 참조.

을 규정짓고 있다. 이와 관련하여 신형법전 총칙 제1장은 국제법상 일반적으로 승인된 기본원칙을 명시하고 있다: 죄형법정주의(제3조 제1항); 유추적용금지의 원칙(제3조 제2항); 법 앞의 평등(제4조); 과책주의(제5조); 형평성의 원칙(제6조); 인도주의(제7조). 이 밖에도 소급효금지의 원칙에 대해서는 1948년 세계인권선언 제11조 제2항의 영향을 받아 신형법전 제1조, 제6조, 제9조, 제10조, 제11조, 제12조 등에 구체화되었다.[73] 요컨대, 신형법전은 종래 사회주의 이데올로기의 영향 아래 계급에 맞춰졌던 초점을 전인류에 공통되는 가치관으로 옮긴 것이다.[74]

형법전 총칙에서 중요한 특징으로는 형벌의 완화 및 탈범죄화를 들 수 있다. 가령, 범죄의 유형이 네 가지로 구분되면서(제15조)[75] 보통범죄와 중범죄의 형벌기간이 각각 5년과 10년으로 제한되었다.[76] 사형제도는 '최중범죄'의 유형에 해당하는 경우에만 선고가 가능한데 이 경우에도 여성, 18세 미만의 미성년자, 그리고 60세 이상의 남성은 형벌적용 대상에서 배제되었다(제59조 제2항). 또한 은사(恩赦)의 일환으로 사형 대신 종신구금 또는 최장 25년의 금고형이 선고될 수 있다(제59조 제3항).

형법전 총칙 못지않게 각칙의 많은 규정들이 개정되었으며 적지 않은 규범이 새롭게 도입되었다. 형법전에서 처음 등장하는 것으로는 다음을 들 수 있다:[77] 경제활동에 관한 범죄(제22장); 공적 의무에 반하는 기업이사들의 범죄(제23장); 환경범죄(제26장); 컴퓨터정보와 관련된 범죄(제28장); 평화・인류안전에 반하는 범죄(제34장) 등.[78] 특히 경제활동에 관한 범죄는 시장경제로

---

73) Л.Л. Кругликов, *Уголовное право России. Часть Общая (2-е изд.)*, Wolters Kluwer Russia, p.16 참조.

74) Анатолий В. Наумов, *Российское Уголовное Право, Т. 1 : Общая часть*, Wolters Kluwer Russia, 2008, p.142 참조.

75) 범죄는 경범죄, 보통범죄, 중범죄, 최중범죄로 구분된다.

76) Толстая, *op.cit.*, p.287 참조.

77) Naumov, *op.cit.*, p.218 참조.

78) Толстая, *op.cit.*, p.287 참조.

전환한 러시아연방의 시대적 요구를 충족하는 동시에 처음으로 해당 규정들을 한 곳에 집중시켜 관련 규정을 제도적으로 정비하였다는 점에서 그 의미가 크다.[79] 환경범죄에 관한 장도 매우 중요하다. 러시아에서 환경문제가 심각하게 대두되는 가운데 환경범죄가 상세하게 규정됨에 따라 생산으로 인한 환경규제위반(제246조), 환경적으로 유해한 물질의 이용에 대한 환경규제위반(제247조), 토지의 황폐화(제254조), 멸종위기에 처한 생물의 자연서식지 파괴(제259조) 등에 대한 규정이 이루어졌다.[80]

V. 노 동 법

235 구소련 붕괴 이후 생산수단과 노동에 대한 태도가 변하면서 노동법의 전면적인 개정의 필요성이 대두되었다. 얼마동안 부분적인 개정 및 특별법의 제정을 통해 새로운 노동환경이 규율되었다. 그 가운데 가장 중요한 특별법으로는 1991년 '국민경제활동에 관한 법률'(Закон о занятости населения Российской Федерации)과 노동단체권을 규정한 1992년 '단체협약 및 계약에 관한 러시아연방법률'(Закон РФ "о коллективных договорах и соглашениях")을 들 수 있다.[81] 1991년 국민경제활동에 관한 법률은 정부가 경제활동을 할 수 없는 국민을 지원하기 위해서 제정되었으며 그 결과 실업자들이 국가로부터 무상으로 직업훈련을 받는 등 다양한 혜택을 받게 되었다. 1992년 '단체협약 및 계약에 관한 러시아연방법률'은 단체로서의 근로자와 사용자의 관계를 규율하였는데 그 특징은 다음과 같다: 계약 당사자

---

79) Н. А. Лопашенко, *Преступления в сфере экономической деятельности (Автореферат)*, 1997, <http://www.law.edu.ru/book/book.asp?bookID=61873>, 검색일: 2009년 5월 4일.

80) Naumov, *op.cit.*, pp.223~224 참조.

81) 이에 대한 아래의 설명은 Толстая, *op.cit.*, pp.283~285 참조.

사이의 평등; 단체협약 및 계약 내용의 자유; 자율적인 의무의 부담; 노동통제의 제도화 등.

러시아연방은 2001년 12월 31일 노동법전을 새롭게 제정하였다. 신노동법전은 총 6개 편, 14개 부, 62개 장, 424개 조문으로 구성되어 있다. 새로운 규범에 따라 노동시장에서의 자유가 최대한 보장되었으며, 그 하나의 예로 노동자와 사용자 사이에서 자유롭게 체결되는 노동계약이 노동관계의 가장 근본적인 법적 근거로 규정되었다(제16조). 신노동법전은 이와 동시에 노동자를 위한 다양한 보호규정도 포함시켰다: 노동계약 당사자들의 이해관계를 원활하게 조정하기 위한 사회협동체(social partnership, социальное партнёрство[82]) 제도(제3장~제9장); 노동자의 재산적 손해에 대한 사용자의 책임(제38장); 여성 및 미성년 노동자에 대한 특별 규정(각각 제41장과 제42장); 2개월 미만의 근무자에 대한 특별 규정(제45장); 계절 근로자에 대한 특별 규정(제46장) 등. 이러한 보호규정의 한 예로서 임산부에 대한 규정을 들 수 있다. 신노동법전은 임산부가 노동계약의 당사자인 경우 사용자에 의한 노동계약 해지를 사실상 금지(제261조)하고 있다. 또한 18개월 미만의 아동을 키우는 여성에게는 근무 중 기본적인 휴식 시간 외에도 최소한 3시간마다 한 번 씩 30분 이상 아동을 보살필 수 있는 시간을 허용하고 있다(제258조).[83] 여기서 볼 수 있듯이 러시아연방의 신노동법전은 노동자에게 있어 매우 세심한 배려와 보호를 제공하고 있다. 이는 과거 소비에트 시대 이래로 형성된 노동자에 대한 이념적 중요성이 오늘날에도 그대로 이어진 결과로 보인다.

---

82) 사회협동체란 근로자(근로자 대표), 사용자(사용자 대표), 연방 및 지방 정부 당국이 노동관계의 조정 등 근로자와 사용자의 이해관계를 조화시키기 위한 조직이다(노동법전 제23조 참조).

83) 이 경우에도 아동을 돌보는 시간은 근무시간으로 간주되며 이에 대한 평균 이상의 임금이 지급되어야 한다(제258조).

VI. 사법제도

1. 법원제도

(236) 러시아연방의 법원제도는 1996년 12월 31일 연방헌법법률(Федеральный конституционный закон от 31 декабря 1996 г. N 1-ФКЗ "О судебной системе Российской Федерации")을 근거로 형성되었으며 관할권을 기준으로 다음과 같이 네 유형으로 나눌 수 있다: ① 헌법재판소; ② 일반관할법원; ③ 상사법원; ④ 군사법원. 러시아가 연방국가인 관계로 앞의 법원들은 다시 연방법원과 연방구성체법원으로 나뉜다.[84] 연방법원에는 헌법재판소, 일반관할법원(러시아연방최고법원, 연방구성체최고법원, 지역단위법원), 모든 급의 군사법원, 상사법원(러시아연방최고상사법원, 지방연방상사법원, 연방구성체상사법원)이 포함된다. 연방구성체법원에는 연방구성체헌법재판소 및 단독판사가 속한다.

앞서 언급하였듯이 러시아의 법원제도가 일반관할법원과 상사법원으로 구분된 것은 소비에트연방의 법원제도를 그대로 계승한 결과이다.[85] 일반관할법원의 최고심법원은 러시아연방 최고법원(Верховный Суд Российской Федерации)으로서 민사, 형사, 행정소송을 담당하며, 군사법원 및 특별법원을 포함한 일반관할법원의 하급심법원들에 대한 감독기능을 수행한다(1996년 12월 31일 연방헌법법률 제19조). 반면, 상사법원의 최고심법원은 러시아연방 최고상사법원(Высший Арбитражный Суд Российской Федерации)으로 경제관련분쟁을 담당하며 하급심경제법원들에 대한 감독기능을 수행한다(1996년 12월 31일 연방헌법법률 제23조).

---

84) В.В. Яркова, *Гражданский процесс: Учебник (7-е издание)*, Wolters Kluwer, 2008, pp.2~3 참조.

85) 이 책 (174), (186), (217) 참조.

이 밖에 사법제도에 있어 또 하나의 중요한 법규범으로 재판관의 독립성을 보다 확실하게 규정한 1992년 6월 26일 '러시아연방 재판관의 지위에 관한 법률'(Закон РФ О Статусе судей в Российской Федерации)을 들 수 있다.[86]

2. 민사소송법

237 1995년과 2000년 두 차례에 걸쳐 소비에트 민사소송법전이 개정되었으며 2002년 10월에는 7개 편, 47개 장, 446개 조문으로 구성된 러시아연방 민사소송법전이 채택되었다. 오늘날 러시아연방 민사소송법의 근본은 대륙법 전통[87]을 따르고 있으나 1995년의 구법전 개정과 2002년 신법전의 제정 과정에서 영미법적 요소가 적지 않게 도입되었다.[88] 이 밖에 대륙법 또는 영미법 어느 쪽에도 속하지 않는 러시아 특유의 요소도 있다. 아래에서는 영미법의 영향과 러시아 특유의 제도를 중심으로 민사소송법을 살펴보기로 한다.

우선, 영미법의 영향이다. 영미법의 영향 가운데 가장 중요한 것으로는 대립당사자주의를 들 수 있는데, 러시아 법원의 역할 축소는 1993년 헌법이 민사소송에 있어 대립당사주의를 선언한 것(제123조 제3항)의 직접적인 결과이기도 하다. 종래 사회주의 민사소송법[89] 아래 법원이 적극적 석명권을 행사하던 것과 달리 법원의 역할이 최근의 사법개혁을 통해서 소극적으로 변하였다. 그러나 러시아연방 신민사소송법전이 영미법의 대립당사자주의를 완

86) Яркова, *op.cit.*, p.3 참조.

87) 현행 민사소송법에서 발견되는 대륙법 특유의 요소로는 전반적인 기본 구조 외에도 민사배심제도의 부재, 집단소송의 부재, 법원에 의한 전문가 선정 등을 들 수 있다(Dmitri Maleshin, "The Russian style of civil procedure," *Emory International Law Review*, Volume 21, No.2, Fall 2007, p.544).

88) 이에 대한 아래의 내용은 *Ibid.*, pp.543~561을 참조.

89) 이 책 203 참조.

전히 받아들인 것만은 아니다. 그러므로 1995년 개정법전에 비해 2002년 신민사소송법전은 경우에 따라 소극적 석명권을 행사하도록 하는 등 법원의 역할을 다소 강화하였다. 이 밖에 영미법의 영향으로 러시아에서도 소송 이전에 심리예비절차가 진행된다.

다음, 러시아 특유의 제도이다. 러시아 특유의 제도로는 앞에서 설명한 일반관할법원과 상사법원제도의 관할 분리 외에 검사 역할의 중요성, 법률통제심, 사실상의 선례구속의 원칙 등을 들 수 있다.

첫째, 검사의 역할의 중요성이다. 소비에트 시대에 검사는 광범위한 권한을 향유하였다.[90] 이러한 영향 아래 검사가 종전보다는 제한적이지만 오늘날에도 적지 않게 중요한 역할을 수행한다. 신민사소송법전에 따르면 검사는, 공공이익 또는 정당한 사유가 있는 경우에 소의 청구를 할 수 없는 사람들을 위하여 스스로 소송을 제기할 수 있다(제45조 제1항). 검사는 원칙적으로 원고와 동일한 권리와 의무를 갖는다(제45조 제2항).

둘째, 법률통제심이다. 법률통제심은 판결에 대한 법률심으로서 이는 항소심뿐만 아니라 이미 법적 효력이 생긴 판결에 대해서도 가능하다. 이를 청구할 권한은 소송당사자 및 소송에 의해서 이익의 침해를 받는 제3자에게 인정된다. 법률통제심은 판결이 확정된 날짜로부터 1년 내에 청구되어야 하며 그 자체는 최대 1개월 동안 진행된다.

셋째, 사실상의 선례구속의 원칙이다. 러시아의 소송법은 선례구속의 원칙을 명시적으로 인정하지도 부정하지도 않는다. 그런데 판시지침(Постановление)이 활용됨에 따라 실질적으로는 선례구속의 원칙이 인정되는 결과가 된다고 말할 수도 있다. 판시지침이란 최고법원이 특정한 사안에 대하여 법적 판단의 기본방향을 밝힌 것이다. 이 판시지침의 법적 성격에 대해서 논란이 있다. 판사는 법률에 의하여 독립성이 보장되어 있어 이 판시지침이 직접적으로 법원을 구속하는 것은 아니지만 실제에 있어서는 판사들이 판시지침을

90) 이 책 (203) 참조.

인용되는 등 사실상의 구속력을 갖는다.

3. 형사소송법

238 형사소송법전은 2001년 11월 22일 국가두마에 의해서 채택되어 2002년 7월 1일부터 발효하였다. 개정 형사소송법전은 총 6개 편, 19개 부, 55개 장, 473개 조문으로 구성되어 있다. 과거 소비에트 시대의 형사소송법전이 범죄인뿐만 아니라 반체제 인사를 구속하고 형벌을 부과하는 데 악용되었던 반면[91] 신법전은 러시아연방 헌법의 죄형법정주의 규정(제49조)에 기초하여 형사소송에 있어서 민주적 원칙을 대폭 강화하였다. 그러나 동시에 러시아 국민의 자유 및 권리에 대한 보호가 개정으로 인하여 반드시 개선된 것만은 아니라고 할 수 있다. 신형사소송법전의 주요 특징 및 개정 사항은 다음과 같다.

첫째, 수사의 개시와 관련된 개정이다.[92] 경찰, 연방보안부(Федеральная служба безопасности Российской Федерации), 국경수비대 등 수사기관은 과거와 달리 검찰의 사전적 승인 없이 수사를 개시할 수 있다(제146조 제1항). 단, 수사 개시에 대한 승인은 수사의 개시 이후 즉시 이루어져야 한다(제146조 제4항). 수사 개시 요건이 사전적 승인에서 사후적 승인으로 대체됨에 따라 수사의 효율성 및 신속성이 개선되었으나, 그 반면 국민의 자유 및 권리가 종전보다 불안정해진 측면이 있다.

둘째, 체포절차 및 도청과 관련된 개정이다.[93] 과거 소비에트 시대에는

---

91) Victor V. Filippov, "The New Russian Code of CriminalProcedure: The Next Step on the Path of Russia's Democratization," <http://74.125.153.132/search?q=cache:0KdZUpRfdA0J:www.demokratizatsiya. org/Dem%2520Archives/DEM%252011・3%2520Filippov.PDF+The+Russian+criminal+procedure&cd=6&hl=ko&ct=clnk&gl=kr>, 검색일: 2009년 6월 22일, p.397.

92) *Ibid.*, pp.397~398.

93) *Ibid.*, pp.398~399.

수사기관이 체포영장 없이 최대 72시간까지 용의자를 구금할 수 있었으며, 검찰의 결정에 따라 몇 개월에서 심지어 몇 년의 기간 동안 용의자를 구치소에 감금할 수 있었다. 그러나 개정된 형사소송법전에 따르면 수사기관과 검찰은 체포를 하기 위해서 법원으로부터 체포영장을 받아야만 한다. 수사기관은 용의자를 체포하고 12시간 내에 이 사실을 검찰에게 서면으로 고지하여야 한다(제92조 제3항). 그러면 검사가 법원에 체포영장을 청구하고 법원은 체포한 시점으로부터 48시간 이내에 적부심사에 대한 결정을 해야만 한다(제94조 제2항).

동일한 취지에서 도청 역시 판사가 해당 사건의 관련 기록을 모두 검토하여 승인한 경우에만 진행시킬 수 있다(제185조). 이는 과거에 만연했던 도청에 대해서 제동을 걸기 위한 조치이다.

셋째, 배심제도의 재도입이다. 19세기 후반 알렉산드르 2세에 의해서 실시되었던 사법개혁의 결과 제정러시아에서 배심제도가 도입[94]되었으나 소비에트 시대에 폐지되었다. 그러나 구소련의 붕괴와 함께 90년대 중반부터 일부 지역에서 배심제도가 선택적으로 실시되다가 2003년 전면적으로 실시되었다.[95] 배심원단은 총 12명의 지역주민으로 구성된다. 배심원단이 무죄평결을 하는 경우 재판부는 반드시 무죄선고를 해야만 한다(제348조 제1항). 반면, 배심원이 유죄평결을 하는 경우 재판부는 예외적으로 유죄선고를 하지 않을 수 있다(제348조 제2항). 특히 배심원단의 유죄평결에도 불구하고 용의자의 유죄에 대한 명백한 증거가 없는 때에는 재판부가 배심원단을 해산하고 새로운 배심원단을 구성할 수 있다(제348조 제5항).

위에서 러시아 형사소송법의 주요 개정내용을 간략하게 살펴보았다. 인권적 측면보다는 형사절차의 효율성을 목표로 하는 개정도 있었으나 전반적으로 신형사소송법전의 채택 결과 러시아 국민의 자유 및 권리가 이전보다

94) 이 책 (137) 참조.

95) Kim Young Ok, "Study on Russian Jury System," <http://src · h.slav.hokudai.ac.jp/pdf_seminar/20050516/KimYoungOk_revised.pdf>, 검색일: 2009년 6월 23일, p.9 참조.

강한 보호를 받고 있는 것으로 보인다. 특히 소비에트 시대에 0.4%에 불과했던 무죄선고율이 배심제도 도입 1년 만에 평균 13%까지 상승한 것은 러시아 사법현실이 실질적으로 개선되었음을 보여준다.[96]

96) Marjorie Farquharson, "After one year, new Russian criminal procedure code is showing results," <http://www.cdi.org/russia/johnson/7272-8.cfm>, 검색일: 2009년 6월 22일.

〈부 록〉

[연 표]

* 숫자는 이 책의 문단 번호임.

러시아법제도		러시아 정치·사회사 (세계사 포함)	
연 도	사 건	연 도	사 건
		862	루시 최초의 도시국가 건국 (2)
		988	블라디미르 대공에 의한 기독교의 공식적 수용 (16)
1016 ~1071	루스까야 쁘라브다 (49)		
		1223	몽골-타타르의 루시 침략 (57)
1497	1497년 쑤데브니끄 (74)		
1550	1550년 쑤데브니끄 (85)		
		1613	로마노프 왕조 통치 시작 (5)
1649	울로제니예 (87)		
		1682~1725	표트르 대제 통치 (96)
		1789	프랑스혁명
		1812	나폴레옹 전쟁
		1825	데카브르스트의 난 (7)
1830	러시아제국법률전집 (120)		
1832	러시아제국법률요람 (121)		
		1854	크림 전쟁
		1861	농노제 폐지 (131)
1864	사법개혁 (133)		
		1904~1905	러일전쟁
1905	민법전안 (175)	1905	피의 일요일, 입헌군주제 (144)
1905	러시아 두마 설립 (144)		
		1914~1917	제1차 세계대전 (145)
		1917	2월 부르주아 혁명, 임시정부 수립 (146)

		1917	10월 사회주의 혁명 (146)
1918	소비에트 헌법 제정 (168)		
1922	최초의 민법전 제정 (175)	1921~1928	신경제정책 (173)
1936	헌법 개정 (187)	1928~1953	스탈린 독재 (184)
		1957	인공위성 스푸트니크 1호 성공
		1961	유인 유주선 성공
1964	민법 개정 (196)		
1977	헌법 개정 (201)		
		1985	고르바초프 집권 (206)
		1991	옐친 집권, 소련 붕괴 (206)
1993	헌법 개정 (223)		
1994	민법전 제1부 개정 (230)		
		1998	모라토리엄 선언 (218)
		2000	푸틴 집권 (214)
2006	민법전 제4부 개정, 러시아 연방 민법전 완성 (232)		
		2008	메드베데프 집권 (214)

| 참고문헌 |

<국 문>

고려대학교가족법교실, 『소비에트가족법』, 새실문화사, 1984.

금산법문화연구회, 『러시아 신가족법』, 세창출판사. 2000.

기연수, "러시아 전제정치의 기원," 한국외국어대학교 박사학위논문, 1983.

기연수, "<모스크바 제3로마>論 연구," 『슬라브 연구』 제11권, 한국외국어대학교 국제지역연구센터 러시아연구소, 1995.

김경목, 『이야기 러시아사』, 청아출판사, 2004.

金昇大, 『러시아 憲法論－自由民主主義에로의 體制轉換에 관한 憲法的 硏究－』, 법문사, 1998.

金徹, 『러시아－소비에트法』, 民音社, 1989.

니꼴라이 V. 랴자노프스키 저 / 이길주 옮김, 『러시아의 역사 I (고대~1800)』, 까치, 1991.

니꼴라이 V. 랴자노프스키 저 / 김현택 옮김, 『러시아의 역사 II (1801~1976)』, 까치, 1991.

니꼴라이 베르쟈예프 저 / 이철 옮김, 『러시아 사상사』, 범조사, 1980.

『러시아와 독립국가연합을 아는 사전』, 한길사, 1992.

명순구, 『민법총칙』, 법문사, 2005.

박상철, "새로운 농업개혁의 채택과 스톨리핀의 농업개혁사상," 『러시아연구』 제12권 제1호, 서울대학교 러시아연구소, 2002.

박재만, "계몽의 이데올로기－1830년대 사상논쟁에서 인민주의 이전까지－," 『러시아어문학연구논집』 제18권, 한국러시아문학회, 2005.

서동주, "푸틴 정치개혁의 특징과 과제," 『슬라브학보』 제22권 제1호, 한국슬라브학회, 2007.

신동혁, "포스트 소비에트 러시아의 국가 교회 관계의 변화와 형성," 『슬라브학보』 제22권 제1호, 한국슬라브학회, 2007.

신범식, "현대 러시아 이념과 정치과정에 나타난 '서양'과 '동양'의 문제," 『슬라브학보』 제14권 제2호, 한국슬라브학회, 1999.

신영호, "러시아연방 신민법전의 특색(1)－총칙편과 물권편을 중심으로－," 『고려법학』 제50호, 고려대학교 법학연구원, 2008.

오두영, “이반 4세의 토지개혁－1565년 오쁘리취니나 정책을 중심으로－,” 『서양중세사연구』 제5권, 한국서양중세사학회, 1999.

올랜도 파이지스 저 / 채계병 옮김, 『나타샤 댄스』, 아카루스미디어, 2005.

이철, “韓國人의 러시아 移民史,” 『슬라브 연구』 제7권, 한국외국어대학교 국제지역연구센터 러시아연구소, 1991.

정여찬 / 김석한, 『현대러시아 정치－경제의 이해』, 대외경제정책연구원, 2004.

W.E.Butler 저 / 이윤영 옮김, 『소비에트法』, 대륙연구소 출판부, 1990.

<러시아어>

Абовой, Т.Е. / Кабалкина, А.Ю., *Комментарий к Гражданскому кодексу Российской Федерации, Части первой*, Юрайт-Издат, 2007.

Абовой, Т.Е./Богуславского, М.М. / Светланова, А.Г., *Комментарий к Гражданскому кодексу Россий ской Федерации, Части третьей*, Юрайт-Издат, 2004.

Белковец, Л.П. / Белковец, В.В., *История государства и права России*, Новосибирское книжное издательство, 2000.

Беляев, И.Д., *История русского законодательства*, Лань, 1999.

Иоффе, О.С. / Шаргородский, М.Д., “О значении общих определений в исследовании вопросов права и социалистической законности,” *Советское государство и право*, №. 5, 1963.

Кодификация российского гражданского права, Институт частного права, 2003.

Кругликов, Л.Л., *Уголовное право России. Часть Общая (2-е изд.)*, Wolters Kluwer Russia, 2005.

Кузнецов, И.Н., *История государства и права*, Дашков и К, 2007.

Наумов, А.В., *Российское Уголовное Право, Т. 1 : Общая часть*, Wolters Kluwer Russia, 2008.

Погуляева, В.В., *Комментарий к Части четвертой Гражданского кодекса Российской Федерации*, Юстицинформ, 2008.

Полежаева, О.Г., *Становление и развитие института возмещения вреда в России*, Российская государственная библиотека, 2005.

Проценко, Ю.Л., *Образование и развитие абсолютной монархии в России (вторая половина XVII ~ XVIII век)*, ВолГУ, 2004.

Садикова, О.Н., *Гражданское право: Учебник. Том I*, КОНТРАКТ, 2006.

______________, *Гражданское право: Учебник. Том II*, КОНТРАКТ, 2006.

Слыщенков, В.А., *Проект Гражданского уложения 1905 г. и его место в истории русского права*, Российская государственная Библиотека, 2003.

Толстая, А.И., *История государства и права*, Юстиц Информ, 2007.

Усанов, В.И., *История государства и права России*, Элит, 2007.

Юринформцентр, *Комментарии к Гражданскому Кодексу РФ (часть вторая)*, 2007.

Яркова, В.В., *Гражданский процесс: Учебник (7-е издание)*, Wolters Kluwer, 2008.

Большая советская энциклопедия, <http://dic.academic.ru/dic.nsf/bse/122944/%D0%9F%D0%BE%D1%81%D0%BB%D1%83%D1%85%D1%85>, 검색일: 2009년 6월 30일.

Исаев, И.А., *История государства и права России*, <http://rushistory.stsland.ru/Books.html>, 검색일: 2월 21일.

Карпович, В.Д., *Комментарии к Конституции РФ, второе издание*, <http://www.constitution.garant.ru/DOC_3848902.htm#sub_para_N_17>, 검색일: 2009년 4월 27일.

Ключевский, В.О., *Русская история: Полный курс лекций*, <http://bibliotekar.ru/rusKluch/>, 검색일: 2009년 1월 25일.

Кротов, М.В., *Основы гражданского законодательства как источник российского гражданского права*, <http://law.edu.ru/magazine/article.asp?magID=5&magNum=6&magYear=1993&articleID=144847>, 검색일: 2009년 4월 19일.

Лопатин, В.Н., *Особенности кодификации законодательстваоб интеллектуальной собственности в Российской Федерации*, <http://council.gov.ru/files/journalsf/item/20070516144932.pdf>, 검색일: 2009년 5월 3일.

Лопашенко, Н.А., *Преступления в сфере экономической деятельности (Автореферат)*, 1997, <http://www.law.edu.ru/book/book.asp?bookID=61873>,

검색일: 2009년 5월 4일.

Маковский, А.Л., CODE CIVIL *Франции и кодификация гражданского права в России*, <http://www.coe.int/t/e/legal_affairs/legal_co-operation/civil_and_commercial_law/Makovski.asp>, 검색일: 2009년 6월 30일.

Пронин, В.В., *Государственно-правовая политика дореволюционной России по формированию законодательства в области правоохранительной деятельности*, Автореферат диссертации на соискание у ченой степени кандидата юридических наук, <http://law.edu.ru/book/book.asp?bookID=1201008#_ftnref25>, 검색일: 2009년 6월 3일.

Пушкарев, Л. / Пушкарева, Н., *Соборное Уложение*, <http://www.krugosvet.ru/articles/112/1011210/1011210a1.html>, 검색일: 2009년 6월 30일.

Совнарком ССР, ЦК ВКП(б). Примерный устав сельскохозяйственной артели, <http://www.gumer.info/bibliotek_Buks/History/Article/prim_ustav.php>, 검색일: 2009년 4월 2일.

Ткаченко, Е.А., *Административное судопроизводство: кодификация, проблемы реализации на практике*, <http://www.movs.ru/about/vestnik/3_2007/admin_sud_proizvodstvo.php>, 검색일: 2009년 4월 19일.

<영 문>

Chenoweth, Don W., "Soviet Civil Procedure: History and Analysis," *Transactions of the American Philosophical Society*, New Series, Vol. 67, No. 6 (1977).

Churchward, Lloyd Gordon, *Contemporary Soviet Government*, Routledge & K. Paul, 1975.

Daniels, Robert V., *A Documentary history of communism in Russia: From Lenin to Gorbachev*, Vermont, 1993.

________________, *Russian Transformation*, Rowman & Littlefield Publishers, Inc., 1997.

Feldbrugge, F.J.M., "The codification process of Russian civil law" in: Julia Arnscheidt / Benjamin van Rooij / Jan Michiel Otto, *Lawmaking for development: Explorations into the Theory and Practice of International Legislative Projects*, Leiden University Press, 2008.

Ferdinand, Peter, "Center-Periphery Relations and Administrative Reform" in: Manohar

L. Sondhi, *Beyond Perestroika: Challenges and Choices Facing Gorbachev*, Abhinav Pubns, 1989.

Kaiser, Daniel H., *The Growth of the law in Medieval Russia*, Princeton University Press, 1980.

Keith, Ronald C., "Socialist Legality and Proletarian Democracy in the People's Republic of China," *Canadian Journal of Political Science*, Vol. 13, No. 3.

Maggs, Peter B., *The Civil Code of the Russian Federation (Introductory commentary)*, M.E. Sharpe, 2002.

Maleshin, Dmitri, "The Russian style of civil procedure," *Emory International Law Review*, Volume 21, No. 2, Fall 2007.

Naumov, Anatolyi V., "The New Russian Criminal Code as a Reflection of Ongoing Reforms," *Criminal Law Forum*, Vol. 8, No. 2.

Roesler, Jorg, "Privatisation in Eastern Germany. Experience with the Treuhand," *Europe-Asia Studies*, Vol. 46, No. 3, 1994.

Smith, Gordon, *Reforming the Russian legal system*, Cambridge University Press, 1996.

Thatcher, Ian D., "Brezhnev as leader" in: Edwin Bacon / M. A. Sandle, *Brezhnev Reconsidered*, Palgrave Macmillan, 2003.

Tikhomirov, Vladimir, *The Political economy of Post-Soviet Russia*, Antony Rowe Ltd., 2000.

White, Stephen / Di Leo, Rita / Cappelli, Ottorino, *The Soviet transition: from Gorbachev to Yeltsin*, Routledge, 1993.

Budylin, Sergei, "International Legal Developments in Review: 2007: Regional & Comparative Law: Russia and Ukraine," *The international Lawyer*, Vol. 42, No. 2, <http://works.bepress.com/cgi/viewcontent.cgi?article=1007&context=sergey_budylin>, 검색일: 2009년 6월 24일

"Byzantium and its influence on neighboring peoples," <http://www.metmuseum.org/explore/Byzantium/byz_6.html>, 검색일: 2009년 9월 12일.

Farquharson, Marjorie, "After one year, new Russian criminal procedure code is showing results," <http://www.cdi.org/russia/johnson/7272_8.cfm>, 검색일: 2009년 9월 22일.

Filippov, Victor V., *The New Russian Code of Criminal Procedure: The Next Step on the Path of Russia's Democratization*, <http://74.125.153.132/search?q=cache:0KdZUpRfdA0J:www.demokratizatsiya.org/Dem%2520Archives/DEM%252011_3%2520Filippov.PDF+The+Russian+criminal+procedure&cd=6&hl=ko&ct=clnk&gl=kr>, 검색일: 2009년 6월 22일.

Hellie, Richard, "Russian History Encycolpedia: Law Code of 1649," <http://www.answers.com/topic/law-code-of-1649>, 검색일: 2009년 6월 30일.

Kim, Young Ok, Study on Russian Jury System, <http://src_h.slav.hokudai.ac.jp/pdf_seminar/20050516/KimYoungOk_revised.pdf>, 검색일: 2009년 6월 23일.

Kotilaine, J.T., "Property rights and the ecnomic development of early modern Russia," The National Council for Eurasian and East European Research, TITLE VIII PROGRAM, 2004, <http://www.ucis.pitt.edu/nceeer/2004_817_05_2_Kotilaine.pdf>, 검색일: 2009년 2월 23일.

Kovalev, Nikolai P., "Trial by Jury in Russian Military Courts," *Military Justice Issue 8*, 2008, <http://www.pipss.org/index1533.html>, 검색일: 2009년 2월 24일.

Kozlov, Victor B., *The New Russian Civil Code of 1994*, <http://servizi.iit.cnr.it/~crdcs/crdcs/frames21.htm>, 검색일: 2009년 6월 26일.

McDonald, Bruce A./Manchester, Edward D., *Intellectual Property Law－Trademarks, Copyright and Patents : Russia*, <http://209.85.173.132/search?q=cache:VdKA8jweZ1QJ:meetings.abanet.org/webupload/commupload/IC750000/newsletterpubs/YIR2008RussiaIPQ1.pdf+intellectual+russia+civil&cd=4&hl=ko&ct=clnk&gl=kr>, 검색일: 2009년 5월 3일.

찾아보기
-한글

찾아보기
-영어

찾아보기 -러시아어

명 순 구

서울고등학교
고려대학교 법과대학 법학사
고려대학교 대학원 법학석사
프랑스 파리 제1대학교(Université de Paris I, Panthéon-Sorbonne) 법학박사
프랑스 교수자격(Habilitation à Diriger des Recherches)
Erasmus Mundus 초빙교수(프랑스 Université du Havre)
프랑스 교육문화훈장 팔므 아카데믹(Palmes Académiques) 기사장(Chevalier) 수훈
사법시험, 행정고시, 외무고시, 변리사, 감정평가사 등 시험위원
고려대학교 법과대학 조교수, 부교수, 교수 (1995~현재)

[저서 / 역서]

La rupture du contrat pour inexécution fautive en droit coréen et français, Paris, L.G.D.J., 1996.
<공저> Le contrat au début du XXIe Siècle, Études Offertes à Jacques Ghestin, Paris, L.G.D.J., 2001.
프랑스민법전 제1권 [人], 법문사, 2000.
민법학기초원리, 세창출판사, 2002.
프랑스민법전, 법문사, 2004.
미국계약법입문, 법문사, 2004.
<공역> 현대미국신탁법, 법문사, 2005.
민법총칙, 법문사, 2005.
법경제학, 세창출판사, 2006.
<공저> 법률가의 회계학, 법문사, 2006.
<공저> 아듀, 물권행위, 고려대학교출판부, 2006.
<공저> 세계화지향의 사법: 그 배경과 한국·프랑스의 적응, 세창출판사, 2006.
실록 대한민국 민법 1, 법문사, 2008.

E-mail: skmyoung@korea.ac.kr / Home Page: www.mindle.net

이 제 우

러시아 블라디보스토크 제13번 고등학교 졸업
고려대학교 문과대학 노어노문학과 졸업
고려대학교 대학원 법학과 석사과정 수료

러시아법입문

2009 년 12 월 1 일 초판 인쇄
2009 년 12 월 10 일 초판 발행

역 자 명순구·이제우
발행인 이 방 원
발행처 세창출판사
서울 서대문구 냉천동 182 냉천빌딩 4층
전화 723-8660 팩스 720-4579
E-mail: sc1992@empal.com
homepage: www.sechangpub.co.kr
신고번호 제300-1990-63호

정가 30,000 원 ISBN 978-89-8411-291-9 93360

이 도서의 국립중앙도서관 출판시도서목록(CIP)은 e-CIP 홈페이지(http://www.nl.go.kr/ecip)에서 이용하실 수 있습니다.(CIP제어번호: CIP2009003822)